新视角读
『二十六史』

新视角读

后汉书

宋玉山 著

中国文史出版社

图书在版编目（CIP）数据

新视角读后汉书 / 宋玉山著. —北京：中国文史
出版社，2023.3
（新视角读"二十六史"）
ISBN 978-7-5205-4056-8

Ⅰ.①新… Ⅱ.①宋… Ⅲ.①《后汉书》—研究
Ⅳ.①K234.204.2

中国国家版本馆 CIP 数据核字（2023）第 061768 号

责任编辑：金　硕
策　　划：金　硕　曲童利

出版发行：中国文史出版社

社　　址：北京市海淀区西八里庄路 69 号　　邮编：100142
电　　话：010－81136606/6602/6603/6642（发行部）
传　　真：010－81136655
印　　装：北京温林源印刷有限公司
经　　销：全国新华书店
开　　本：787mm×1092mm　1/16
印　　张：17
字　　数：245 千字
版　　次：2024 年 1 月北京第 1 版
印　　次：2024 年 1 月第 1 次印刷
定　　价：59.00 元

总序　历史是最好的老师

魏礼群

习近平总书记多次强调指出，"历史是最好的老师，它忠实记录下每一个国家走过的足迹，也给每一个国家未来的发展提供启示。""领导干部要多读一点历史，从历史中汲取更多精神营养。"

历史是人民创造的。历史经验是社会发展规律的体现和反映，是人类长期生活的总结和升华，是现代人民用来对照的一面明镜。欲知大道，必先知史。学习历史，可以观成败、鉴是非、知兴替、明规律，可以以史资政、修身励志、汲取力量、创造人生。

我党历来重视历史。我党历代领导人都善于把历史经验运用到中国革命、建设和改革的实践当中，都强调领导干部要多学习一些历史知识。在新的历史时期，要实现中华民族伟大复兴的中国梦，更需要我们用好历史这个最好的老师，遵循规律、明确方向、坚定道路、凝聚共识，去书写新的历史，创造新的辉煌。

尊重历史也是中华民族的优良传统。中国历史源远流长，旷古悠久。从黄帝时代开始，中华民族有着五千年的文明史，经历了若干个朝代。一般来说，每个朝代都有为前一个朝代撰修史书的传统，经过官方撰修或认可的史书，称为正史。

清朝乾隆皇帝将《史记》《汉书》《后汉书》《三国志》《晋书》《宋书》《南齐书》《梁书》《陈书》《魏书》《北齐书》《周书》《隋

书》《南史》《北史》《旧唐书》《新唐书》《旧五代史》《新五代史》《宋史》《辽史》《金史》《元史》《明史》等二十四部史书，钦定为"二十四史"。民国时期，大总统徐世昌又把《新元史》列入正史，形成了"二十五史"。但"二十四史"和"二十五史"都只写到明代，如果再加上记载清朝历史的史书，就应该是"二十六史"。

正史是由官方修撰或认可，尤其是由后面的朝代完成的，史料比较全，真实性比较高，史实价值比较大，因而是历史研究中的主要参考依据。由于这些正史数量繁多，语言晦涩，除了专业人员外，很少有人能够通读下来。

"新视角读'二十六史'丛书"，对这些数量繁多的史书，做了精心挑选和简化概括，并有作者读史后的认识和体会，创作形成了一篇篇简明扼要的故事，以新的形式呈现给读者。这些故事，既独立成章，又相互联系、脉络清晰，能使人们大致了解历史进程、重大事件和主要人物。该书语言简练，通俗易懂，适合大部分人群，中学生阅读也没有问题。特别是该书站在现代社会的角度，以新的视角分析看待历史，有许多新观点、新见解，能够给人以启发和借鉴。因此，我认为，撰写"新视角读'二十六史'丛书"，是一项很有意义的工作。

我感觉，"新视角读'二十六史'丛书"的基本特点，是"忠于原著，丰富史料；以史为鉴，启迪人生"。

所谓"忠于原著，丰富史料"，是指作者撰写的每一篇历史故事，都是根据原著的记载写成的，都有史料依据，没有进行虚构。为了增强可读性，在语言细节方面做了适当的文字加工，但主要内容都是原著所提供的。同时，在忠于原著的基础上，为了使一些历史事件和历史人物更加丰满，也适当增加了一些其他史料，增添的史料也是有依据的。该书一个显著特点，就是史料丰富、知识点多、信息量大，能够让人开阔视野，增长知识。

所谓"以史为鉴，启迪人生"，是指作者创作历史故事的目的，是为了借鉴历史经验，服务于现代社会。所以，作者站在历史唯物主义和辩证唯物主义的立场上，辩证地、一分为二地看待历史现象，并且在故事的过程中，或者在故事的结尾，往往有着哲理性的评论和观点，给人以有益的启迪。我们学历史的目的，不仅是要了解历史知识，更重要的是要通过汲取历史经验和教训，对我们的工作和生活有所启发和借鉴。该书较好地做到了这一点，这是该书另一个显著的特点。

作者曾经是我得力的部下，我对他十分熟悉和了解。作者勤奋好学，长期从事政策研究和文字工作，理论素养和文字功底较好；先后在乡、县、市、省、国家五个层级工作过，有着丰富的阅历和实践经验；做事严谨，为人厚道，工作勤勉。尤为难能可贵的是，他把退休作为第二生命的开始，退而不休，锲而不舍，继续为社会做贡献，其志可贵，精神可嘉！

希望该书能够使人借鉴历史经验，起到以史为鉴、激励人生的作用。

是为序。

（魏礼群，曾任国务院研究室主任、国家行政学院党委书记、中国行政体制改革研究会会长，现任中国国际经济交流中心常务副理事长兼学术委员会主任。）

前　言

人们学历史，不仅是要了解历史知识，更重要的，是要吸取历史经验教训，对我们的工作和生活有所启迪。

在中国历史上，东汉王朝是一个比较特殊的朝代，它既创造了灿烂辉煌的文明，又显现了腐朽没落的黑暗；既出现了许多明君贤吏和忠烈之人，又产生了宦官外戚专权的丑恶现象。纵观东汉历史，有许多经验可以借鉴，也有许多教训值得汲取。

记载东汉历史的正史，是南北朝时期范晔写的《后汉书》，《后汉书》被清朝乾隆皇帝钦定为"二十四史"之一。笔者依据《后汉书》，撰写了七十七篇反映东汉历史的故事。这些故事，既独立成章，又相互贯通，使读者能够大体上了解东汉的历史脉络、重大事件和重要人物，并从历史经验教训中受到启发。

《新视角读后汉书》的主要特点，是"忠于原著，丰富史料；以史为鉴，启迪人生"。每篇故事，都是以《后汉书》为依据，不做虚构，同时增加一些其他史料，形成知识点多、信息量大的特点。在叙述故事中或在结尾，往往有一些笔者个人的观点和评论，这些观点不一定正确，敬请读者给予批评指正。

由于笔者水平有限，书中难免有错误和缺陷之处，希望广大读者提出宝贵意见，笔者将不胜感激！

目录

《后汉书》是怎样写成的

西汉覆灭，王莽建立了新朝。由于天灾人祸，致使天下大乱，新朝只存在了十五年，就被推翻了。刘邦的九世孙刘秀，乘乱起兵，平定天下，恢复了汉朝，史称东汉。东汉从公元 25 年建立，到 220 年灭亡，共 195 年时间。《后汉书》记载了这一时期的历史。

《后汉书》史料丰富，治学严谨，与《史记》《汉书》《三国志》并称为"前四史"。清朝乾隆皇帝钦定正史"二十四史"时，《后汉书》名列其中。《后汉书》在中国史学界占有重要地位，是研究东汉历史的基本参考依据。

《后汉书》的主要作者，是南北朝时期的范晔。范晔是今河南省淅川县人，398 年出生，445 年被杀，终年 47 周岁。

范晔出身名门望族，他爷爷范宁，当过地方太守，是经学大家；父亲范泰，在朝廷任中书侍郎，富有才华。范晔从小受到良好的熏陶和教育，酷爱读书，少年时就读完了家中藏书，长大后善于文辞，文章写得很漂亮。他的书法也很好，特别擅长隶书，同时，他还通晓音律，善弹琵琶。范晔称得上是多才多艺、才华横溢。

范晔成年后，已是远近闻名的大才子。他的才能，主要是在文学方面，但他却想凭借一身才气，踏入仕途去当官。在他十七岁的时候，州里召他去做主簿，掌管文书，范晔拒绝了。在他二十二岁的时候，东晋权臣刘裕代晋称帝，建立南朝宋。刘裕的第四子刘义康，被封为彭城王，很有权势，范晔便投靠了他。刘义康对范晔很器重，任命他为参军，后又升任秘书丞。此后十年时间，范晔担任过大将军的司马、新蔡太守，并随军北伐，攻击鲜卑军队，后入朝升任尚书部郎。

范晔虽然有才，但却恃才傲物，孤高疏狂，桀骜不驯，这是从政者之大忌。他曾经写过一篇讽刺文章，嘲笑满朝权贵，得罪了不少同僚。他琵琶弹得好，皇帝想听，他勉强弹了一曲，不肯多弹。432年，刘义康的母亲去世了，百官云集王府，共同哀悼。而在当天夜里，范晔却和几位朋友，开怀畅饮，纵情玩乐。刘义康得知，心中大怒，立刻把他降为宣城太守，赶出朝廷。

范晔遭此打击，仕途受挫，却激发起撰写《后汉书》的愿望。这个时候，离东汉灭亡已经过去二百多年了，社会上流传着许多记述东汉历史的书籍，有官修史书《东观汉记》，也有司马彪、谢沈等史学家写的《续汉书》《后汉书》等。范晔以这些史籍为基础，又参考了大量史料，博采众长，删众家之书而成一家之言，经过十多年的辛勤耕耘，终于完成了《后汉书》的主体部分。

范晔只是个文学家，而不是政治家，他适宜做学问，但不适应官场，如果他就此专心于学术，一定会有更大的成就。然而，不幸的是，他后来又回朝做官；更不幸的是，他被人利用，参与了一场政变阴谋，结果事情败露，引来杀身之祸。在刑场上，范晔追悔莫及，感叹道："可惜！满腹经纶，葬身此地。"他的三个儿子，一同被诛杀，可悲可叹！

范晔死时，《后汉书》尚未完稿。他原计划写十纪、十志、八十列传，合为百卷，与《汉书》相应，但十志还没写完就死了。后人从司马彪《续汉书》中，取出八志补了进去，完成了现在流行的《后汉书》。

《后汉书》有纪十卷，记述东汉皇帝和皇后的事迹；有列传八十卷，记述各类人物事迹以及少数民族情况；有志三十卷，记载各类社会和自然现象。《后汉书》史料充足，东汉时期的政治、经济、文化、社会、自然以及朝代兴衰等诸多现象，都有很多记载，使人能够比较全面地了解东汉历史的面貌。有人称赞《后汉书》，说它"简而且周，疏而不漏"。所以，《后汉书》问世以后，很快风靡天下，而其他的后汉史书，相形见绌，相继亡佚。

《后汉书》的一个鲜明特点，是宣扬儒家思想，肯定王权秩序，褒扬勤政爱民，歌颂忠孝节义，鞭挞奸佞邪恶。书中对大部分人物的褒与贬，基本上都是以儒家思想为标准。这表明，在南北朝时期，儒家思想已经占据了统治地位。

《后汉书》还有一个重要特点，就是专门写了《列女传》，歌颂了十七位品德高尚的女性，这在正史中是第一次。书中所指的列女，不是以贞操来衡量，而是以"才行高秀"为标准，因为在列女中，也有再婚改嫁的女人。

《后汉书》也有时代局限性和一些思想糟粕，对农民起义抱有偏见，丑化绿林赤眉。黄巾起义这么重大的历史事件，却没有单独列传。书中还流露出道家玄学思想，带有一些迷信色彩。但瑕不掩瑜，总体而言，《后汉书》与《史记》《汉书》一样，是一部伟大的史学巨著。

《史记》《汉书》《后汉书》的作者，有一个共同点，就是满腹才华却历经磨难。司马迁有段名言："古者富贵而名摩灭，不可胜记。……盖西伯（文王）拘而演《周易》，仲尼厄而作《春秋》……大抵圣贤发愤之所为作也。"

无数事例表明：历经磨难之人，反而容易激发斗志，成就大事，所以，磨难往往会变成动力。

东汉王朝兴衰历程

东汉，是中国历史上又一个大一统的王朝。从公元25年刘秀恢复汉朝，到220年汉献帝时期灭亡，共195年时间。因建都于洛阳，在西汉都城长安的东面，所以叫东汉，也称后汉。

东汉王朝大体经历了三个大的发展阶段：从刘秀建国到汉和帝这八十多年间，属于前期，处于兴盛阶段，先后出现了"光武中兴""明章之治""永元之隆"几个盛世；从汉和帝去世到黄巾起义这八十多年间，属于中期，处于衰落阶段，外戚和宦官轮流擅权作乱，纲纪败坏，逐渐衰亡；从黄巾起义到曹丕篡汉这三十多年间，属于末期，处于名存实亡阶段，天下分裂，群雄并起，军阀割据，皇帝只是个挂名的。

东汉王朝共有十四位皇帝，其中十四岁以下登基的小皇帝，就有十一个，在位时间不满两年的有五个。皇帝年龄偏小，是东汉中后期的一个明显特征，也是造成外戚和宦官擅权作乱的主要原因。

东汉开国皇帝叫刘秀，是刘邦的九世孙。刘秀虽是皇族宗室，但此时已沦为布衣，不过，他家中富有，属于豪强地主，他本人则是书生。

公元22年，他和哥哥刘縯在南阳起兵，加入了绿林军，在昆阳大战中一举成名。公元23年，更始皇帝刘玄，派他去收复河北，给了刘秀一个大展宏图的机会。刘秀经过两年时间，平定了河北，建立了基业。公元25年，刘秀在河北登基称帝，国号仍为"汉"，从此与更始政权分庭抗礼。

刘秀称帝，与刘邦大不相同，刘邦是平定天下之后，才当上皇帝，刘秀则是先当皇帝，后平定天下。所以，刘秀称帝以后，又打了十二年的统一战争，灭掉群雄，于公元 36 年统一了天下。

刘秀是一位杰出的政治家、谋略家，他奉行儒家思想，文治天下，坚持以柔治国；他实行与民休息的政策，迅速医治战争创伤，大力发展经济；他改革中央官职，整治官场风气，精简机构和官吏，实现政治清明；他大兴儒学，推崇气节，形成良好的社会风气；他贤明宽厚，优待功臣，勤于政事，提倡节俭。刘秀是历史上最有作为的皇帝之一。

公元 57 年，刘秀病逝，享年六十二岁，在位三十三年，谥号光武皇帝。刘秀在位时期，史称"光武中兴"，也叫"建武盛世"。

东汉第二位皇帝叫刘庄，是刘秀的第四子，被称为汉明帝。汉明帝自幼聪慧，十岁通晓《春秋》，继位时已经三十岁了，相当成熟。

汉明帝虽然性格不像刘秀，脾气有点暴，但贤明通达，治国有方。他提倡儒学，同时注重刑名文法，为政苛察；他总揽朝纲，权不借下，严禁外戚干政；他开疆拓土，恢复对西域的统治，打击北匈奴；他兴修水利，治理黄河，轻徭薄赋，发展经济，形成民安其业，户口滋殖。

在西汉时期，全国人口已达到五六千万，但经过多年的战争和灾荒，到东汉初期，减少到两千多万。到汉明帝统治时期，人口又增加到三千四百多万。汉明帝和他的儿子汉章帝，共同开创了"明章之治"。汉明帝在位十九年，四十九岁去世。

东汉第三位皇帝叫刘炟，是汉明帝的第五子，被称为汉章帝。汉章帝继位时十九岁，他与父亲的性格又不同，为人宽和，虽然年轻，却像个忠厚长者。

汉章帝也是大有作为，即位后励精图治，崇尚儒学，与民休息，废止酷刑，轻徭薄赋，注重农桑，使东汉经济得到快速发展，与其父共同打造了"明章之治"。汉章帝在位十四年，三十三岁病逝。

东汉第四位皇帝叫刘肇，是汉章帝第四子，被称为汉和帝。汉和帝出生不久，生母梁贵人被窦皇后诬陷致死。窦皇后没有儿子，收刘肇为养子。汉和帝继位时只有九岁，窦太后临朝称制，窦太后的哥哥窦宪总揽朝纲，在朝中形成了庞大的窦氏势力，开始了东汉历史上第一次外戚专权。汉和帝虽然年幼，却很有心机，平时不动声色，在他十四岁的时候，突然发难，一举铲除了窦氏势力，成功夺回了大权。

汉和帝深知皇权来之不易，不敢放权，自己亲自处理政务，白天临朝听政，夜里批阅奏章，一直忙到深夜才睡，从不懈怠。在他的治理下，东汉国力达到鼎盛，人口增长到五千三百多万，被称为"永元之隆"。可惜，汉和帝日夜操劳，二十七岁便英年早逝。

汉和帝之后，皇帝大都弱小，外戚和宦官轮番把持朝政，东汉王朝开始走下坡路了。

东汉第五位皇帝叫刘隆，是汉和帝的小儿子。汉和帝只有两个儿子，长子自幼有病，不能当皇帝，只好让小儿子继位。刘隆继位时只有一百多天，当皇帝二百多天就夭折了，谥号为汉殇帝。汉和帝的皇后邓绥临朝称制。

东汉第六位皇帝叫刘祜，是汉章帝的孙子，被称为汉安帝。汉安帝继位时，只有十三岁，大权都在邓太后手里。邓太后是东汉第一功臣邓禹的孙女，她临朝称制十六年，政绩还不错。她死后，已经二十七岁的汉安帝才开始亲政，亲政仅四年就死了，终年三十一岁。汉安帝死后，他的皇后阎姬把持朝政。汉安帝时期，东汉开始衰落。

东汉第七位皇帝叫刘懿，也是汉章帝的孙子，年龄幼小。汉安帝本来有个儿子叫刘保，但刘保不是阎皇后生的，阎皇后为了专权，另立了一个小皇帝。没想到，刘懿只做了七个月的皇帝就死了，被称为前少帝。

东汉第八位皇帝叫刘保，是汉安帝的儿子，被称为汉顺帝。刘懿死后，十九名宦官发动宫廷政变，铲除了阎氏势力，拥立十一岁的刘保为帝，大权落在宦官手里。汉顺帝温和软弱，顺从宦官，没有什么作为，二十九岁病死。

东汉第九位皇帝叫刘炳，是汉顺帝的儿子，被称为汉冲帝。汉冲帝一岁当皇帝，两岁就死了。汉顺帝的皇后梁妠临朝摄政，她哥哥梁冀把持朝政，大权又落到外戚手中。

东汉第十位皇帝叫刘缵，是汉章帝的玄孙，被称为汉质帝。汉质帝继位时才八岁，只当了一年皇帝，就被梁冀毒死了。因为汉质帝童言无忌，说梁冀是"跋扈将军"，所以引来杀身之祸。梁冀飞扬跋扈，把持朝廷近二十年，朝纲败坏。

东汉第十一位皇帝叫刘志，是汉章帝的曾孙，也是梁冀的妹夫，所以梁冀立他为帝，被称为汉桓帝。汉桓帝继位时十四岁，在位二十一年，但前十三年是个傀儡。汉桓帝二十七岁时，依靠宦官力量，铲除了梁氏势力，朝廷大权又由外戚转入宦官之手。汉桓帝亲近小人，迫害贤臣，造成"党锢之祸"。东汉王朝自汉安帝之后开始衰落，此时更是每况愈下，即将败亡。汉桓帝活了三十五岁，没有儿子。

东汉第十二位皇帝叫刘宏，是汉章帝的玄孙，被称为汉灵帝。汉灵帝继位时只有十岁，汉桓帝的皇后窦妙临朝问政，她父亲窦武为大将军，把持朝政。这个时候，宦官的势力已经很强大了，外戚与宦官之间，产生了尖锐的矛盾。汉灵帝登基的第二年，窦武想铲除宦官势力，不料反被宦官所杀，窦太后也被赶出宫去，宦官完全把持了朝政。

汉灵帝长大以后，宠信宦官，耽于享乐，荒淫无道，朝政腐败，酿成第二次"党锢之祸"，致使民不聊生，社会动荡。184年，爆发了大规模的黄巾起义，天下大乱。为了镇压黄巾起义，朝廷允许地方自建武装，结果是饮鸩止渴，黄巾起义虽然被扑灭了，但许多将领拥兵自重，割据一方，不听朝廷号令，东汉王朝名存实亡。汉灵帝活了三十三岁。

东汉第十三位皇帝叫刘辩，是汉灵帝的长子，史称少帝。刘辩继位时十四岁，大权在他母亲何太后和母舅何进手里。外戚与宦官矛盾更加尖锐，终于发生火并。大将军何进被宦官谋杀，何进的部下带兵闯入皇宫，看见不长胡子的就杀，堂堂皇宫，血流成河，火光冲天，几个宦官挟持少帝逃出宫去。凉州军阀董卓入京勤王，救回少帝。董卓为了立威，废了少帝，改立他的弟弟刘协为皇帝。第二年，少帝和何太后都被董卓毒死，少帝年仅十五岁。

东汉第十四位皇帝叫刘协，是汉灵帝的次子，被称为汉献帝。汉献帝九岁时，被董卓立为傀儡皇帝。董卓被杀后，刘协逃出长安，流离失所。后来，曹操控制了他，挟天子以令诸侯。曹操死后，曹丕继续控制他。

220 年，曹丕自己想当皇帝了，刘协只好乖乖地把皇位"献"给了他，长达 195 年的东汉王朝从此灭亡。刘协在曹丕死了八年之后，才寿终正寝，享年五十四岁。在东汉皇帝中，除了刘秀，他是寿命最长的。

东汉衰落灭亡的主要原因，是自汉和帝之后，皇帝或弱小或无能，皇权旁落，外戚和宦官轮番把持朝廷。他们执政的目的，不是为了国泰民安，而是追求自己集团的利益。大权一旦旁落，必然导致衰亡。

可见，国家有一位贤明而强有力的领导者，是何等关键和重要啊！

刘秀怎样从书生到皇帝

人们常说："秀才造反，十年不成。"刘秀是个太学生，属于广义上的秀才，他却目光远大，在乱世中毅然起兵造反，凭着聪明才智和高超谋略，扫灭群雄，一统天下，开创了"光武中兴"盛世。那么，刘秀是怎样实现由书生到皇帝的华丽转身的呢？

《后汉书》记载，刘秀是南阳郡蔡阳（今湖北枣阳）人，是刘邦的九世孙，属于汉景帝第六子刘发这一脉。刘秀的父亲叫刘钦，当过济阳（今河南兰考境内）和南顿（今河南项城境内）的县令。

建平元年（前 5 年）十二月初六夜里，刘秀出生在济阳县府舍内。也有的史书说，刘秀出生在济阳城中皇帝行宫后殿第二室中。刘秀兄弟三人，他排行老三，他还有两个姐姐、一个妹妹。刘秀九岁的时候，父亲不幸病故，他被叔父刘良收养。童年时候的不幸，促使刘秀早熟，养成了心中有数但不善表露的内向性格。

刘秀成年以后，长得一表人才，身高七尺三寸，浓眉大眼，鼻直口阔，天庭饱满。在刘秀二十岁的时候，到长安太学学习。太学，是国家的最高学府，在汉武帝时期创办，是选拔人才的重要渠道。王莽建立新朝后，为了笼络知识分子，十分重视太学，太学生数量达到几千人。刘秀入太学，无疑是想入仕做官。

有一次，刘秀看见执金吾从街上走过，前呼后拥，十分威风，不由得感叹道："仕宦当作执金吾，娶妻当得阴丽华。"执金吾，相当于现在的首都警备司令，阴丽华是南阳出名的美女。有人据此认为，刘秀只想当个执金吾，没有刘邦、项羽的志向大。其实，刘秀当时只是个年轻的太学生，有当执金吾这样的志向，已经不小了，何况，他没见过皇帝出行，自然没有刘邦、项羽见到皇帝时的感慨了。

刘秀在太学有三四年时间，学到了很多知识，尤其是儒家学说，使他开阔了视野，增长了才干。这个时期，由于王莽改革失败，再加上大灾荒，各地起义不断，社会开始动荡。刘秀敏锐地意识到，王莽政权不会长久，入仕做官的路子走不通了。于是，他毅然舍弃学业，回南阳老家去了。

刘秀祖上留下的土地很多，他父亲又当过两任县令，所以家境富裕，属于豪强地主。他大哥刘縯，性格豪放，好侠养士，广交朋友，不爱经营家产。刘秀回乡后，就挑起了理家的担子，他把家里的土地，或出租，或自种，致力于农业生产。刘縯常常讥笑他，说他终日从事田业，没有大志。人们都认为，刘縯像刘邦一样有大志，而刘秀，则像刘邦的二哥刘仲，碌碌无为。其实，刘邦表面上豪放，实质上满腹计谋，而刘縯，只是像表面上的刘邦，刘秀才像实质上的刘邦。

刘秀性格内向，谨慎小心，但他胸怀大志，很有智慧。有一次，刘秀与几个乡邻闲聊，有人说起，最近流传一句谶语："刘秀当为天子。"大家都认为，那是指在朝廷任国师公的刘秀。刘秀忍不住说："怎么知道不是我呢？"不料，大家一齐哄笑起来，刘秀也跟着笑了笑，没有再说什么。

刘秀回到家乡不久，各地起义已成燎原之势，其中，南方绿林、北方赤眉，是最大的两股势力。起义军都是因为饥寒交迫，不得已聚众造反，他们四处掠夺财物，只是为了填饱肚子，并没有明确的政治目标。

刘秀见王莽覆灭已成定局，就在公元22年，也就是王莽死的前一年，与哥哥刘縯一同在南阳起兵，纠集南阳的刘氏宗室和本郡豪杰，组成了舂陵军。舂陵军与其他起义军最大的不同，是打出了"复高祖之业，定万世之秋"的旗号，明确提出了"恢复汉室"的政治纲领。

舂陵军起兵之初，兵少将寡，就与绿林军中势力最大的新市兵、平林兵联合，攻打长聚、新野等地。取得胜利后，起义军纷纷抢夺财物，春陵军抢得多，新市兵和平林兵不满，想要攻打春陵军。刘秀见情况不妙，立即将财物全部分给他们，他们才高兴起来。在以后的战斗中，春陵军分得的财物，往往是最少的，这保证了与绿林军的团结，也表明了刘秀兄弟志向远大。刘秀兄弟的威信，也因此越来越高。

绿林军接受了刘秀等人"恢复汉室"的政治主张，但不愿意立强势的刘縯为帝，而是找了一个软弱的刘玄当天子。刘玄也是汉景帝的后代，是刘秀的族兄。公元23年二月，刘玄当了汉朝皇帝，被称为更始帝。更始帝封刘縯为大司徒，相当于丞相，封刘秀为太常偏将军。

绿林军立了汉朝皇帝，王莽大怒，派了几十万大军杀来。许多绿林军将领恐慌，想要逃跑。刘秀极力劝说，坚定了大家的信心，又巧施计谋，把王莽大军歼灭于昆阳城下。昆阳大战，刘秀一举成名。公元23年九月，绿林军攻入长安，杀了王莽，新朝覆灭。

在这胜利的喜悦之中，却传来一个噩耗，刘縯受到猜忌，被更始帝杀害，刘秀也处在危险之中。这是对刘秀的一次严峻考验。刘秀强忍悲痛，主动请罪，虚于周旋，凭着过人的胆略和智谋，不仅化解了危机，而且争取到了一个抚镇河北的大好机会。从此，刘秀就像蛟龙入海一样，在广阔天地里大展才华。

公元23年十月，更始帝派遣刘秀，手持符节，代行大司马职权，北渡黄河，镇慰收复河北各州郡。当时，河北局势一片混乱，主要有五大势力。

一是王莽任命的各级官吏，王莽已死，他们没了主子，刘秀就采取招降的策略。刘秀所到郡县，会见郡守县令，恢复汉朝官名，重新任命他们职务，同时，废除王莽苛政，平反错案，释放囚徒。官民喜悦，争相拿酒肉慰问刘秀队伍。

二是更始帝任命的郡守，虽然不多，却是刘秀可以依靠的力量。信都郡、上谷郡、渔阳郡，都派出部队帮助刘秀，使刘秀的力量迅速扩大。

三是割据一方的地方豪强，刘秀采取团结或结成联盟的策略。当时河北最大的地方豪强，是真定王刘扬，手下有十万兵马。刘扬本是刘氏宗室，愿意与刘秀联合，刘秀娶了他的外甥女，双方结成联盟。

四是自称皇帝的王郎，刘秀采取重点打击的策略。王郎冒充汉成帝的儿子刘子舆，登基称帝，势力发展很快，这是刘秀不能容忍的。刘秀调集了上谷、渔阳等郡和刘扬的兵力，一举灭了王郎。

五是大大小小的起义军，刘秀采取分化瓦解和招降的策略。当时最大的一支起义队伍，是铜马军，刘秀采用打击和安抚两手，使几十万铜马军归降，刘秀实力大增，因而有人称刘秀为"铜马皇帝"。

刘秀采取的这些策略，都是十分正确而有效的。同时，刘秀网罗了大批人才，像邓禹、寇恂、耿弇、吴汉等"云台二十八将"，大都是在这个时候跟随刘秀的。经过两年时间，刘秀平定了河北，开创了基业。公元25年六月，刘秀与更始帝公开决裂，在河北鄗城（今河北柏乡一带）登基称帝，国号为"汉"，几个月后，定都洛阳。

刘秀称帝，与刘邦截然不同，刘邦当皇帝时，天下已经平定，而刘秀当皇帝时，只占据河北一地，其他地方，仍然是一片混乱。关中长安一带，绿林、赤眉各立一个汉朝皇帝，打得不可开交；长安以西，有隗嚣、窦融、卢芳、公孙述四大势力，分别割据一方；长安以东的中原地区，刘婴、刘望、刘永、李宪等人先后称帝，又有张步、秦丰、邓奉、董沂、董宪等诸多势力割据。因此，刘秀平定天下的任务，还相当艰巨。

在这天下大乱之时，刘秀称帝，公开打出恢复汉室的旗号，有利于居高临下，争取民众，这是明智的，也是必要的。刘秀登基后，采取了集中兵力、各个击破，先弱后强、先近后远的战略，实践证明，是十分高明的。

中原地区群雄数量多，但力量分散，刘秀用了四年时间，各个击破，首先平定了中原。这个时候，赤眉灭掉更始政权，占据长安一带，刘秀腾出手来，又灭掉赤眉，收复了关中。长安以西地区，路途遥远，情况复杂，刘秀采取了不同的策略，招降窦融，灭掉隗嚣和公孙述，让远在西北的卢芳自生自灭。这样，经过十二年的统一战争，公元36年，刘秀终于灭掉群雄，平定天下，使中国重新归于统一。

由此可见，刘秀是一个胸怀大志、满腹计谋而深藏不露的杰出人才，是一位具有远见卓识的政治家和谋略家。

刘秀的大志，是深藏心中而不流露于外表，更不是挂在嘴上。项羽见到秦始皇时，开口便说："我可取而代之。"但当他真的主宰天下时，却并没有代之，反而是大搞分封，开历史倒车。

由此可见，有无大志，并不在于怎么说，关键在于怎么做，只有脚踏实地、一步一个脚印干事的人，才会成就大业。

王莽末年天下大乱

公元 8 年，王莽建立了新朝。王莽是一位理想主义者，他为了缓和尖锐的社会矛盾，建立一个公平理想的社会，登基之后，大刀阔斧地进行了一系列改革。

由于改革脱离实际，失败是不可避免的，但当时并没有造成大的混乱，王莽执政的前期，社会还是比较平稳的。到了王莽后期，发生了全国范围的旱灾、蝗灾、瘟疫、黄河决口改道等一系列重大自然灾害，饥民遍地，群盗四起，再加上改革带来的副作用，最终导致了天下大乱。

《后汉书》记载："莽末，天下连岁灾蝗，寇盗蜂起。地皇三年，南阳荒饥，诸家宾客多为小盗。"南方发生大灾荒，老百姓没有饭吃，就成群结队拥入野泽之中，挖野菜充饥，由于人多菜少，时常发生争吵抢夺。新市人王匡、王凤，为人仗义，经常做些调解，受到人们拥护。

公元 17 年，王匡、王凤聚集了几百名饥民，上了绿林山，占山为王，打家劫舍。走投无路的农民和一些亡命之徒，纷纷前来投奔，只有几个月时间，就发展到七八千人，这就是南方的绿林起义。

绿林军人数多了，光靠打家劫舍无济于事，他们就攻下附近几座县城，将官府粮库里的粮食和富人家中的财物抢劫一空，搬回山中。不到一年时间，绿林山聚集了五万多人。这些人都是为生活所迫，不得已走上了做强盗的路子，并没有明确的政治目标。

第二年，绿林山上发生疫病，五万人死了一半，另一半只好分三路下山，分别占据了新市、平林、下江等地。此时，灾荒仍在持续，饥民越来越多，绿林军势力也越来越壮大，很快形成了十几万人的队伍，多次打败官府的军队。各地的地主豪强，起初是起义军抢掠的对象，刘秀就曾为避乱躲到了新野。后来，他们见起义军已成气候，王莽政权即将垮台，就抱着投机的心态，纷纷加入绿林军。

刘秀兄弟纠集南阳的刘氏宗室和一些地方豪杰，组成了春陵军，于公元 22 年起兵造反，也加入了绿林军。他们提出的"恢复汉室"的政治主张，被绿林军所接受，绿林军拥立了刘氏宗室的刘玄做了皇帝，绿林军此后就改为汉军了。

在南方受灾、绿林起义的同时，北方也是连年灾荒，加上黄河决口改道，造成千里赤地，人们流离失所。公元 18 年，琅琊人樊崇率领一百多人，在莒县起义，史称赤眉起义。他们占据了泰山，青州、徐州一带的饥民纷纷响应，扶老携幼，投奔樊崇，老幼多在途中饿死，青壮年便加入了起义军，樊崇的队伍，在一年内就聚集了上万人。第二年，东海人徐宣、谢禄等，率数万人归附樊崇，赤眉军也很快发展到十几万人。为了便于区别，他们把眉毛涂成红色，所以被称为赤眉军。

起初，赤眉军并不与官府为敌，更没有攻城略地的打算，只是为了生存，四处抢掠，填饱肚子而已，时刻盼着年头好了，能够返回家园。王莽政权拿不出粮食进行安抚，只得派兵围剿，却被赤眉军打败。赤眉军在黄河南北来回游荡，他们没有文书、旌旗、号令，军中最高的职务，称为"三老"，那是乡间低级官吏的称呼，说明他们没有大的野心。

另外，在河北一带，有数十起农民起义，其中，铜马军人数最多，有数十万人。在全国各地，大大小小的起义不计其数。

这些饥民造反的目的，不是为了推翻王莽政权，而是为了生存，不得已铤而走险。他们最大的愿望，是能够填饱肚子。然而，灾荒太严重了，粮食普遍歉收，即便起义了，仍然没有饭吃，于是，出现了人吃人的惨景。《后汉书》记载了两个人吃人的事例，使人毛骨悚然，感慨万千。

有个叫刘平的人，背着老母逃难，躲进野泽之中。他们已经几天没吃东西了，老母眼看撑不住了，刘平就想去挖点野菜，给母亲充饥。野菜都被人挖光了，刘平不知不觉走出去很远，好不容易找了点野菜，回来的路上，恰巧碰上一群起义军，《后汉书》称他们为饿贼。饿贼饥肠辘辘，逮住刘平，架上大锅，就要把他煮了吃。刘平连连磕头，流泪不止，说："我死了不要紧，可母亲肯定就要饿死了。求求你们，让我把这点野菜给母亲送去，我再回来让你们吃掉。"饿贼同意了，刘平把野菜给母亲送去，趴下给母亲磕了几个头，又返了回来。饿贼见他如此孝义，不忍心吃他，放他走了。

还有一个叫赵孝的人，听说弟弟被饿贼抓到，正要煮着吃，立即赶去，对饿贼说："弟弟瘦小，不如我肉多，我愿意代替弟弟，让你们吃掉。"饿贼被感动了，谁也没有吃。

《后汉书》记载了这两件事情，可见灾荒饥饿到了何种程度，这必然会导致天下大乱。

面对这天下大乱的局面，王莽束手无策。长安城中拥入几十万饥民，王莽拿出国家粮库中仅有的一点粮食，给饥民熬粥喝，但杯水车薪，无济于事，饥民饿死者十之七八。王莽无计可施，只好派人到各地，教给饥民煮木头吃的办法，那能管什么用呢？

王莽改革触犯了官僚集团的利益，各级官僚与他离心离德；改革也侵犯了地主豪强和中产阶级的利益，让普通百姓感觉失望，王莽失去了人心。在这天怒人怨的情况下，王莽政权很快覆灭了。

新朝灭亡以后，天下继续混乱。后来，许多起义军，都被有野心的官僚地主所控制，形成了大大小小割据一方的势力。偌大的中国，四分五裂，似一盘散沙。

在这天下纷乱、百姓苦难之际，刘秀毅然起兵，他要恢复汉室、平定天下，建立不世之功。

刘秀兄弟乘乱起兵

人们常说，乱世出英雄。世道越乱，英雄越有用武之地，刘秀就是这样。在天下大乱之时，刘秀乘机兴兵，靠着高超的谋略和智慧，平定天下，开创了东汉王朝。

《后汉书》记载，王莽末期，各地起义风起云涌，南方的绿林起义，更是声势浩大。刘秀的家乡蔡阳，与绿林山不远，对绿林的情况，刘秀肯定清楚。这个时候，刘秀没有贸然行事，他一面继续从事田业，一面密切关注天下大势。

后来，南阳一带也发生了数十年不遇的大灾荒，盗贼蜂起，打家劫舍。刘秀的哥哥刘縯，早就不满王莽的统治，利用家中富余，好侠养士，广结豪杰，并与盗贼有联系，暗中做着反莽起义的准备。刘秀的性格与刘縯截然不同，他处世谨慎，做事沉稳，胸有大志却深藏不露。于是，他悄悄离开蔡阳，去了新野，住到姐夫邓晨家里，静观其变，等待时机。

刘秀到了新野，并不是安心在家闲居，而是注重交结一些名士豪杰，除了结交新野的名士外，他还把目光投向宛城。宛城，当时是南阳郡府所在地，是个大城市，交通便利，人口众多。刘秀经常到宛城贩卖谷物，借机结识名士豪杰。刘秀本来就是南阳大户和刘氏宗室，宛城的名士很快就熟悉了他。

宛城有个名士豪强，叫李通。李通的父亲叫李守，在王莽朝中做官。李守喜好天文历数和预言凶吉的图谶之学，常对儿子说，图谶上有"刘秀为天子"和"刘氏复兴，李氏为辅"的预言，李通便记在心里。李通也是朝廷官员，当过将军从事和巫县县丞，受图谶影响，感到王莽政权不会长久，便主动辞官，回到家乡宛城。

到天下大乱之时，李通与族弟李轶商议，想辅助刘氏，恢复汉朝，建功立业。于是，李通把刘秀请来。一见面，李通直截了当地说："家父懂谶语，谶语说'刘秀为天子'，我打算协助您，成就大业，恢复汉室。"

刘秀谦逊地说："叫刘秀的人多了，怎见得是我？"李通说："我遍观南阳汉朝宗室，只有你们兄弟泛爱容众，能成大业。如今王莽将灭，汉室当兴，您作为高祖后代，难道不想恢复祖业吗？"

刘秀见李通诚恳，一改小心谨慎的禀性，马上慷慨应允。两人推心置腹，谈了整整一天，制订了起义的详细计划，并决定打出"复高祖之业，定万世之秋"的旗号，以号召众人。刘秀起兵，与其他起义军有着本质的区别，他一开始，就提出了明确的政治主张。

起义计划制订好了，两个人踌躇满志，决心干一番轰轰烈烈的大事业。李通倾其家产，资助起义。刘秀十分感动，又担心地问道："我们一起兵，您在朝中的父亲怎么办？"李通说："我已经安排好了，派人送信给父亲，让他赶快离开京城。"刘秀这才放下心来。不料，李通派去送信的人，半路上得病死了，李通的父亲李守没有逃脱，结果被杀。李通在南阳的宗族六十四人，也被朝廷杀害。李通悲愤万分，更加坚定了灭莽决心。他娶了刘秀的妹妹刘伯姬为妻子，忠心辅助汉室，深受刘秀恩宠，后来担任高官，被封为固始侯。

刘秀起义之初，并不顺利。本来计划是，趁着南阳郡检阅骑士的机会，劫持最高长官，号召民众造反，占据宛城，立下根基。不料，计划泄露，刘秀他们只好仓促起事。

宛城是南阳郡府所在地，朝廷力量较强，刘秀他们与官军作战失利，只得退出宛城，辗转南下，历经一个多月，回到老家蔡阳，与刘縯会合。虽然初战不利，但总算拉起了一支队伍。那一年，刘秀二十八岁。

此时，刘縯已在蔡阳举事，招兵买马。有些刘氏宗族子弟害怕，说："刘縯这是要害我们啊！"这时，刘秀带领一支人马，来到蔡阳。刘秀身穿大红色的衣服，头戴大冠帽，站在哥哥身边，与刘縯一起，动员大家反莽。

　　大伙一见，纷纷说道："连刘秀这么谨慎厚道的人，都造反了，肯定是王莽政权快垮了，我们还怕什么呢？"于是，纷纷参加起义军。刘秀兄弟很快聚集了七八千人，打出了"恢复汉室"的大旗，被称为春陵军。刘縯自称柱天都部，就是擎天之柱的意思，做了统帅，刘秀协助他。

　　刘秀的叔叔刘良，听说两个侄子造反了，又惊又怒，说："刘縯从小就不安分，喜欢闯祸，而刘秀一向沉稳，怎么也造反了？"但他没办法阻止，为了自保，只好跟随起义军。刘秀称帝后，封他为赵孝王。

　　刘秀兄弟起兵之后，做出的第一个重大决策，就是与绿林军联合。当时，绿林军的势力，已经发展到南阳一些地区。绿林军虽然聚众数万，但没有打出反莽的旗帜，也不攻占城池，他们的目的，只是抢掠财物，填饱肚子。朝廷军队前去镇压，绿林军奋起反击，打败了官兵，掳获了物资，但不杀害当官的。他们还幻想着，等到年景好了，再返回家园，当个安分守己的老百姓。

　　刘秀意识到，这是一股可以利用的势力，当年刘邦称帝，不也是借用了秦末农民起义的力量吗？于是，刘秀派人去游说，不费力气，就与新市、平林的绿林军联合起来。刘秀又派李通，去联系王常的下江兵。

　　春陵军与绿林军合兵一处，力量大增，特别是，他们不再单纯以抢掠财物为目的，而是要攻城略地，消灭王莽军队，便开始了有计划有目的的军事行动。

　　他们的第一个目标，是攻击长聚。长聚驻有王莽军队，消灭了这支队伍，对下一步攻打宛城十分有利。在战场上，刘秀完全不是文弱书生的模样，而是不惧生死的勇士。当时起义军人多马少，刘秀把战马让给别人，自己骑一头犍牛，身先士卒，冲入敌阵，杀死了新野尉，夺得战马，然后弃牛上马，继续冲锋陷阵，勇往直前。后世有人称刘秀是"牛背上的皇帝"。在刘秀的带动下，起义军军心大振，一举消灭了长聚之敌，占领了新野县城，然后，乘胜西进，攻克了唐子乡，打下了湖阳县，从此军威大振。

前队大夫甄阜，闻讯大怒，亲率数万大军前来镇压。双方在小长安一带相遇，展开激战。由于起义军都是乌合之众，缺乏训练，地形不熟，又恰遇大雾弥漫，纷纷溃散逃跑。

刘秀只剩单骑，途中遇到小妹刘伯姬，刘秀把她拉上马，一块儿逃命。没跑多远，又遇上二姐刘元，刘秀跳下马来，让刘元上马。刘元不肯，姐弟俩推让争执。刘元大怒，厉声斥责："我一个妇道人家，死不足惜，你身负大任，怎能如此不明大义？"

刘秀泪流满面，向姐姐磕个头，返身上马，急驰而去。官兵赶到，刘元和她的三个女儿均被杀害。刘秀称帝后，追封刘元为节义长公主，立庙祭祀。在这次战斗中，刘秀的二哥和几十名族人一同遇难，刘秀家族付出了沉重的代价。

甄阜一战获胜，心中大喜，将辎重留在蓝乡，率轻骑南渡黄淳水，打算全歼义军。义军则人心惶惶，准备继续南逃。刘秀极力劝说，稳定了军心。正巧，李通带领王常的下江兵赶到。王常的下江兵，是绿林军中实力很强的一支，他们的到来，给义军打了一剂强心剂，群情振奋。

刘秀兄弟趁此机会，调兵遣将，先是集中兵力，攻占了蓝乡，获取了甄阜全部辎重。甄阜军队见辎重丢失，军心动摇。刘秀乘胜挥师南下，兵分四路，包围了甄军。甄军兵无斗志，很快被全歼，甄阜也死在军中。义军大获全胜，兵锋直指南阳郡府所在地的宛城。

刘秀兄弟南阳大捷的消息，传到京城，王莽大惊，派出几十万部队前去镇压，这就有了历史上著名的昆阳大战。

昆阳大战，是对刘秀的一次严峻考验，刘秀该怎样应付呢？

昆阳大战一举成名

绿林军杀死甄阜、消灭南阳军队之后，归者众多，很快发展到十几万人。他们兵分两路，一路由刘玄、刘縯等人，率十万主力部队，围攻宛城，打算占据此城，作为根据地；一路由王凤、王常、刘秀等人，率两万兵马，向北攻占昆阳、定陵、鄢城等地，扩大势力。

《后汉书》记载，王莽听说南阳兵败、宛城被围、刘玄称帝的消息之后，又惊又怒。起初，他把注意力放在人多势众的北方赤眉军身上，现在，王莽意识到，绿林军公然打出了"恢复汉室"的大旗，并且拥立了汉朝皇帝，这才是他的心腹大患。于是，王莽决定，调集全国之兵，南下与绿林军决战。

王莽向各州郡颁布诏令，令各州郡派出部队，由州郡长官亲自带领，定期会集；征调数百名精通兵法之人，充当军中参谋；征召天下奇才异士，随军参战。其中召来一位巨人，叫巨毋霸，他不仅身高超过两米，而且还能驱使虎豹犀象等猛兽作战。

王莽任命大司空王邑和大司徒王寻为统帅，统领各路兵马，各路兵马有四十二万之众，号称百万。一时间，从长安到洛阳，从洛阳到昆阳，千里道路，旌旗辎重，大军不绝。《后汉书》说："自秦汉以来，所有战争出师的盛况，都比不上这一次。"看来，王莽是倾其所有，拼了血本，非要置绿林军于死地不可了。

王莽军队南下，必须要经过昆阳。昆阳，在今河南省叶县一带，位于洛阳和宛城中间，战略位置十分重要。此时，昆阳城中，绿林军只有八九千人，另外，在昆阳附近的定陵、鄢城，还有一万多人。绿林军的主力部队，此时围攻宛城，正在紧要关头，抽不出兵力来救昆阳，昆阳处于危险之中。

在这危急关头，城中将领紧急开会商议，不少人面露惧色，有人提议弃城逃跑。刘秀说："不可！弃城分散逃跑，只有死路一条，在一天之内，我们所有各部，都会被消灭掉。只有据城坚守，才有可能保住妻子儿女。昆阳虽小，但城池坚固；敌军虽众，却都是临时拼凑的，战斗力不会太强。我军主力，近期必定攻克宛城，到那时，主力赶来，我们内外夹击，就可以大破敌军了。"

众将领见刘秀沉着冷静，分析得很有道理，都坚定了守城的信心。会议决定，由王凤、王常负责守城，刘秀出城，到外面组织兵力。于是，刘秀带领李轶等十三人，连夜出城南门，到定陵、郾城一带组织援军。

公元 23 年五月，刘秀出城不久，王莽大军就来到昆阳城下。有个叫严尤的将领，向统帅王邑建议说："昆阳城小而坚固，我们没有必要在这里耗费时间和兵力，僭越称帝的刘玄在宛城，我们应该直奔宛城，灭了刘玄，昆阳也就不攻自破了。"

这本来是个很好的计策，但王邑是王莽的堂弟，骄横惯了，哈哈大笑说："我率百万大军，遇上小小的昆阳城，却要绕道而行，岂不可笑？"然后，又得意扬扬地说："攻下此城，杀尽那些反贼，我们踏着他们的鲜血，前歌后舞而进，岂不快哉！"于是，王邑一声令下，大军将昆阳城团团包围，城外设置了一百多座军营，旌旗遍野，锣鼓声传出几十里路，可谓是声势浩大。

王邑大军把昆阳城包围了十层以上，城外到处是人山人海，然而，人多有什么用呢？真正能够与城中守军对敌的，只有攀登城墙的那些人而已。守城将士居高临下，檑木滚石和箭矢一齐打来，城下士兵死伤一片。在那个冷兵器时代，要想攀上城墙，攻破城池，谈何容易？

王邑大军轮番攻击了数日，毫无进展。王邑焦急，采取了挖地道和使用冲车攻城的办法，但由于兵力施展不开，也未能奏效。王邑狂躁，下令军中所有的弓箭，一齐向城内狂射，顿时箭如雨下。但城中将士躲在掩体内，出门打水时头顶门板，箭雨对他们构不成多大威胁。这样坚持了二十多天，昆阳城屹立不动，王邑无计可施。

可是，在这段时间里，围攻宛城的绿林军主力，却取得很大进展，城内弹尽粮绝，城破在即，而王邑滞留在昆阳，白白耗费了救援宛城的宝贵时间。如果王邑能够听从严尤的建议，大军直扑宛城，击败绿林军主力，那恐怕就是另外一种结局了。王邑真是庸才！

在此期间，刘秀、李轶等人到达定陵、郾城，调集各路兵马，共计一万多人，准备增援昆阳。有的将领贪惜自己的财物，想留一部分兵力看守。刘秀说："如果战胜了敌人，珍宝财物要比现在多一万倍；如果被敌人所败，脑袋都保不住了，财物还有什么用呢？"大家觉得有理，丢弃财物，一齐跟着刘秀去救昆阳。

六月初一，刘秀率援军到达昆阳城外。众人见莽军连营一百多座，兵力强大，心生怯意。刘秀笑着说："别看敌人兵多，都是些乌合之众，又经过多日战斗，早已疲惫，没有什么可怕的。"刘秀亲自带领一千骑兵为前锋，李轶率主力跟进，逼近敌军四五里地时，摆开阵势，准备攻击，王邑派数千兵马前来迎战。

刘秀乘敌兵刚刚到来，立足未稳，突然一声令下，自己一马当先，带头冲入敌阵。随从将士一见，又惊又喜，说："刘将军平日里看着胆怯，如今遇上大敌，没想到如此勇敢。"于是勇气大增，人人奋勇向前，把莽军打得落花流水，斩敌上千。刘秀高兴地对大家说："敌人已是强弩之末，近日就可以打败他们了。"

刘秀故意大肆宣扬宛城已破、绿林军主力挥师前来的消息，事实上，宛城确实已被绿林军攻占了。昆阳守城将士和城外援兵听了，信心倍增，人人欢欣鼓舞，摩拳擦掌；王邑士兵听了，军心动摇，个个内心恐慌，丧失斗志。刘秀觉得，与莽军展开决战的时机到了。

刘秀精心挑选了三千名勇士，组成了敢死队，自己亲自率领，乘敌不备，直接向王邑、王寻的中军大营发起攻击。王邑的部队，都是各州郡临时征调的，缺乏统一的训练和调度。为了避免混乱，王邑曾下命令，要求各营严格管束自己的队伍，没有命令，不准擅自出战。所以，刘秀攻击王邑大营的时候，并无人前来援助。

刘秀率领的三千敢死队，如狼似虎，王邑士兵不是对手，大营很快被冲垮，士兵纷纷溃逃，连统帅王寻都被斩了。王邑的指挥中枢被打掉，各营立即陷入混乱，莽军士兵就像无头苍蝇一样，到处乱跑乱撞，纷纷四散逃命。刘秀的后援部队，紧跟着敢死队杀入敌营。昆阳守城将士，也大开城门，齐声呐喊，冲出城来，一时间，战鼓咚咚，杀声震天。

恰在这时，突然狂风大作，电闪雷鸣，暴雨倾盆，犹如天崩地裂，又似天兵相助。虎豹犀象吓得四腿发抖，巨毋霸不知下落，莽军士兵更是胆肝俱裂，争相逃命，互相践踏，死伤无数。由于河水暴涨，莽军士兵拥挤落入水中的，数以万计，致使河水断流。王邑、严尤等人，踏着自己士兵的尸体，过河逃走。王邑四十二万大军，就这样土崩瓦解了。战后，绿林军得到的粮草器械和珍宝，不计其数，几个月都运不完，剩下的只好烧掉了。

昆阳大战，歼灭了王莽主力，决定了王莽失败的命运。三个月后，绿林军攻入长安，王莽被杀，王邑战死。

昆阳之战，是著名的以少胜多的战例。此役，充分展示了刘秀过人的胆略、智慧和领袖风范，刘秀因此一举成名，奠定了他日后平定天下的基础。明代思想家顾炎武赞扬刘秀："一战摧大敌，顿使海寓平。"

昆阳大捷，刘秀自然十分兴奋，但高兴劲还没有过去，一场新的重大危机，意外地降临到他的头上。

祸起萧墙兄长被杀

昆阳大战，歼灭了王莽主力，胜利的天平，开始向绿林军倾斜。刘秀乘着昆阳大捷的余威，率兵北进，攻占了颍川，降服了颍川守将冯异，下一步，就要剑指关中，恢复汉室的理想快要实现了。正在这个时候，一个意想不到的噩耗传来，刘秀的大哥被人杀害了！

《后汉书》记载，刘秀的大哥，名叫刘縯。刘縯性情刚毅，慷慨有大节，自王莽篡汉以来，常愤愤在胸，立志恢复汉室。他不事家人居业，倾家荡产，结交天下豪杰，常以刘邦自诩，希望能干出一番大事业。刘縯的性格，与刘秀不同，他虽有大志，却没有大智慧；虽然能力很强，但处处锋芒毕露。这样的性格，是难以干成大事的。

公元 22 年，刘縯刘秀兄弟共同起兵，组织了七八千人的舂陵军，打出了反莽复汉的大旗。刘縯自称柱天都部，喻为擎天之柱。为了扩大实力，刘縯与新市兵、平林兵结盟，合兵一处，使绿林军势力大增。

绿林军先后消灭了甄阜率领的南阳军队和王莽派来的严尤军队，攻占了棘阳、新野等地。在这些战斗中，刘縯指挥有方，作战勇敢，威望日增，号称天柱大将军。平林军围攻新野，久攻不下，新野县宰登上城楼，大声喊道："只要刘縯兵到，我们愿意献城。"刘縯闻之，立即率部赶到新野，新野守军果然开门投降了。

王莽听说了刘縯的威名，大为震动恐惧，特悬赏说，有能除掉刘縯的，封食邑五万户，赏黄金十万斤，拜为上公。王莽还让人画了刘縯像，悬挂在门侧，天天用箭射，以发泄心中愤恨。

刘縯功劳越来越大，威望越来越高，但盛名之下，必有隐患。这个隐患，就是刘縯与其他绿林军将领之间的矛盾，也越来越明显了。

刘縯是豪强地主，又是刘氏宗室，而很多绿林军将领，都是泥腿子出身，各方面差异很大，没有多少共同语言。刘縯起兵的目的，是恢复汉室，而绿林造反，只是为生活所迫，他们并不关心皇帝姓刘还是姓王。刘縯想得到天下，登基称帝，必然要实行仁义，收买人心，禁止义军抢掠，而义军抢掠惯了，难以接受。其实，这些隐患，是可以想办法弥补的，但刘縯根本没有意识到这些隐患，他为人又自负，十分强势，所以，隐患越积越多，最终形成了危害。

公元 23 年正月，绿林军连续取得几次胜利后，队伍发展到十几万人，大家都认为，需要加强统一领导。刘縯极力主张，立一位刘氏宗室为帝，他是想自己当皇帝。绿林军首领王匡、王凤、朱鲔、张卬等人，接受了刘縯的建议，但并不想让他当皇帝，而是物色了一个叫刘玄的人。

刘玄与刘縯一样，也是刘邦的九世孙。他为弟报仇，犯法潜逃，后来加入了绿林军。他也属于正宗的刘氏宗室，而且比刘縯年龄大，起义时间早，当然，最重要的是，他能力不强，便于控制。当时，刘縯正在前线指挥作战，对这个谋划一无所知。

绿林军首领谋划已定，把刘縯召回，征求他的意见。刘縯一听，傻了眼，他压根儿没有想到，那个懦弱无能的族兄刘玄能当皇帝，但又不便反对。

刘縯脑子里翻江倒海，他强忍着让自己镇定下来，沉默一会儿，说："各位将军想拥立刘氏宗室，其德深厚，我作为刘氏子孙，万分感激。不过，如今天下纷乱，各地兵起，咱们立了皇帝，恐怕赤眉等地，也会拥立皇帝，这样一来，容易发生内部争斗。目前头等大事，是灭掉王莽，不能因为内斗而毁了大业。另外，从历史经验来看，凡是首先称帝的，必然会成为众矢之的，往往不能成功，陈胜、项羽就是这样。所以，我建议，咱们先立个王，便于发号施令，等到天下大定，再举行尊号，也不为晚。"

刘縯这番话，表面上说得合情合理，实际上是缓兵之计。刘縯说完，许多将领点头称是，刘縯的心情放松了一些。不料，张卬腾地一下，从座位上跳起来，拔出宝剑，厉声说道："行事多疑，无以为功，称帝之事，就这样定了，不得反对!"众人都表示服从。刘縯环顾四周，见自己势单力孤，也无可奈何。

公元23年二月，刘玄登基，号称更始皇帝，封族父刘良为国三老，王匡、王凤为上公，刘縯为大司徒，朱鲔为大司马，其余都拜为九卿或将军。

刘縯没有当上皇帝，许多人不服，特别是南阳豪杰，更是愤愤不平。刘縯倒是能够顾大局、识大体，没有表现出什么，照样领兵打仗。五月，刘縯率军攻占了宛城，六月，刘秀在昆阳大战中建立奇功，兄弟两人的威名，无论在绿林军中，还是在王莽朝廷，都超过了其他任何人。

刘玄当了皇帝，他知道自己吃几碗干饭，感觉刘縯对他的皇位，构成了威胁，心里十分不安，便与朱鲔、李轶等亲信商议。李轶本来与刘縯刘秀关系很好，但此时已倒向刘玄。朱鲔等人劝刘玄早下决心，除掉刘縯。于是，他们想借会聚诸将的机会，埋伏武士，诛杀刘縯。

刘玄发出诏令，让诸将会聚宛城，明面上是表功，实际上暗藏杀机。刘秀接到诏令，认为必有大事商议，急忙赶去，却见并无大事，不由得心生疑惑。刘秀对刘縯说："无事而会诸将，怕有异变发生。"刘縯毫不在意，哈哈大笑说："皇上会诸将，表功赏劳，哪会有异变，你想得太多了吧?"

在会上，刘玄故意对刘縯表示亲近，让他坐在自己身边。刘玄夸赞刘縯的佩剑漂亮，刘縯就把佩剑解下来，递给刘玄，让他观赏。刘玄把刘縯的佩剑抓在手里，反复审视，并不及时还给他，实际上是解除了他的武装，这是计划的第一步。这时，亲信申屠建走过来，给刘玄献上一块玉玦。按照计划，只要刘玄举起玉玦，武士们就会一拥而上，斩杀刘縯，然后宣布他企图篡位的罪状。

刘玄接过玉玦，四下一看，忽然发现，坐在不远处的刘秀，正目光炯炯地盯着他呢，不由得心里发虚。刘玄又见诸将当中，刘縯的亲信和属下很多，而且都是猛将，搞不好，必有一场血战，自己的性命也难保。刘玄思虑再三，手臂始终没敢举起来，让刘縯躲过了一劫。

这次暗杀阴谋，虽然没有发动，却被一些细心的人看了出来。事后，刘縯的舅父樊宏对他说："昔日鸿门宴上，范增举玉玦，暗示项羽杀刘邦；今天，有人献上玉玦，恐怕不怀好意。"刘縯听了，哈哈一笑，不置可否。

刘秀显然已经看出了杀机，郑重地告诫哥哥，要多加小心，并提醒他说："李轶现在经常与朱鲔混在一起，已经不可靠了，要多注意提防。"刘縯历来认为，刘秀属于刘邦二哥那样碌碌无为之人，所以，对他的话，并不放在心上。可见，刘縯空有大志，却智谋不足。

果然，过了不久，刘縯就遇害了。过程很简单，刘縯有个得力部将，叫刘稷，他对刘玄当皇帝十分不满，抗旨不遵。刘玄大怒，下令斩首。刘縯听说后，心中大急，顾不上多想，立即赶去说情营救。朱鲔、李轶见刘縯只身前来，毫无戒备，觉得机会难得，马上建议刘玄，将刘縯、刘稷一同杀害。可怜一世英豪，死于小人之手！

此时的刘秀，远在二百里外的颍川郡父城县，忽然听到兄长无故被害的消息，悲愤交加，痛哭失声。

刘秀心里很清楚，刘縯被杀，是因为他威名太盛、功劳太大，那伙人杀了哥哥，肯定也不会放过弟弟。那么，刘秀怎样化解这场突如其来的巨大危机呢？

深明大义刘秀隐忍

刘縯遇害后，摆在刘秀面前的有三条路：一是率军南下，为兄长报仇；二是召集旧部，脱离刘玄；三是隐忍不发，维护大局。前两条无论成功与否，都会导致绿林军分裂，毁了反莽复汉大业，第三条虽能避免分裂，却会将自己置于危险之中。刘秀思虑再三，擦干眼泪，决心走第三条路，个人的生死荣辱事小，一切为了大义！

《后汉书》记载，刘縯被杀后，刘秀知道，只有忍辱负重、委曲求全，才能避免分裂。因此，刘秀不带一兵一卒，单骑只身，连夜从父城出发，直奔宛城。刘秀知道，刘縯被杀，是件大事，全军上下都在高度关注，他必须要有态度，而且他的态度至关重要。

天亮以后，刘秀进城，径直来到刘玄宫中。见到刘玄，刘秀双膝跪拜。他心中悲痛哥哥无故遇难，嘴上说的却是："哥哥性情鲁莽，不遵君臣之礼，对抗皇上，罪有应得。我痛心的是，作为弟弟，没有尽到劝告哥哥的责任，致使哥哥得罪了皇上。请皇上对我一并治罪。"

刘玄见刘秀没有丝毫抱怨的情绪，只身前来请罪，而且有礼有节，加上平时关系处得不错，心生愧疚，只得好言安慰他一番。然后，刘玄让刘秀去刘縯所部，安抚诸将士。

刘縯无故被杀，部下都愤愤不平，很多人想要为刘縯报仇，如今见刘秀来了，纷纷围聚过来，想诉说刘縯的冤屈和心中的不平。刘秀却不让他们说话，抢先讲哥哥的错误和过失，劝他们以大局为重，搞好团结，彻底推翻王莽政权。

刘秀的态度，大出刘縯部下意料之外，有的人敬佩刘秀深明大义，有的对他失望和不满，有的则在心里骂他无情无义。刘秀当然知道，刘縯的这些部下，心里在想些什么，想说些什么，但为了大局，他不能让他们说出来，更不能干出格的事。刘縯的部下，多是些猛将勇士，刘縯被害，本来存在着武装冲突的危机，刘秀的到来，化解了这场危机。

刘秀在宛城住下后，一些宗亲和大臣纷纷登门拜访，表示慰问和哀悼。刘秀只按平常礼节答谢，并不流露出丧兄之痛，更无半点抱怨情绪。众人夸赞刘秀在昆阳大战中的功绩时，刘秀总是谦逊地推让，说那是别人的功劳。

为了不让刘玄疑心，刘秀不敢为兄长服丧，饮食言笑就和平常一样。在此期间，刘秀甚至迎娶了他渴慕已久的美女阴丽华，实现了他当年的一个愿望。

杀害刘縯的朱鲔、李轶一伙人，起初对刘秀的到来，保持高度警惕，暗地里派人监视他的行动，打算抓住把柄，就置他于死地，以绝后患。但是，刘秀的所作所为、一言一行，没有让他们找到一点下手的机会。刘玄见刘秀如此表现，十分满意，任命他为破虏大将军，封为武信侯。

刘玄虽然封赏了刘秀，但对他并不放心，不让他外出带兵。绿林军攻占洛阳以后，刘玄想迁居那里，便任命刘秀为司隶校尉，带着一些人去打前站，整修城中宫殿。

刘秀到达洛阳，兢兢业业，尽职尽责，把城中宫室、官府修缮一新，并依照职权，对洛阳城及附近郡县进行督察，维护社会秩序。把洛阳的事情办好以后，刘秀就迎接刘玄迁居洛阳。刘玄对刘秀的工作十分满意，又增添了几分信任，让刘秀代行大司马的职务。

刘秀表面上工作勤勉，处处表现出对刘玄的忠诚，但在他的内心深处，始终埋藏着巨大的悲痛。每当夜深人静的时候，刘秀总是情不自禁地想起哥哥对自己的情意，想起哥哥的冤屈惨死，想起甘愿赴死的二姐刘元，刘秀泪流满面，浑身颤抖，几乎不能控制。刘秀咬着被角，强忍着不发出声来，泪水湿透了半个枕头。

颍川降将冯异，十分敬佩刘秀，成为刘秀的心腹。有一天，冯异发现了刘秀枕头上的泪痕，立刻明白了刘秀的心迹和巨大的痛苦。冯异向刘秀叩头，流着泪说："将军别太伤心了，一定要保重身体。当前，要想脱离困境，有所作为，必须想办法远走高飞。"冯异向刘秀建议，结交左丞相曹竟，曹竟是刘玄的心腹。

王莽死了以后，天下仍然混乱，刘玄派出使者，去抚镇各地，但多不得力，收效不大。曹竟向刘玄建议，派刘秀抚镇河北。刘玄正要同意，朱鲔急忙劝阻，说："不可！刘秀雄才，他若出镇外地，必然自立，与我为敌。"朱鲔这么一说，刘玄又犹豫了。这时，大司徒刘赐说："刘秀是我们刘氏宗族成员，对汉朝忠心耿耿，是不会有二心的。"

曹竟也坚持自己的意见，说："刘秀的才能，没有人能比得上。河北情况复杂，若派别人去，非办砸了不可。"由于两个心腹都极力推荐刘秀，刘玄终于下了决心，任命刘秀代理大司马，持节抚镇河北。

刘秀得此良机，立即与冯异等人，带领一支人马，北渡黄河，奔赴河北。从此，刘秀大展宏图，干出了一番轰轰烈烈的大事业。

可见，要想干大事的人，必须要忍辱负重，有大胸怀和大智慧才行。

平定河北登基称帝

河北，指黄河以北广大地区，包括今京津冀和山东部分地区。王莽死后，河北地区一片混乱，各派势力错综复杂。刘秀凭借高超的计谋，采取不同的策略，将各派势力一一降服消灭，只用两年时间，就平定了河北，随即登基称帝，建立了东汉政权。

《后汉书》记载，公元23年十月，刘秀打着更始政权的旗号，统兵数千，渡过黄河，开始抚镇河北地区。起初，收抚工作比较顺利，刘秀每到一地，就召见郡守县令和地方三老，对官吏进行考察，有德者留任，无德者罢黜。这些地方官吏，大都是王莽任命的，此时正在恐慌不安，见刘秀招抚他们，很是高兴，所以，刘秀所到之处，各郡县都望风归附。同时，刘秀废除王莽法令，恢复汉朝制度，释放囚徒，推行仁政，百姓都高兴地拿出酒和食物，慰问刘秀部队，刘秀谢绝。

刘秀刚到河北不久，他在太学时候的同学邓禹，只身独马赶来，投奔于他。邓禹智勇双全，很有谋略，辅佐刘秀统一天下，成为东汉开国第一功臣。

两个月后，刘秀率部进入邯郸。邯郸是赵国的都城，是当时河北地区最大的城市。刘秀分派手下将领，到各郡县巡行，为百姓审理冤屈，布施恩德。这时，有个叫刘林的宗室子弟投靠刘秀，献计说："赤眉军不愿归属更始帝，现聚众百万在河东，您只要决开黄河，以水淹之，赤眉百万之众，在一日内便可成为鱼鳖。"刘秀见他心肠歹毒，心生厌恶，不肯收留他。刘秀命耿纯留守邯郸，自己带人继续北行，去收抚各地。

刘林是已故赵缪王刘元的儿子，此人好玩弄奇邪怪术，喜欢交结豪猾之辈，在河北有一定的名声和影响力。刘林见刘秀冷落自己，十分生气，便去另寻门路。

邯郸有个算命的，叫王郎，曾经吹嘘自己是汉成帝的儿子。刘林与王郎熟悉，便去找他。两人进行密谋后，对外宣称，王郎是汉成帝的亲生儿子，叫刘子舆。他母亲是汉成帝的歌女，生下他后，皇后赵飞燕想谋害婴儿，他母亲找了别人家的婴儿顶替，才保住性命，后来流落民间。说得有鼻子有眼，像真的一样。由于赵飞燕"燕啄皇孙"流传很广，许多人都相信了，而且给予很大同情。

刘林、王郎打着汉成帝儿子的幌子，联络地方豪强，让他们拿出家产，招募壮丁，没几天时间，就聚集了几千人，占据了邯郸城。他们立王郎为皇帝，刘林做丞相，赵国的几个大富豪，分别当了大司马和将军，然后，派出将领，夺取冀州、幽州土地，扩充军队，并向各州郡发出文告。耿纯势单力薄，无法对抗，只好逃出邯郸，去找刘秀。

由于王郎打出汉室正宗的旗号，而刘秀只是更始政权的使者，所以，王郎的影响力和号召力还是很大的，一些不明真相的刘氏宗室，也纷纷响应。刘秀刚招抚的郡县，又都倒戈相向，归附了王郎。王郎的势力，很快扩展到赵国以北、辽东以西地区。

王郎、刘林知道，刘秀是他们的主要敌人，于是，向各地发出檄文，缉捕刘秀。刘秀由抚镇大员，一下子变成了通缉犯，遇到了很大的危机。此时，刘秀北行到了蓟城。占据蓟城的是刘接，刘接本是刘氏宗室，但却误认为王郎政权是正宗汉室，接到王郎檄文后，准备捕杀刘秀。刘秀见势不妙，只好冲出城去，向南逃遁。一路上，风餐露宿，历经艰险。《后汉书》说："晨夜兼行，蒙犯霜雪，天时寒，面皆破裂。"可见，当时是十分狼狈的。

刘秀一行一直逃到信都，才站住脚跟。信都郡以及和成郡，当时归附了更始政权，见刘秀到来，十分高兴。本来，刘秀的收抚工作比较顺利，没想到，半路杀出个王郎，使他的努力付诸东流。刘秀在信都，做了认真反思，在策略上做了重大调整，他由招抚为主，改为着重建立自己的武装力量。在乱世当中，没有强大的武装力量，是绝对不行的。

刘秀的职务是大司马，大司马是国家军队的最高级将领。刘秀利用这个职权，招兵买马，收降民间武装，很快形成了数万人的军队，而且身边聚集了邓禹、冯异、祭遵、耿纯、贾复、岑彭、李忠、刘植等一大批人才。

其中，耿纯是河北大族，他带领族人投靠刘秀，竟然一把火把全族房屋烧了个精光。耿纯对众人说："刘秀来河北，没有带财宝，无法赏赐人，但却有那么多贤才跟随，这是靠恩德服众，必能成大事。所以，我们要自断后路，死心塌地地跟着他。"

刘秀行使大司马的权力，调来上谷、渔阳两郡的兵马。上谷太守耿况和渔阳太守彭宠，已经归附了更始政权，应该听从大司马的号令。耿况派自己的儿子耿弇和贤将寇恂，率兵去帮助刘秀；彭宠则派出了勇将吴汉、盖延和贤才王梁，去为刘秀效力。寇恂、耿弇、吴汉等人，日后都成为刘秀的肱股之臣，为统一天下立下了汗马功劳。

刘秀又把目光，投向了真定王刘扬。刘扬是汉景帝八世孙，与刘秀同出一脉，此时拉起了十万人马，依附了王郎。刘秀派刘植前去游说，揭露了王郎的真相，刘扬就归附了刘秀。为了加深感情，刘秀还娶了刘扬的外甥女郭圣通为妻，后来立为皇后。

刘秀经过一番努力，已经拥有近二十万兵力，实力超过了王郎。刘秀知道，对其他地方势力，可以采取招降收抚的办法，唯有对自称为帝的王郎，必须坚决消灭。

公元 24 年四月，刘秀率大军包围了邯郸城，刘玄也派尚书令谢躬率数万兵马来助，经过一个月的激战，攻破城池，王郎被杀，刘林却不知逃到哪里去了。可叹王郎，只当了不到半年皇帝，就身首异处了。

攻克了邯郸，在缴获的文书中，发现了各级官吏与王郎勾结的书信，有几千封。刘秀看都不看，下令当众把这些书信烧掉，并且开玩笑说："不烧掉它，会有很多人睡不好觉的。"众人心悦诚服，一时间归降者云集，刘秀实力大增。刘秀烧书信安定人心的做法，后来被曹操学去了。

此时，更始皇帝刘玄，已经定都长安，他见刘秀羽翼丰满，担心不能控制，便封刘秀为萧王，让刘秀回长安任职。可是，这个时候的刘秀，已是兵强马壮，人才济济，怎肯再听从刘玄的驱使呢？刘秀借口河北尚未平定，不接受征召，从此脱离了刘玄政权。刘玄也没有办法，只好命令谢躬，率军继续留在河北，监视刘秀。

刘秀下一个目标，是收服大大小小的农民起义军。刘秀先是向南，平定了河内郡，建立了根据地。他任命寇恂为河内太守，自己举军北伐，去收复各地。当时河北地区的起义军，有铜马、富平等几十支，有数百万人。虽然人多，但各自分散，而且没有政治目标。对付这些乌合之众，刘秀作为大谋略家，自然是胸有成竹，易如反掌，他采取打压和招降两手，很快把他们一一征服。

铜马军是起义军中最强的一支，有几十万人。刘秀两次打败他们，并断绝了他们的粮道，铜马军只好投降了。刘秀封他们的首领为侯，让他们继续统领各自的部队。

铜马军初降，对刘秀不太放心。刘秀知道他们的心思，便轻车简从，到他们军营巡视，不做任何戒备，表现出对他们的高度信任。铜马军将士大受感动，纷纷议论说："萧王推赤心置人腹中，我们应以死相报。"成语"推心置腹"，就来源于此。从此，铜马军真心归服，这些淳朴的农民军，成为刘秀夺取天下的主力，刘秀因此被称为"铜马皇帝"。

刘秀用了两年时间，采取不同的策略，消灭和收服了各种势力，平定了河北。同时，刘秀身边聚集了大批文臣武将，著名的"云台二十八将"，大多数是在这个时期跟随刘秀的。刘秀以超人的谋略和胆识，开创了一片新天地。

公元 25 年六月，刘秀在河北鄗城（今河北柏乡）登基称帝，建元建武。为了表示重兴汉室，仍然使用"汉"的国号。刘秀被称为汉世祖光武皇帝，时年三十一岁。

然而，刘秀称帝之时，仅占有河北一地，中原、关中以及西部广大地区，还在别人手里，而且当时称帝的，不下十几人。刘秀统一天下的道路，仍然是漫长而艰难，还需要继续付出艰辛的努力。

智取洛阳东汉建都

　　洛阳，地处中原，经济富裕，四通八达，要想统一天下，必占此地。所以，刘秀称帝四个月后，就占领了洛阳，并在那里建都。然而，夺取这一重要战略要地，刘秀并未强攻，而是采用了智取的办法，显示出了刘秀过人的智慧。

　　《后汉书》记载，更始皇帝刘玄建都长安后，他也知道洛阳重要，派了两个心腹将领镇守，就是朱鲔和李轶。这两个人，都不是等闲之辈，而且是杀害刘縯的主谋，与刘秀有着杀兄之仇，这为刘秀收复洛阳，增加了不小的难度。

　　刘秀深知洛阳的重要性，他在称帝之前，就进行了谋划。刘秀任命冯异为孟津将军，率领魏郡、河内郡两个郡的兵马，占据孟津，与洛阳守军相对抗。如今，刘秀对洛阳志在必得，更是做了精心安排。

　　刘秀首先采用了离间计。洛阳守将之一的李轶，最初与刘秀兄弟一块儿举兵，曾经关系亲密，但后来他投靠了刘玄，并煽动刘玄杀害了刘縯。刘秀断定李轶属于反复无常之人，决定设计将他除掉。

　　刘秀让冯异给李轶写信，劝他投降。果然，李轶见刘秀势力强大，赤眉军此时也在攻打长安，更始政权恐怕不能长久，又起了反叛刘玄之心。李轶给冯异写信说："我本来是与萧王首先谋划恢复汉朝的，曾结下生死之约。如今我守洛阳，将军镇孟津，两处都是要害之地，这是千载才有的机会。我想与您结成断金之交，愿进愚策，以佐国安人，希望您能向萧王表明此事。"

　　刘秀得到李轶的书信，十分高兴，立即派人潜入洛阳，故意把信落在朱鲔手里。朱鲔见书信确系李轶手笔，他本来与李轶关系密切，但此事重大，不能徇私，李轶如果反叛，洛阳必定不保。朱鲔从大局考虑，还是把李轶杀了。刘秀使用离间计，成功斩断了朱鲔的臂膀。

刘秀称帝后第二个月，就派出吴汉、耿弇、岑彭等十一位将领，率大军将洛阳城团团包围，刘秀也到了离洛阳不远的地方，亲自坐镇指挥。这个时候，赤眉数十万大军包围长安，准备与更始政权决战。刘玄不仅无力回救洛阳，而且自己也面临险境。针对这种局面，刘秀对洛阳，采取了围而不打的策略，他是想等到更始政权被赤眉灭掉，洛阳守军失去主子的时候，再对洛阳下手，最好逼洛阳守军投降，那样，兵不血刃，就可以占领洛阳了。

洛阳守将朱鲔，一面紧张地组织城内防御，准备抵抗刘秀部队攻城；一面焦虑地关注着长安战事，担心刘玄政权被赤眉击败。两个月后，赤眉军攻入长安，更始政权覆灭，刘玄外逃。

刘玄毕竟是刘秀的故主，刘秀颁发诏书说："无论官吏或百姓，有敢杀害刘玄的，罪与大逆相同；有把刘玄护送到官府的，封为侯爵。"此诏一出，堪称非凡，更始政权的官吏纷纷称赞。后来，更始政权的很多人，都投靠了刘秀。

朱鲔见刘玄政权垮台，自己没了主子，自然要另寻出路，但是否投降刘秀，他还犹豫不决。刘秀又采取了一个办法，他策反了洛阳东门的守将，派两名将军，率一队人马，从东门而入，杀到城中武库之下，然后安全返回。这是显示实力、威加于敌的做法，刘秀是想告诉朱鲔，自己完全有能力攻占洛阳，只是不想付诸武力。刘秀想在洛阳建都，自然不愿意让洛阳在战火中遭到破坏，而是希望朱鲔能够举城而降。

刘秀派岑彭去劝说朱鲔，岑彭曾在朱鲔手下做过校尉，两人有交情。岑彭来到洛阳城下，与站在城头的朱鲔见面，岑彭劝朱鲔归顺刘秀。朱鲔忧心忡忡地说："我并非不愿归顺，只是大司徒刘縯被害时，我曾经参与谋划，后来又反对萧王出使河北，自知罪孽深重，因而不敢投降。"

岑彭返回，将朱鲔的话禀报刘秀。刘秀说："做大事的人，不计较个人小怨。朱鲔如果投降，不仅不会治罪，而且会保全他的官职和爵位。有黄河做证，决不食言。"

岑彭第二次来到洛阳城下，向朱鲔转告了刘秀的话。朱鲔听了，沉思一会儿，从城上垂下一根绳索，说："如果你说的是真话，请用绳子上城。"岑彭毫不犹豫，抓着绳索就要攀登。朱鲔见他确有诚意，就答应投降了。

朱鲔把自己反绑起来，去见刘秀，临行前，对部将们说："坚守等我回来，我若不回来，诸君就带领军队，去投奔郾王。"

刘秀见朱鲔自缚前来，赶快给他解开绳子，好言安慰了一番，又让岑彭送他回到洛阳城。第二天，朱鲔率全体官兵出城投降。刘秀果然不食言，任命朱鲔为平狄将军，封为扶沟侯。从此，朱鲔诚心为刘秀效力，官至少府，当上九卿高官。

公元 25 年十月，刘秀和平进入洛阳，在洛阳建都，完成了统一大业的第一步。

干大事要有大胸怀。刘秀以宽阔的胸襟，宽容了杀害兄长的仇人，并且始终予以重用，这是成就大业必须具备的素质。

扫灭群雄收复中原

刘秀志在天下，建都洛阳后，随即开始了统一全国的战争。刘秀采取集中兵力、各个击破，先弱后强、先近后远的策略，暂时不管关中和西部地区，首先扫除了中原一带的群雄，占领了关东大片土地，为统一天下奠定了坚实基础。

《后汉书》记载，刘秀称帝的当月，赤眉军也立了一个叫刘盆子的人当皇帝，进攻长安，打算取代更始政权。刘秀派了足智多谋的邓禹，率领二万人马，也进入关中。赤眉军与更始政权在长安打得不可开交，邓禹却并不参与，只在长安附近游动，坐山观虎斗。

刘秀占领洛阳后，立即派大司马吴汉率军南下，去收复荆州、豫州、南阳等地。南阳是刘秀的家乡，又是起兵之地，刘秀的声望很高，自然传檄而定。荆州一带的地方官吏，是更始政权任命的，更始政权一垮台，他们多数归顺了刘秀。像宛王刘赐、定陶王刘祉、邓王王常、西平王李通等，或是刘氏宗室，或是刘秀至交，或者有恩于刘秀，他们归顺后，刘秀都亲自接见，封为高官。对于不肯归降的，吴汉大军就逐一消灭他们。吴汉，原来是渔阳太守彭宠的部下，奉彭宠之命来到刘秀身边后，屡立战功，所向无敌。这样，时间不长，荆州、豫州等地，就成了刘秀的地盘了。

收复南方以后，刘秀的目光，又投向了东方。在淮河东海一带，有个割据者，名字叫刘永。刘永是梁王刘武的八世孙，其父被王莽诛杀，他就参加了绿林军，后来被刘玄封为梁王，建都睢阳。刘永野心勃勃，乘更始政权混乱不堪之时，拥兵自重，扩大地盘，先后攻占了徐州、兖州等地二十八城。更始政权垮台后，刘永就自立为皇帝。

刘秀收复各地，一般都采取招降的办法，但对不肯归降，特别是自立为帝的，也只能坚决消灭了。刘永不仅不肯归降，反而觊觎洛阳，对刘秀的都城构成了威胁，所以，必须要首先除掉。

公元26年夏，刘秀派虎牙将军盖延，率五万大军攻击刘永。盖延原来也是渔阳太守彭宠的部下，力大无穷，勇猛过人。盖延率军先攻占了睢阳周围的一些城邑，断绝了刘永的援兵，然后大军包围了睢阳城。在一天夜里，乘敌松懈，盖延命士兵架起云梯，攻入城中。刘永大惊，慌忙出东门而逃。刘永逃出以后，在外组织兵力，与盖延大战。由于盖延的部下反叛，刘永又夺回了睢阳城。

公元27年春，刘秀命吴汉与盖延合兵一处，再击刘永。汉军势大，陆续歼灭了刘永主力，又将睢阳城团团包围。围城百日，城内粮尽，无法再守，刘永只好突围，汉军紧追不舍。刘永军队绝望，刘永的部将杀死刘永，携其首级投降了汉军。刘永的地盘，就归刘秀所有了。

东海人董宪，在王莽末年，组织农民起义，加入了赤眉军，后来占领东海郡，割据自立。刘永称帝后，封他为翼汉大将军。董宪有勇有谋，曾经斩杀过王莽的大将廉丹。

刘永死后，董宪仍不愿意归顺刘秀，他驻守兰陵的部下贲林，却投降了盖延。董宪闻之大怒，迅速派兵包围了兰陵，盖延急忙去救。董宪诈败，故意放盖延部队入城，然后调集重兵，将盖延围在城中。盖延奋力杀出，兰陵城丢失，贲林被杀。

盖延运气不佳，刚吃了败仗，他的部将庞萌复叛，盖延措手不及，大败而逃。庞萌是刘秀身边近臣，刘秀很器重他，常说："庞萌是可以托孤和委托国家命运的人。"这次派他与盖延共同领兵，辅助盖延。不料，光武帝诏书，独下盖延，未给庞萌。庞萌自疑而反，与董宪联合，自称东平王。刘秀以善于识人用人著称，这一次，却看走了眼，真是人心难测！

刘秀听说后，十分恼怒，亲自率军前去征讨，并把吴汉大军调来，经过几次大战，打败了董宪部队，董宪、庞萌均被斩杀。刘秀的地盘，又扩大了许多。

琅琊人张步，也是一支农民起义军的首领，割据琅琊郡，后来，接受刘永的册封，攻占了齐地十二郡，势力很大。刘秀曾派人招降，任命他为东莱太守。刘永听说后，马上封他为齐王。张步见刘永给的官大，就归顺了刘永。刘秀灭了刘永、董宪等人之后，兵锋直指齐地。

公元 29 年，刘秀派建威大将军耿弇，率大军征讨张步。耿弇虽然年轻，但足智多谋，善用奇兵，被刘秀喻为韩信。张步不是耿弇的对手，屡战屡败，只好投降了。刘秀封张步为安丘侯，家族迁至洛阳。后来，张步逃出洛阳，纠集部下，意图东山再起，结果被琅琊太守陈俊率军诛杀。偌大的齐地，也被刘秀收入囊中。

当时割据一方的，除了乘乱起义的草莽英雄以外，还有王莽的旧将。王莽末年，庐江的王州公起兵造反，拥有十万余人。王莽任命李宪为偏将军，率兵平乱。李宪镇压了王州公之后，王莽政权也垮台了，李宪就占据庐江郡自守，后来自称淮南王。公元 27 年，李宪在庐江郡自称皇帝，设置百官，拥有九座城池，其部众达十几万人。

刘秀派了三位将军，征调了四个郡的兵力，去讨伐李宪。大军将李宪的驻地舒城团团包围，但并不急于攻城。刘秀用兵，历来注意避免打硬仗恶仗，这样长期围城，城内粮绝，必不能守。汉军围困舒城一年多时间，李宪多次挑战，汉军并不应战。公元 30 年正月，李宪实在守不下去了，弃城而逃，途中被部下所杀。

刘秀还先后消灭了秦丰、邓奉、董沂等大大小小的割据势力，用了四年时间，最终扫灭群雄，收复了中原地区。

平定了中原，刘秀就可以挥师西进，攻取关中了。

后院起火置之不理

正当刘秀全力扫灭中原群雄的时候，他的大本营河北，却传来一个坏消息，渔阳太守彭宠举兵反叛，在这个关键时候，刘秀的后院起火了。一般来说，后院起火，后果严重，应该派大军镇压，以绝后患。可是，刘秀只是象征性地派了少量部队过去，并没有认真对待。这是为什么呢？

《后汉书》记载，彭宠，是南阳宛城人，与刘秀算是老乡。彭宠的父亲叫彭宏，当过多年渔阳太守，威望很高，后被王莽杀害。刘玄称帝后，任命彭宠为渔阳太守，让他接替了父亲的职务。刘秀到河北后，彭宠派吴汉、盖延、王梁率军帮助刘秀，刘秀很高兴，封彭宠为建忠侯，赐号大将军。彭宠也很高兴，利用渔阳富饶之地，积极为刘秀运送军粮。彭宠为刘秀在河北创立基业，做出了很大贡献。

彭宠有一个致命的弱点，就是为人心胸狭窄，小肚鸡肠。他总觉得自己功劳大，见刘秀后来没有再对他封赏，心里就不太高兴。刘秀与刘玄政权决裂后，杀了不肯归顺的幽州牧苗曾。幽州牧是渔阳郡的上司，彭宠想当幽州牧，可刘秀却任命了朱浮，彭宠很不满意。其实，朱浮少年时就以才能出名，很早就跟随刘秀，各方面都比彭宠强。彭宠念念不忘自己的功劳，却看不到别人的长处。

彭宠派给刘秀的三个人，确实是贤臣良将，屡立战功。刘秀称帝后，任命吴汉为大司马，王梁为大司空，两人都位列三公。过去的三公，是丞相、太尉和御史大夫，东汉初期设立的三公是：大司徒、大司马、大司空。自己的部下高升，这本来是个好事，可彭宠心里就像打翻了五味瓶，十分嫉妒。他原来认为，自己论功应当封王，现在反倒不如部下了。彭宠怨恨刘秀，心中愤愤不平，产生了反意。

彭宠有这样的心态，自然与上司朱浮搞不好关系，偏巧朱浮也不善于协调关系，两人越搞越僵，积怨日深。为了解决这个问题，刘秀想调彭宠到洛阳任职。彭宠提出来，朱浮也必须调离，不然，光调他一个人，显得是他理亏似的。刘秀不准，彭宠就抗旨不去。刘秀派彭宠的堂弟，到渔阳劝说，彭宠不仅不听，反而把堂弟扣留，不让他回朝报告。

彭宠的妻子，恰巧也是一个不明事理之人，她对彭宠说："天下还没有安定，四方英雄各自称雄。渔阳是个大郡，兵马最强，为什么要离去呢？"听了妻子的话，彭宠决心背叛刘秀，自己在渔阳称王。

公元26年，彭宠公开反叛，亲自率两万兵马，攻打朱浮驻地蓟城。朱浮给彭宠写了一封信，劝他不要反叛。朱浮很有文才，写得义理尽致，其中有句名言，流传至今，就是"凡举事无为亲者所痛，而为雠者所快"，后人概括为"亲者痛，仇者快"。此时，彭宠已经鬼迷心窍，听不进劝说了，只是一门心思地攻城。朱浮一面守城，一面向刘秀求援。

这个时候，刘秀大军正在中原地区横扫群雄。刘秀知道彭宠的性格和为人，断定他干不成大事，不值得派重兵平叛，但不派兵，似乎也不太好，于是，刘秀派遣驻守河北真定的游击将军邓隆，率本部人马去帮助朱浮。

邓隆原本驻守真定，无事可干，如今有了打仗立功的机会，兴致很高，立即率兵进入渔阳郡境内，布下军阵，准备与彭宠交战。邓隆还通知朱浮，让他带兵前来相助。可惜邓隆和朱浮都不会打仗，两军相隔百余里，又没有商定好如何配合，怎么能打胜仗呢？

邓隆部署完毕，很得意地将布局情况绘成图形，派人呈报给刘秀。刘秀一看，十分恼怒，对送信人说："真是蠢货，两军相隔这么远，怎么能相互顾及呢？等你回去时，他们肯定已经败了。"

果然，彭宠置朱浮军队于不顾，集中兵力打邓隆，一下子把邓隆打得大败。朱浮无法救援，只好领兵回去了。邓隆带领残兵败将，来回游动，不敢再与彭宠交战了。

彭宠打败邓隆后，又集中兵力，再次将蓟城团团包围，猛力攻打。朱浮连连给刘秀写信求救，苦苦求告，有时还措辞不恭，但刘秀始终不再派兵。刘秀认为，渔阳在边陲，东有朱浮在蓟，西有上谷太守耿况，南有邓隆在游击，彭宠不会有大的作为。刘秀胸怀全局，此时关注的，是中原群雄和关中的赤眉军，对彭宠并不放在心上。

朱浮见刘秀不来救，只得苦苦支撑，坚守蓟城近一年，最后出现了"城中粮尽，人相食"的惨状。在这危急关头，上谷太守耿况，派来一支突骑兵，把朱浮救了出去，城中官兵就投降了。彭宠占领蓟城后，自立为燕王，实现了他当王的梦想。

公元 28 年，刘秀基本平定了中原，消灭了赤眉军，能够腾出手来，收拾彭宠了。刘秀派了耿弇、祭遵、朱祐、刘喜四员大将，率领大军，浩浩荡荡，北上平叛。汉军一举消灭了彭宠的同盟者张丰，逼近渔阳，眼看彭宠就要完了，汉军却停止不前了。刘秀是想以大军压境，再加上招降，逼迫彭宠内部生乱，以最小的代价，获得最大的利益。这是刘秀用兵的一大特点。

果然，彭宠的官吏，都知道大势已去，人心惶惶，纷纷投降，或者逃散。彭宠也知道，末日即将来临，但没有别的办法，只好沐浴斋戒，求鬼神保佑。那个时候的人迷信，相信这一套。没有料到的是，彭宠斋戒，不仅没有请来鬼神相助，反而招来了杀身之祸。

彭宠进行斋戒，是在自己的卧室里，别人不能随便进去，身边只有几个贴身的奴仆。彭宠是心胸狭窄之人，肯定对奴仆不好，这几个奴仆早就怀恨在心，如今见有机可乘，便密谋弑主。彭宠夫妻毫无防备，被奴仆轻易地杀死了。

奴仆割下他们的脑袋，又洗劫了他们的金银珠宝，装了两大袋子，用马驮着，大摇大摆地走出去，说是奉燕王之命，外出办事。这几个人，都是彭宠的贴身奴仆，谁也没有怀疑，也不敢阻拦。他们到了洛阳，献上首级邀功。刘秀按照承诺，封他们为侯，不过，名称不太好听，叫"不义侯"。

第二天，彭宠夫妻的无头尸体才被发现，顿时城中大乱。彭宠的国师韩利，眼见末日来临，为求活路，索性杀了彭宠的儿子彭午，献城投降了。彭宠不战自亡，完全在刘秀的谋划和意料之中。

彭宠的失败，告诉我们一个道理：心胸狭窄之人，是干不成大事的；做人，必须要心胸宽广豁达才行。

吕母起义史称第一

在中国历史上，爆发过无数次农民起义，但女性为首领的，却不是很多，吕母是第一个农民起义的女领袖。然而，从史籍记载来看，发生在王莽中期的吕母起义，并不是为了推翻王莽政权，也不是为生活所迫，而是为了给儿子报仇。

《后汉书》记载，吕母，是琅琊海曲人。海曲县故城，在今山东日照市莒县一带。吕母家产丰厚，"资产数百万"，是当地有名的富户。吕母叫什么名字，史籍没有记载，不得而知。

吕母有个儿子，在县府当小吏，因犯小罪，被县宰杀害。王莽时期，把县令改为县宰。吕母儿子叫什么名字？当的什么吏？犯了什么罪？《后汉书》均无记载，但明确说，是"犯小罪"。《续汉书》则说，吕母的儿子叫吕育，当游徼。游徼，是秦汉时期的乡官名，负责巡查盗贼，属于低级官吏。但是，《续汉书》依然没有说，吕育犯了什么罪。后来有人说，吕育是因为没有按照县宰的要求，去惩罚那些交不起捐税的穷苦百姓，所以才被官府杀害。这样说，显然增强了吕母起义的政治色彩。

儿子被杀，吕母悲痛万分，对县宰恨之入骨，发誓要为儿子报仇。吕母很有智慧，也很有心计，她知道，凭她的力量，是无法与县宰对抗的。于是，吕母利用家中有钱的优势，开酒店，买刀剑和衣服。年轻人来买酒，吕母就赊给他们，不收钱；有衣服破旧的，吕母就送给他们衣服穿。吕母还经常拿出钱财，救济穷人。常言说"财散人聚"，几年时间，吕母散尽了家中百万资产，却凝聚了足够的人气，受到乡亲百姓的赞扬。

吕母家中钱财逐渐散尽，她的生活遇到困难。那些受过恩惠的乡亲不忍心，纷纷拿出钱财衣物，想偿还吕母，赊欠酒钱的年轻人，也准备偿还债务。吕母见时机到了，对大家哭诉说："我多次救助你们，不为别的，只因县宰不公，冤杀我儿，我想报仇雪恨。诸位壮士，你们能助我一臂之力吗？"

这个时候，由于灾荒不断，加上王莽不切实际的改革，社会已经开始动荡。乡亲同情吕母的遭遇，痛恨官府欺压百姓，群情激奋，异口同声地答应了吕母的请求。

公元 17 年，吕母聚众一百多人，举行起义。由于人数不是太多，吕母就带领他们，到了海上，继续招兵买马，扩大势力。

吕母义旗一举，各地为生活所迫的穷苦百姓，纷纷赶来参加，一两年时间，吕母的起义队伍就扩大到数千人。海上是官府统治薄弱的地方，吕母在这里整顿兵马，训练队伍，把淳朴的农民变成了战士，吕母则自称将军。

过了三年，吕母觉得一切都准备好了，便开始了为儿子复仇的行动。吕母登上奎山西麓的土台祭天，点兵遣将，宣布出征。吕母亲自率领几千人的队伍，浩浩荡荡，杀向海曲城。海曲县城不大，城防不坚，加上吕母报仇心切，起义军同仇敌忾，经过一场激战，起义军攻入县城，消灭了守军，活捉了县宰。

县宰被五花大绑，押送到吕母面前。仇人相见，分外眼红，吕母下令斩杀县宰。县里的一些官吏跪在地上，向吕母连连叩头，为县宰请求饶命。吕母两眼冒火，义正词严，厉声斥责道："我的儿子，犯了小罪，本不该处死，但却被这狠毒的县宰所杀。杀人偿命，天经地义，又何必求情呢？"吕母当即下令，将县宰问斩，砍下了他的脑袋。

吕母提着县宰的脑袋，来到儿子墓地，把头颅扔到坟前，高声大喊："儿啊，娘给你报仇雪恨了！"吕母在儿子墓前，酣畅淋漓地大哭了一场，然后，带着她的队伍，又重新回到海上。此后，史籍中没有吕母再与官军作战的记载。

吕母在儿子死后的这些年里，心中只有一个念头，就是为儿子报仇，这是她活下去的唯一动力和精神支柱，如今大仇已报，吕母的身体就垮了，不久离开了人世。吕母死后，她的部下，分别加入赤眉、青犊、铜马起义军当中。

吕母起义，虽然动机是为儿子报仇，但点燃了王莽末期大规模农民起义的火炬，她又是有史以来第一位农民起义的女领袖，因而在历史上具有重要地位。

吕母持之以恒为儿子报仇的经历，充分展示了伟大的母爱和不屈不挠的反抗精神，得到人们的敬佩和怀念。

赤眉灭掉更始帝

吕母起义三年后，南方爆发了绿林起义，山东爆发了赤眉起义，由于连年灾荒，饥民遍地，两支起义军都发展到数十万人。绿林军的领导权被刘氏宗室所把持，他们立了刘玄当皇帝，杀入长安，灭了王莽。赤眉军没有明确的政治纲领和目标，仍然徘徊在山东一带，他们的命运和结局怎么样呢？

《后汉书》记载，公元18年，琅琊人樊崇在莒县起义。樊崇出身贫寒，朴实勇敢，见义勇为，受到人们拥护，很快聚集了上万人。第二年，东海郡徐宣、谢禄率数万之众，归附了樊崇，各地饥民也纷纷加入赤眉军，最后形成了几十万人的庞大队伍。赤眉军在黄河南北，纵横驰骋，多次打败王莽军队。

公元23年，绿林军立了刘氏宗室刘玄做了汉帝，号称更始皇帝。赤眉军都是一些淳朴的穷苦农民，因为无法生存才聚众造反，他们时刻盼望天下太平，去过安稳日子，如今听说有了皇帝，十分高兴。樊崇带着二十多名将领，亲自到洛阳，去拜见更始皇帝。

更始皇帝刘玄，无德无才，他登基称帝的时候，面对隆重庞大的场面，竟然胆怯羞愧，汗流满面，一句话也说不出来。刘玄称帝后，大封刘氏子弟为王，而对浴血奋战、立有大功的绿林军将士，却封赏不多。樊崇等人亲自前来，本是一个统一天下的绝好机会，刘玄却态度冷漠，只会端着皇帝架子，而不会安抚。刘玄封樊崇等人为列侯，但无权无禄，对赤眉军其他将领，没有任何封赏。樊崇等人，见刘玄不是当皇帝的料，大失所望，回去以后，整顿兵马，向西进军，打算占领关中之地。

公元 24 年冬，赤眉军发动三十万人，号称百万，兵分两路，分别由樊崇、徐宣率领，浩浩荡荡，向西进发，半年之后，两路大军在弘农（今河南灵宝北一带）会师，连续打败更始皇帝派来拦截的军队，一时间声势浩大。

赤眉军虽然强盛，但樊崇等人，既无政治远见，也没有野心。这时，有人向樊崇建议说："现在大军虽有百万之众，却无称号，这叫群贼，是不能持久的。不如立刘氏宗室为帝，号令天下，谁敢不服？"

樊崇觉得有理，便在军中寻找刘氏宗室子弟，共有七十多人。经过排查，刘茂、刘盆子和刘孝，与汉朝皇帝血缘最近，但三人都是无名小卒，其中刘盆子只有十五岁，在军中负责喂牛。樊崇难以确定立谁为帝，竟然荒唐地采取抓阄的办法，结果，皇位被刘盆子抓到了。

见刘盆子抓到了皇位，樊崇等人一齐下跪称臣。刘盆子穿着破衣，光着脚，散乱着头发，一脸惊恐，吓得要哭。众人赶快为他制作了新衣，让他乘坐高车大马，选择良辰吉日，举行登基典礼。刘盆子，是刘邦长子刘肥的后代，早已沦为穷人，没想到这个放牛娃，一下子变成了皇帝，命运给他开了一个天大的玩笑。

公元 25 年六月，也就是刘秀称帝的当月，樊崇等人拥立刘盆子做了汉帝。徐宣当过狱吏，懂得《易经》，在赤眉军中算是文化水平高的，被任命为丞相。樊崇不识字，只好当了御史大夫。其他人等，被任命为大司马、将军等职。这个不伦不类的朝廷班子，总算是凑齐了。然后，大军继续西进，目标是攻占长安，推翻刘玄政权。

更始皇帝建都长安以后，并不关心天下大事，只知道吃喝玩乐。群臣有事奏报，刘玄常常醉酒不能接见，就让侍中坐在帷帐内冒充他答话。群臣听出并不是刘玄的声音，纷纷失望抱怨，以致人心涣散。刘玄宠爱赵萌的女儿，便把朝中之事，都交给赵萌处理。赵萌专权，作威作福，骄横放纵，更始政权一片混乱。

刘玄称帝以后，倚重刘氏宗室，重用贵族，排挤绿林军领袖，其中立有大功的陈牧、成丹、申屠建等人被杀，王匡、张印等人也被怀疑。此时，赤眉军已逼近长安，王匡、张印等人，见刘玄已无药可救，大势已去，就带领本部人马，杀出长安，投降了赤眉军。后来，王匡被刘秀部将所杀。另一位绿林领袖王凤，被刘玄封为宣城王，驻守外地，后来归隐山林，得以善终。

公元 25 年九月，赤眉军攻入长安，满朝文武百官，全都乖乖投降，只有丞相曹竟不肯投降，手持宝剑格斗，被赤眉军杀死。刘玄则乘乱仓皇逃出长安，更始政权覆灭。

刘玄由于尽失人心，众叛亲离，出逃时无一人跟随，成了真正的孤家寡人。没想到的是，他还有一个忠臣，名字叫刘恭，更想不到的是，刘恭是刘盆子的大哥。

刘恭从小学习《尚书》，懂得大义。他在更始朝中任侍中，听说弟弟刘盆子当了皇帝，就自缚到监狱请罪。刘玄单骑逃走之后，刘恭随后步行追赶刘玄到了高陵，在驿站住下，继续服侍刘玄。这时，赤眉军传来书信说："如果刘玄在二十天内投降，可封为长沙王，过时不候。"刘玄就派刘恭前去联系，回长安投降了。

不料，刘玄投降以后，有些赤眉军将领仍然要杀他。刘恭大怒，挺身向前，护住刘玄，拔出剑来，就要自杀。樊崇只好答应赦免了刘玄，封他为畏威侯。刘恭仍然不干，要求兑现承诺，刘玄便被封为长沙王。刘恭是刘盆子皇帝的亲哥哥，这个面子还是要给的。

后来，刘玄的部下想要营救刘玄，张卬和谢禄十分担心，密令亲兵把刘玄勒死。张卬就是那位拔剑威胁众人，非要立刘玄为帝的绿林军首领，谢禄则是赤眉军的首领。刘秀听到刘玄死讯，很是悲伤，令邓禹将刘玄葬于霸陵。

赤眉军推翻刘玄政权、占领长安以后，形势会如何发展呢？

刘秀灭掉赤眉军

赤眉军占领了长安，但形势并不乐观。长安以南，刘嘉占据汉中一带；长安以西，隗嚣割据陇地；长安以东，刘秀已建都洛阳，正在横扫中原；长安的东北一带，刘秀派去的邓禹军队，已经发展壮大，正在对长安虎视眈眈。刘秀，才是赤眉军的头号敌人和心腹大患，而赤眉军却浑然不觉。

《后汉书》记载，在赤眉军西进入关的时候，刘秀就派邓禹率两万兵马，占据河东，进逼长安。刘秀此举的目的，不是与赤眉军交战，而是在关中打下根基，扩充力量，并监视赤眉军动向。刘秀的战略布局，是先扫平中原，再回头收拾赤眉军。所以，任凭赤眉军与更始帝打得你死我活，邓禹并不理睬，只顾埋头发展自己的势力。

邓禹足智多谋，善于谋大事。邓禹的军队，纪律严明，不抢掠、不扰民，深受民众拥护，每天都有数千人归顺。赤眉军攻占长安以后，刘秀命邓禹，趁其立足未稳，进攻长安。邓禹却未执行，他认为，赤眉军是乌合之众，没有头脑和远见，久必自乱，没有必要现在去打。于是，邓禹率军绕到长安西北，占领了北地（今甘肃庆阳）。北地地广人稀，粮食丰富，是有名的粮仓。邓禹是想坐等赤眉自乱，轻松获利。事实证明，邓禹的策略是对的。

果然，赤眉军占据长安以后，得意扬扬，天天饮酒作乐。宴会之上，诸将喝得醉醺醺的，争相夸功，大呼小叫，有时一言不合，就相互斗殴。在腊祭那天，赤眉军举行宴会，宴会还没开始，诸将就吵闹争斗起来，乱成一团。负责警卫的士兵，经常吃不饱肚子，受不了酒肉香味的诱惑，乘其混乱，跳墙进宫，劈开宫门，大伙一拥而入，纷纷抢夺酒肉，以致互相残杀，死了一百多人。赤眉军士兵还在长安城内外，到处抢掠。

刘恭见赤眉军必定成不了大事，就劝弟弟刘盆子让出皇位，以求自保。于是，在会见群臣的时候，刘盆子下了宝座，解下玉玺绶带，向群臣叩头说："现在虽然立了皇帝，可大家还是像过去一样做强盗，招致四方怨恨，这是立错了皇帝的缘故。恳求各位将军，让我退位，你们再立一个贤能的皇帝吧。"说完，叩头不止，痛哭流涕。

参加朝会的有几百人，听了刘盆子的话，没有不哀怜的，于是全部离开座位，向刘盆子叩头请罪，说："是我们不好，对不起陛下，从今以后，不敢再放纵了。"樊崇把刘盆子抱上宝座，给他挂上玉玺绶带。刘盆子仍然哭闹不止，但身不由己，没有办法。朝会完毕，将领各自回营，紧闭营门不出，果然安静了一段时间。二十天以后，由于没有粮食吃，诸将又出来抢掠了。

其实，赤眉军大多数将士，都是淳朴的穷苦农民，并非掠夺成性之辈，他们抢掠财物，主要原因是没有吃的。当时关中灾荒，粮食歉收，加上战争不断，人们饥寒交迫。皇宫中的宫女，只能挖掘芦根萝卜吃，或者捕鱼充饥，每天都有饿死的，死了就地挖坑掩埋。皇宫中还有许多乐师，待刘盆子离开长安，乐师和宫人全都饿死了。

赤眉军在长安只待了几个月，城中粮尽，没有办法，只好撤离长安。他们也知道北地有粮食，但到了北地，为时已晚，粮食早被邓禹收走了。赤眉军的将士，都是"今朝有酒今朝醉"，目光短浅，没有长远打算。

赤眉军只好继续西行，到天水一带寻找粮食。当时，摆在赤眉军面前的头等大事，就是粮食，没有粮食，几十万大军将陷入绝境。

占据天水一带的是隗嚣，隗嚣曾当过更始皇帝的官员。隗嚣军队以逸待劳，迎头痛击赤眉军。偏巧天降大雪，赤眉军不适应西部地区的严寒气候，冻死者无数，兵力锐减到二十万人。赤眉军无奈，只好掉头东返。

赤眉军撤离长安之后，邓禹自然舒舒服服地进了长安城，此时见赤眉军回返，立即派军拦截。不料，赤眉军已经是穷途末路，打仗不要命，把邓禹军打得大败，然后，蜂拥奔向长安。邓禹不想硬碰，率军撤出，赤眉军第二次占据了长安。

长安城里一片空虚，已无财产可抢，赤眉军便把目光盯上了城外的皇陵。长安城外，有许多西汉皇帝、皇后、王妃的墓葬，里边埋着大量金银珠宝。墓中凡是用玉装殓的尸体，大都栩栩如生，有些士兵不仅抢光了财宝，还干出奸尸的勾当，连赫赫大名的吕后尸体，也没有幸免。《后汉书》说，"发掘诸陵，取其宝货，遂污辱吕后尸"。赤眉军立了汉朝皇帝，却对汉朝帝妃如此凌辱，真是绝妙的讽刺，说明他们对汉朝没有什么好感。

邓禹听说以后，却是勃然大怒，怒火中烧，立即领兵来打，不料却连吃败仗，赤眉军已近疯狂，无人能敌。邓禹军中辎重丢失很多，粮食也吃完了，许多士兵逃散，部队锐减。此时，刘秀平定中原大局已定，邓禹便向刘秀请求援兵。

刘秀知道关中缺粮，不想派大军前去，只派冯异率数万人马，带足粮草，去接济邓禹。刘秀嘱咐冯异，不要与赤眉军主力在关中决战，只要把他们赶到东边来，就可以了。刘秀在东边布好大网，以逸待劳，准备伏击赤眉军。

邓禹由于连吃败仗，心中窝火，见冯异带来的军队兵强马壮、粮草充足，就想与赤眉军交战，一雪前耻。冯异不同意，邓禹就自带一支人马，去攻击赤眉军，结果又是大败，邓禹只带二十四骑逃回。这一次，刘秀的策略是对的，邓禹有些失算。

公元27年，赤眉军粮食已尽，无法在关中立足，便想东返，回到山东老家去。这正是刘秀所希望的，刘秀已在赤眉东返道路上，张网以待。赤眉军走到崤山山脚下，遭到冯异军队伏击，被俘八万多人。樊崇料定东返路上，必有多路伏兵，就带领剩下的十几万人，转而南下宜阳，不料仍然落入刘秀的陷阱。刘秀亲自指挥大军，将饥寒交迫的十几万赤眉军团团包围。此时，赤眉军已失去了战斗力，樊崇无奈，只好率众投降了。刘秀下令，赐给他们食物，让十多万饥饿之师，饱餐了一顿。

后来，樊崇、谢禄等人被刘秀所杀，徐宣辞官回家，死于家中。

刘盆子被刘秀奉养，得以善终。

毛泽东同志 1944 年在陕甘宁边区文教工作者会议上做讲演时提出，"没有文化的军队是愚蠢的军队，而愚蠢的军队是不能战胜敌人的"。赤眉军的经历，就充分证明了这一点。

四大势力割据西方

刘秀灭掉了赤眉军，随即占领了关中，他统一全国的大业，已经完成了一多半，三分天下有其二了。刘秀的目光，又转向了长安以西的广袤大地。西部地区地域辽阔，路途遥远，此时有四大势力割据，分别是窦融、隗嚣、卢芳、公孙述。

《后汉书》记载，割据在河西走廊一带的，是窦融集团。窦融，是扶风平陵（今陕西咸阳西北一带）人。窦融是汉景帝时期，赫赫大名的窦太后娘家人的后代，窦融的七世祖窦广国，是窦太后的弟弟，被封为章武侯。窦融的父亲死得早，窦融对母亲很孝顺，同时尊敬兄长，抚养幼小的弟弟，在当地名声很好。

王莽执政期间，窦融在将军王俊手下任司马，随军参与镇压翟义、赵明叛乱，因功被封为建武男，崭露头角。后来，他妹妹嫁给了大司空王邑，全家迁居长安。窦融虽是贵戚，但却喜欢交结乡里豪杰，以任侠行义驰名。

王莽末年，天下大乱，起义蜂起。窦融先是跟随太师王匡（与绿林领袖王匡同名），镇压赤眉起义，后又跟随王邑，镇压绿林起义，昆阳大战失败后，逃回长安。绿林军长驱入关时，王邑举荐窦融，拜为波水将军，赏黄金千斤，领兵据守新丰，抗拒绿林军。窦融见王莽已无希望，就率军投降了更始帝的大司马赵萌。

赵萌后来成了更始皇帝的岳父，权势很大，他举荐窦融当了巨鹿太守。窦融很有头脑，他见更始政权不够稳固，东方战乱不止，便想到西部地区任职。西方离中原路途遥远，可以避开战火；窦融的高祖父当过张掖太守，从祖父当过护羌校尉，从弟也当过武威太守，几代人都在河西，熟悉当地情况，可以立足。

窦融对兄弟说："现在天下安危，尚不可知，河西富饶，以黄河为带，很是牢固。张掖属国，有精兵万骑，一旦有事，杜绝黄河渡口，足可以自保。"兄弟十分赞同。窦融赶紧找赵萌说情，辞去巨鹿太守职务，更始皇帝任命他为张掖属国都尉。当时，汉朝在边地少数民族地区，设置属国，都尉是最高长官。窦融携带家眷，与众兄弟一起，高高兴兴地镇守河西去了。

果然，时间不长，更始政权就垮台了。窦融没了主子，便与张掖、武威、金城、酒泉、敦煌五郡联合，窦融被推举为五郡大将军，开始独霸河西之地。

《后汉书》记载，割据于长安以西、河西走廊以东的，是隗嚣。隗嚣，是天水成纪（今甘肃秦安）人，出身陇右大族，以知书通经而闻名。隗嚣青年时代，在州郡为官，后入朝当了王莽国师刘歆的属官。刘歆谋反被杀后，隗嚣回到家乡天水。

公元 23 年，刘玄称帝，隗嚣的叔父隗崔、隗义举兵响应，杀了王莽的官吏。因隗嚣素有名气，人们推举他为上将军。隗嚣聘请名士方望为军师，祭祀汉高祖、汉文帝、汉武帝，打着汉朝旗号，聚众十万余人。隗嚣率兵，先后攻占了雍州、陇西、武都、金城等地，势力大盛。

公元 24 年，刘玄建都长安，遣使召隗嚣、隗崔、隗义入朝做官。军师方望认为刘玄成不了大器，极力劝阻，隗嚣不听，方望生气走了。隗嚣叔侄到了长安，刘玄任命隗嚣为右将军，他的两个叔父却没有封赏。

隗崔、隗义心中不平，又见刘玄的所作所为，不像皇帝的样子，便合谋反叛。隗嚣怕殃及自身，向刘玄告密，致使两个叔父被杀。刘玄见隗嚣能够大义灭亲，认为他忠于自己，提拔他当了御史大夫。

公元 25 年，赤眉军进攻长安，诸将见长安难保，力劝刘玄弃城，另图良策。刘玄不听，诸将便密谋，打算劫持刘玄东归，隗嚣也参与谋划。不料事情暴露，多名将领被杀。隗嚣带领数十骑，乘夜冲出城去，逃回天水，招聚旧部，占据了原来的地盘。

隗嚣素有谦恭爱士之名，刘玄政权垮台后，许多人逃奔到天水，各地豪杰也纷纷归附。隗嚣势力大增，他自称西州上将军，独霸一方。

《后汉书》记载，割据长安西北偏远之地的，是卢芳。卢芳，是安定郡三水县（今宁夏同心）人。卢芳实际上是个大骗子，早在王莽执政时期，他就到处招摇撞骗，谎称自己是汉武帝的曾孙，叫刘文伯。

卢芳编造谎言说，他曾祖母是匈奴王的姐姐，嫁给了汉武帝，生了三个儿子，其中三子叫刘回卿。江充作乱的时候，皇宫大乱，多名皇子被杀，刘回卿避祸逃到三水，后来生下儿子刘孙卿，刘孙卿又生了刘文伯。卢芳编得天衣无缝，许多人都相信了。三水地处边境，与匈奴搭界，天高皇帝远，也没有人追究他。

卢芳的这套谎言，不仅当地人相信了，连更始皇帝也相信了。刘玄建都长安以后，任命卢芳为骑都尉，让他镇守安定以西地区。

刘玄死后，卢芳自称是刘氏子孙，应该继承宗庙，但势力弱小，便想依靠匈奴。匈奴单于十分乐意，得意地说："过去匈奴衰落，向汉朝称臣，现在汉朝败绝了，刘氏宗族前来归附，我应该帮助他。何况，这个刘文伯，也有我们匈奴的血统。"

匈奴单于派出数千骑兵，把卢芳以及他的哥哥卢禽、弟弟卢程，都接到匈奴，立卢芳为汉朝皇帝，卢程担任中郎将，然后，帮助卢芳招兵买马，扩充势力。

在安定一带，分别有刘兴、李兴、桥扈、田飒、石鲔、随昱等人的势力，在匈奴的引诱恫吓下，都归顺了卢芳。

公元 29 年，卢芳在九原县（今内蒙古五原）建都，之后，攻占了五原、朔方、云中、定襄、雁门五个郡，设置了郡守县令。由于地处偏远，刘秀和其他势力一时达不到，卢芳就在这里称帝称霸。

《后汉书》记载，割据在长安西南蜀地一带的，是公孙述。公孙述是扶风茂陵（今陕西兴平）人，父亲叫公孙仁，汉哀帝时期当过河南都尉。公孙述年轻的时候，以父亲保任为郎，不久补为清水县长。父亲怕他年少，不能胜任，就派年长的属吏去教导他。过了一个月，属吏回来报告说："公孙述能力很强，根本不用教导。"太守见公孙述政绩突出，让他兼摄五县，结果五县大治，公孙述从此名声大振。

王莽时期，公孙述做了蜀郡太守，他把蜀地也治理得很好。天下大乱的时候，公孙述据地自守，扩充部队，打败了刘玄派来进攻的军队，自立为蜀王，定都成都。

蜀地沃野千里，土壤肥腴，既有鱼盐铜银之利，又有长江运输之便，更有崇山峻岭之险，特别是公孙述治理有方，民众归附，因此，李熊等人，建议公孙述称帝。李熊说："现在四海汹涌不安，百姓无所依从，将军占尽天时地利人和，如若称帝，四方之士必然前来归附。"

公孙述也觉得自己能够成就大业，于是，公元25年四月，公孙述公开称帝，国号"成家"，也叫"大成"或"成"。他比刘秀称帝还早两个月。

公孙述称帝以后，四方人士纷纷归降。南阳豪杰延岑、关中豪杰吕鲔等人，都率数万人马归附，连称霸陇地的隗嚣，也一度称臣。公孙述很有野心，不断外拓领土。公孙述称帝之初，仅有蜀、巴、广汉三郡，短短几年，他又夺取了犍为、越嶲、汉中、南郡、武都五个郡，实力大增，成为刘秀统一天下的最大障碍。

俗话说，乱世出英雄，凡是在乱世中称霸一方的，都不是平庸之辈。面对西方这四大割据势力，刘秀会采取什么样的策略，将他们逐一降服消灭呢？

行仁义招降窦融

面对西方四大割据势力，按照刘秀的行事风格，肯定会先用招降的办法。果然，刘秀一炮打响，割据河西的窦融，深明大义，首先依附了刘秀政权。

《后汉书》记载，公元 29 年，刘秀在平定中原、灭掉赤眉之后，立即派人出使河西，联络窦融。几乎与此同时，窦融的东邻、割据陇地的隗嚣，也派出辩士，游说窦融。隗嚣的辩士路近，先到了河西。

辩士对窦融说："刘玄当了皇帝，但很快就败亡了，这是刘姓不能再兴的缘故。现在豪杰竞争，胜负未决，依附他人，必受控制，自己的权力就会丢失，如果依附错了人，那就更危险了，所以，应该各据地盘。如果称霸一方，上可以像六国那样，成为一国之王；下可以像赵佗那样，做个南海尉。"

窦融具有政治远见，识大体，明大义，并不赞同辩士鼓吹分裂的那套说辞，他认为国家统一，是大势所趋、人心所向，割据一方，是没有出路的。当时，刘秀占据中原和关中，公孙述占据蜀地，他两人的势力最强，都称皇帝，应该依附谁呢？

窦融召集各郡太守和豪杰商议，多数人同意依属刘秀，认为刘秀是汉朝皇帝宗室，名正言顺；刘秀已占据天下三分之二，土地最广，甲兵最强，别人是不可敌的；刘秀推行仁义，号令严明，深得人心。窦融心里早就看好刘秀，认定刘秀必能成就统一大业。武威太守梁统，也极力主张归附刘秀。于是，窦融派长史刘钧去洛阳，向刘秀呈上书信，献上马匹。

刘钧在路上，恰巧遇上刘秀派来的使者，使者充当向导，两人一块儿到了洛阳。刘秀见窦融主动归附，大为高兴，十分客气地接待了刘钧。刘秀写了一封热情洋溢的书信，高度赞扬了窦融，授其为凉州牧，并赐黄金二百斤。窦融也很高兴，又派弟弟窦友，去洛阳面陈心迹。从此，窦融忠心耿耿为汉朝效力。

窦融治理河西，政绩十分明显。他注重发展经济，农业、林业、畜牧业、商业、运输业都达到较高水平，百姓富裕；他政体宽和，上下相亲，与五郡太守的关系都很密切；他重视改善民族关系，对少数民族，实行宽和政策，各族民众纷纷归顺；他加强边防，有效抵御了匈奴、羌胡的侵扰。

窦融佩服刘秀统一全国的宏图大志，决心为之效力。他给隗嚣写了一封信，劝说隗嚣以国家统一的大局为重，不要割据自立。但隗嚣不明大义，不识时务，只想称霸一方，对刘秀政权的态度反复无常。窦融知道，刘秀与隗嚣之间，必有一战，他便大力扩充骑兵和步兵，不断加强军事力量，注重军事训练，厉兵秣马，形成了"兵马精强"的局面。

公元32年，刘秀亲率大军，西征隗嚣，窦融和五郡太守及羌、小月氏首领，带领数万步骑兵相助，两军在高平会师。刘秀大摆宴席，向百官引见窦融等人，待之以特殊礼节，窦融等人深受感动。宴会之后，他们继续进军，打败了隗嚣。刘秀因窦融功高，下诏以安丰、阳泉、蓼、安风四县，封窦融为安丰侯，其弟窦友为显亲侯，武威太守梁统等人，俱封为侯，其他有功人员，均有赏赐。

刘秀封赏完毕，率军东归，让窦融他们回去，继续镇守原来的地方。窦融觉得自己久镇河西，根基深厚，怕皇帝疑心，几次要求辞职，换别人去镇守河西。刘秀不准，表现出对窦融极大的信任。

公元36年，刘秀平定陇蜀、统一天下之后，窦融受诏，带五郡太守进京奏事，受到刘秀隆重接待，成为京城一大盛事。《后汉书》说："赏赐恩宠，倾动京师。"

公元37年，窦融升任大司空，位列三公。窦融为人，素来谨慎，他见自己受宠至极，便多次要求辞让爵位，刘秀不许。刘秀还封赏窦融的兄弟和子孙，窦氏一家，有着一公、二侯、三公主、四二千石的特殊恩宠，在众多功臣中，没有人能与他相比。窦融的后代子孙中，还出了很多名人，如窦固、窦宪、窦武、窦太后等。

公元62年，窦融寿终正寝，享年七十八岁。

汉明帝即位后，思念开国功臣，命人绘了二十八位将领的画像，挂于南宫云台，供人瞻仰怀念，被称为"云台二十八将"，后又加上窦融等四人，成了三十二人。

窦融因为识大体、明大义，所以功成名就，福延子孙；而隗嚣与他正好相反，因为目光短浅，不识时务，致使身死名裂，殃及家族。

出奇兵击败隗嚣

　　刘秀对待隗嚣，起初也是采取招降的办法。然而，隗嚣却不甘心做别人的附庸，认为凭借陇地的险峻地形，可以自守，割据一方，所以，他态度暧昧，反复无常，称霸之心始终不死。最后，刘秀只得动用武力，奇袭隗嚣，平定了陇地。

　　《后汉书》记载，公元27年，刘秀派太中大夫来歙，出使陇地，联系隗嚣。当时，刘秀与公孙述皆称帝，隗嚣拿不定主意靠拢谁，就派部下马援，分别到洛阳和成都观察情况。

　　马援回来说："公孙述是井底之蛙，我们不如一心与刘秀往来。"于是，隗嚣遣使者到洛阳，奉上奏章。刘秀用平等国家的礼仪，热情接待了使者。后来，隗嚣派儿子隗恂，到洛阳入侍，刘秀封隗恂为镌羌侯。

　　然而，隗嚣的将领王元、王捷等人，却认为天下成败未知，不愿一心一意归顺刘秀，说："大王过去依附刘玄，差点丧命。如今南有公孙述，北有卢芳，如果依附刘秀，是循着覆车的轨道而进，不是好计策。陇地完整富裕，兵马强盛，地形险峻，不如据险自守，以待四方变化，到那时，即便图王不成，也足可以称霸一方。"隗嚣赞成这个说法，派王元率兵，扼守险要之地函谷关。

　　后来，隗嚣派使者去洛阳，不想使者半路被仇家所杀；刘秀派人带珍宝赏赐隗嚣，途中却被盗贼抢去。刘秀感叹道："我与隗嚣的事，很不顺利啊。"后来，两家关系逐渐疏远。

　　刘秀为了试探隗嚣，要他出兵伐蜀。隗嚣只想割据一方，不想天下统一，借口说自己兵力单薄，又有卢芳在旁，不宜伐蜀。刘秀经此试探，便了解到隗嚣的心思，知道他不能为已所用。

公元 30 年，公孙述兴兵侵犯南郡，刘秀再次诏令隗嚣抗敌，隗嚣仍不肯出征。刘秀想派大军从陇道伐蜀，先派来歙奉玺书告知隗嚣。隗嚣不愿意刘秀灭了公孙述，而想三足鼎立，就派王元率军，据守陇山一带，砍下树木，堵塞道路，阻止汉军，还想杀掉来歙。来歙见势不妙，乘机逃回。

刘秀见隗嚣公开反叛，就派兵与他交战。隗嚣凭借有利地形，将汉军打败，并借机侵略三辅一带。刘秀大怒，命征西大将军冯异、征虏将军祭遵，率大军出击，把隗嚣打得落花流水。隗嚣见汉军势大，只好上书谢罪，请求罢兵。然而，隗嚣知道刘秀已经看穿了他的心思，一转脸，又向公孙述献媚称臣了。

公元 32 年，中原和关中地区已经收复，据守河西的窦融，也归顺了汉朝，刘秀觉得，东西夹击、平定陇地的时机到了。刘秀令窦融领兵东进，刘秀亲率大军西征，决心消灭隗嚣。但是，陇地确实地形险要，易守难攻，隗嚣分派兵马，把守入陇关口，占据有利地形，汉军如果硬攻，必然会有重大伤亡。

刘秀历来不打硬仗恶仗，此时他用奇谋、出奇兵，命来歙率两千精兵，避开隗嚣关注的东边，绕道北行，一路隐蔽行军，伐山开道，从番须、回中，绕到略阳城（今甘肃秦安东北）背后，出其不意，突然发起攻击。略阳守将金梁，毫无防备，惊慌失措，仓促迎战。来歙带领的都是精兵，以一抵十，很快攻破城池，杀了金梁，占据了略阳城。

略阳在天水郡的腹地，离天水只有二百里路，是一个战略重地。来歙占领了略阳城，犹如一把尖刀，直插敌人心脏。隗嚣听说略阳丢失，大惊失色，亲自率数万兵马，去夺略阳。

来歙已做好了守城准备，带足了弓箭，此时居高射箭，箭如雨下，隗嚣军不能靠近，伤亡严重。隗嚣心焦，仗着人多，竟然劈山筑堤，引水灌城，不料略阳城高，水不能进。隗嚣恼羞成怒，又调来兵马，不顾伤亡，轮番攻击。来歙的箭矢用完了，就拆房断木为兵器，死守不退。隗嚣连攻数月，略阳城居然岿然不动。

把守各个关口的隗嚣守军，见略阳丢失，人心惶惶，斗志锐减。刘秀乘机大举进攻，攻关夺隘，长驱直入。窦融的数万兵马，也从西边杀来，两路大军在高平会师，兵势大盛，隗嚣军人人胆战心惊。刘秀采取策反招降的策略，分别派人劝降。隗嚣割据，其实不得人心，隗嚣手下的十三名大将、所属十六个县以及十万军队，全都投降了汉朝。

隗嚣得知消息后，顾不上围攻略阳，带着残部逃往西城，投奔驻守在那里的杨广、王捷。刘秀命吴汉、岑彭，率军包围了西城，奋力攻打，没几天，杨广病死，王捷自杀。眼见隗嚣末日来临，突然，汉军背后杀声骤起，一支人马赶来，汉军猝不及防，阵脚大乱，隗嚣乘乱逃出城去。原来，王元跑到公孙述那里，搬来五千援兵，救了隗嚣。

隗嚣虽然侥幸逃命，但地盘大都丢失，而且缺粮，饥寒交迫，如同丧家犬一般。隗嚣每天只能煮黄豆吃，不久得病，愤恨而死。王元等人，又立隗嚣少子隗纯为王。第二年，来歙等人率军将其击败，王元逃到成都，隗纯投降。隗嚣在陇地的统治，彻底结束了。

隗嚣与窦融，同为割据一方的豪杰，下场却截然不同，根本原因，是隗嚣不能顺应时势，一心割据称霸，说到底，是一颗私心害了他。

施巧计卢芳自灭

对于那个靠着匈奴当上儿皇帝，割据西北的卢芳，刘秀压根儿就看不起他，觉得打他一枪，还不够药钱，所以，并不派大军征伐，只用数万兵马，实施巧计，就逼得卢芳自生自灭了。

《后汉书》记载，卢芳冒充汉武帝曾孙刘文伯，依靠匈奴势力，打着汉朝旗号，当上了皇帝。当时，在西北一带，有许多分散的割据势力，较强的有刘兴、李兴、桥扈、田飒、石鲔、随昱等，他们对卢芳的谎言信以为真，又惧怕匈奴，便归顺了卢芳。但时间不长，他们就发现，卢芳只会招摇撞骗，并没有真本事，不是当皇帝的料，于是，心中不服，产生悔意。

刘秀当时正忙于平定中原关中，无暇顾及卢芳，而且刘秀断定，卢芳与彭宠一样，只知道割据一方，不会有大的作为，因此，没有派兵征伐，而是实施离间计，派人去搞策反活动。招降纳叛，这是刘秀一贯使用的手段。

果然，卢芳与诸将之间，互生猜疑。卢芳命将军贾览，在匈奴的帮助下，杀了代郡太守刘兴，后来，又诛杀了五原太守李兴兄弟。朔方太守田飒和云中太守桥扈，心生恐惧，便率全郡归降了刘秀。刘秀仍然任命他们为太守，继续镇守原郡。

刘秀采取安抚策略，凡是卢芳将领投降的，一律官复原职，并且不改变其驻守的地方，同时又给他们很多的物资奖励。这样一来，卢芳诸将都感刘秀恩德，刘秀产生了向心力，归降者日益增多。

公元 33 年，刘秀灭了隗嚣，平定了陇地，他的下一个目标，是割据蜀地的公孙述。但在南下伐蜀之前，刘秀打算先消灭北边的卢芳，铲除后患。于是，刘秀派出吴汉、王霸、王常、朱祐、侯进五位将领，统兵五万，讨伐卢芳。

卢芳命贾览率军迎敌，同时向匈奴求救。两军在高柳一带相遇，展开攻击。贾览敌不过汉军，眼看就要败下阵来，在这关键时刻，匈奴骑兵赶到，贾览军军心大振，返身再战。恰在这时，大雨倾盆而下，汉军不熟悉地形，结果由胜转败。汉军战败后，并未撤离，而是在附近驻扎下来，寻求战机。

公元34年，汉军再次出兵，还在高柳一带攻击贾览，匈奴仍然赶来救援。这一次，汉军总结了上次战败的教训，谋划好战术，结果将贾览和匈奴打得大败。汉军乘胜追击，一直把敌军赶到塞外。

公元35年，刘秀命骠骑大将军杜茂，镇守北部边界。此时，经过汉军几次打击，卢芳的势力已损失过半，只敢袭扰边界，构不成大的威胁了，所以，刘秀没有派给杜茂精兵强将，而是把各郡的囚犯，发配来充实军队。杜茂在边境建立屯田，开通运粮通道，修筑烽火台，同时，伺机夺取卢芳占据的平城。

平城，属于雁门郡管辖，雁门郡已由汉军占领，只剩平城还在卢芳手里。据守平城的，是卢芳的将军尹由，尹由手下，有贾丹、霍匡、解胜三名将领。这三名将领，眼看卢芳败局已定，便密谋杀了尹由，率城投降了。刘秀把贾丹三人，都封为列侯，还赏赐了大量金帛。此事起到了示范效应，卢芳所占的城邑，不断有人投降，卢芳的地盘越来越小了。

公元36年，卢芳的致命危机来了，负责留守都城九原的大将随昱，也投降了汉朝，并想挟持卢芳。卢芳见众叛亲离，地盘全失，只带十数骑，仓皇逃往匈奴。随昱率剩余的军队和官吏，全部投降了汉朝。割据西北的卢芳势力，彻底玩完了。

卢芳逃入匈奴后，匈奴见他如同丧家之犬，没有了价值，不再礼待他。卢芳寄人篱下，心里不爽，三年后返回内地，也投降了刘秀。

刘秀对他宽大为怀，封他为代王。两年后，卢芳感到刘秀对他很冷淡，疑虑恐惧，便带着妻子儿女，又跑回匈奴，在匈奴居住十余年后，得病死了。

　　刘秀看得没错，像卢芳这样，只会诈术、反复无常之人，是成不了大业的，也只有在乱世之中，才能给这种人以兴风作浪的短暂机会。

灭公孙统一天下

刘秀统一天下，采取的是集中兵力、各个击破，先近后远、先弱后强的战略，用了十年时间，灭掉各地群雄，此时，只剩下既远又强的公孙述一人了。公孙述割据蜀地，占尽天时地利人和，是刘秀真正的大敌。刘秀不敢轻敌，集中优势兵力，南北夹击，水陆并进，又用两年时间，灭掉公孙述，完成了统一全国的宏图大业。

《后汉书》记载，刘秀在灭掉隗嚣、占领陇地之后，随即开始实施伐蜀大计。刘秀还自嘲地说："人没有知足的时候，已经平定了陇，还想再得到蜀，我的头发胡须都因此变白了。"后人概括为一个成语，就是"得陇望蜀。"

公元 35 年，刘秀命来歙、盖延、马成、刘尚四位将军，率大军南下，从陇道伐蜀。公孙述派王元、环安两将，据守河池和下辨，以抗拒汉军。来歙英勇多谋，指挥大军，一举攻占了河池和下辨，接着挥师南下，一时间蜀中震动，大为恐惧。公孙述使了一个阴招，派出刺客，刺杀了来歙。来歙死时，把军队交给盖延。盖延极度悲伤，领兵攻击蜀军，不料患了大病，只得停止了攻势。

刘秀知道后，宣称自己要御驾亲征，命马成接替来歙的职务，作为先锋。马成率军攻占了武都，刘秀却命他就地驻扎，不再南下了。因为再往南走，道路崎岖，地形险峻，蜀军重兵把守，很难突破。刘秀也没有率大军前来，只是多派探马入蜀，了解蜀中情况。原来，刘秀的北路进兵，只是虚张声势，他真正的进攻重点，是在南面。

其实，刘秀早就谋划好了攻占荆州要塞，沿长江西进，从南路伐蜀的策略，事先派岑彭占据了荆州附近地区，并且悄悄建造船只，做好了各种准备。

公孙述不是笨蛋，也防着这一手，他派田戎率数万兵马，顺江东下，占领了江岸边的荆门山和虎牙山，在长江上架起浮桥，建筑关楼，阻断水道，做好了防范准备。

公元35年，在来歙从北路进攻的同时，刘秀任命岑彭为征南大将军，率步兵六万、骑兵五千、大船千艘、船工万人，开始从水路进攻伐蜀。

岑彭与来歙一样，也是足智多谋。他率军攻占荆门，打败田戎，放火烧毁了长江上的浮桥关楼，然后，千船齐发，乘风破浪，一路西进，不几天，就到达江关（今重庆奉节）。岑彭军队纪律严明，与百姓秋毫无犯，受到蜀地民众欢迎，所到郡县，纷纷开城投降。

公孙述得知汉军从长江入蜀，大为惊慌，急忙调兵遣将，抵御汉军。公孙述命大司马延岑、其弟公孙恢等，分别领兵把守要地，又急令王元率领的北路兵马返回。

岑彭派臧宫、杨翕等将领，去攻打延岑等人，自己则率一支精兵，溯都江而上，昼夜兼行两千余里，出其不意攻克武阳（今四川彭山），接着，派出精锐骑兵，奇袭广都，离成都只有几十里地了，攻势如同暴风骤雨。

蜀军见汉军犹如神兵天将一般，突然出现在面前，无不胆战心惊，纷纷四散逃命。公孙述大惊失色，用手杖敲得地面咚咚响，连声说：“怎么会如此神速？”

这时，刘秀派人送来书信，劝公孙述投降，保证他的福禄。公孙述却说：“一废一兴，皆是天命，岂有投降的天子？”公孙述不甘心失败，还想奋力拼搏，他故技重施，又派出刺客，刺杀了岑彭。这一手果然见效，汉军的攻势受阻，一些地方又被蜀军夺回。可怜来歙和岑彭两员大将，没有阵亡于战场，却死于卑鄙的暗杀。

刘秀听说后，大吃一惊，十分悲痛，以重金赐予岑彭的妻子儿女。刘秀紧急下令，命大司马吴汉火速入蜀，指挥岑彭的部队。吴汉是有名的勇将，经过几个月的战斗，打败了各个战场上的蜀军。公孙恢被杀，王元投降，延岑逃往成都。随后，吴汉率军来到成都脚下，占据了广都。

广都，是成都南几十里处的一座城，占领了广都，就成为成都的心腹之患。成都城中，公孙述还有十几万军队。刘秀再次写信劝降，并表示不追究他暗杀两员大将的罪责。公孙述冥顽不灵，拒不投降，他还想凭借坚实的城防和十几万军队，做最后的顽抗。

成都城高墙厚，城内军队和民众甚多，汉军如果强行攻城，必然会造成重大伤亡。所以，尽管汉军已经兵临城下，但却既不围城，更不强攻。吴汉按照刘秀的命令，坚守广都，又把成都城南的桥烧毁，造成城内人心惶惶，不少将士感到已无希望，纷纷逃出城来，投降了汉军。公孙述采取高压手段，对逃跑投降者，诛杀其全家。公孙述下决心顽抗到底了。

这样对峙了几个月，吴汉不断引诱蜀军出城作战，双方互有胜负，汉军胜多败少。

公元 36 年冬，成都城内已十分困难，公孙述亲自率军出城作战。吴汉把汉军分作几批，轮番与蜀军交战，使蜀军得不到休息和吃饭的机会。时间一长，蜀军士兵疲惫不堪，腹中饥饿，吴汉乘机发动全线进攻，蜀军大乱，纷纷逃往城里。

汉军将领高午，见前面有公孙述的麾盖，不顾一切，飞马追上，定眼一看，果然是公孙述。高午大喝一声，一枪把公孙述刺于马下。由于用力过猛，公孙述被枪穿透腹部，竟然钉在了地上，不能动弹，所幸身边侍卫拼死相救，把他抬入城中。

公孙述伤势太重了，无法医治，他奄奄一息，用尽最后一丝力气，把军队和城池托付给大司马延岑，并嘱咐延岑，一定要坚守到底。公孙述咽下了最后一口气，但双目圆睁，他是死不瞑目啊！公孙述还是挺有骨气的，不愧是刘秀的大敌。

延岑却认为，再这样负隅顽抗下去，已经没有意义了，于是，献城投降了汉军，最后一个割据政权，就此灭亡。

刘秀称帝以后，用了十二年时间，平定了天下，平息了自王莽末年以来长达十九年的战乱，偌大的中国，重新归于统一，刘秀功莫大焉！

刘秀凭借高超的智谋和策略，在乱世中得到天下。人们都说，得天下容易，守天下难，那么，刘秀又是怎样治理天下的呢？

以柔治国光武中兴

刘秀打天下是把好手，治天下也不简单。实现国家统一以后，面对断壁残垣、山河破碎的景况，刘秀继续凭借高超智慧和谋略，使大汉王朝在废墟中得以恢复和发展，实现了"光武中兴"，被后世誉为"风化最美、儒学最盛"。刘秀治理天下的一个突出特点，是以柔治国。

《后汉书》记载，公元41年，刘秀回到阔别多年的家乡，修葺祖庙，看望族亲，与乡亲饮酒叙旧。乡亲都很高兴，议论说："刘秀从前性格十分柔和，没想到能够打下天下，当上皇帝。"刘秀笑着说："柔和有什么不好？我治理天下，也想采取柔和的办法呢。"

柔和，是一种为人之道和处世哲学，含有道家思想。老子在《道德经》里讲："天下莫柔弱于水，而攻坚强者莫之能胜。"意思是说，水虽然柔软，但滴水穿石，可以攻破坚硬的东西。采用柔和之道，实际上是实行宽厚仁义的政策。

刘秀的柔术，首先用在跟他共同打天下的功臣身上。刘秀完成统一大业，靠的是一大批冲锋陷阵的武将，如今得到天下，自然要论功行赏。于是，刘秀总共封了三百六十五名功臣，其中大功臣二十八人，史称"云台二十八将"。刘秀知道，这些武将，在战场上英勇无敌，但处理朝政，却并不擅长，而且往往容易居功自傲，所以，打天下靠武将，治天下就要用文人了。

刘秀经常向诸将说，他自起兵以来，南征北战，在马背上度过了十五年，已经十分厌倦，再也不想打仗了。诸将听了，心有所思。有一次，刘秀在与诸将聚会时，儿子刘彊向他讨教兵法，刘秀乘机说道："如今天下已定，用不着兵法了，我现在一心想的，是如何文治天下。"

诸将并不傻，心里都明白了，刘秀要文治天下，那他们这些武将，不就没用了吗？于是，邓禹、贾复、耿弇首先请求交出了兵权。邓、贾、耿三人功劳最大，其他将领一见，也都乖乖交出了兵权。云台二十八将，此时已经战死或病逝了十四个，除了吴汉、马成、王霸镇守边关外，其余十一人，全都解甲归田了。

人们都知道赵匡胤"杯酒释兵权"，刘秀却连酒都没有破费，而是"片语释兵权"了。刘秀应该是赵匡胤的老师。

对大部分功臣，刘秀没有让他们入朝做官，而是给他们爵位和封地，让他们去过自由幸福的生活，朝中有大事，还常常与他们商议，与他们始终保持着密切友好的关系，功臣则乐享太平。在封建社会，"鸟尽弓藏，兔死狗烹"，似乎成了一条规律，但在刘秀时期，却没有发生，可以说是一个奇迹。

刘秀决心文治天下，采取了"退功臣，进文吏"的策略，他以儒家思想为标准，选拔任用了一大批优秀知识分子。同时，进行官制改革，精简地方机构，整顿官场风气，制定奖惩制度。刘秀时期，从中央到地方的各级官吏，竟然裁减了百分之九十，既大大减轻了百姓负担，又形成了精干高效的官吏队伍。人是决定性因素，有了好的官吏队伍，就不难形成天下大治了。

刘秀的柔术，更多地是用在了天下百姓身上。由于多年的灾荒和战乱，大批穷人沦为奴婢，处境悲惨。刘秀认为，"天地之性人为贵"，他自称帝以来，就制定实施了废奴政策。

废奴，也是王莽的一大政策，可惜没有成功。刘秀借鉴王莽的教训，并不急功近利，强行推行，而是先易后难、逐步实行。从公元26年到公元38年，刘秀共颁发了九次诏令，根据实际情况稳妥推进，一步一步地把大批奴婢解放出来。

刘秀知道，要想天下稳定、百姓安居乐业，必须大力发展经济。于是，他实行轻徭薄赋、与民休息政策，重新制定三十税一的税制。他要求各级官吏，积极组织垦荒，把开荒的土地分给穷人，使他们能够安定下来。丹阳太守李忠，开荒三年，安顿了五万多户无地流民。渔阳太守张堪，组织大批人力，开荒千顷。刘秀对他们大加赞赏和奖励。刘秀还重视发展商业、畜牧业、家庭副业，组织妇女从事纺织。通过采取各种措施，刘秀时期的经济得到快速发展。

刘秀崇尚儒学，祭祀孔子，修建太学，设立五经博士，鼓励民间办学，收集天下图书。刘秀用儒家思想教化百姓，力求形成良好的社会风俗。

刘秀的柔术，自然也用在了对外关系上。刘秀提倡以德治边，对匈奴、羌、鲜卑等少数民族，实行友善自治政策，只要他们不来侵犯，就与他们和平相处。公元51年，匈奴再次发生分裂，大臣纷纷要求乘乱灭之，"立万世刻石之功"，刘秀却不同意。刘秀还与邻国保持友好关系，他是历史上第一位接见日本使者的皇帝。

公元57年，日本使者来访，刘秀赐封"倭奴王"，并授予金印。1784年，在日本福冈县，出土了刘秀赐予的金印，证实了《后汉书》所载刘秀赐印之事。

刘秀的柔术，还用在了处理皇室关系上。在历朝历代，宫廷斗争都是激烈残酷，尤其是皇后之争、太子之争，更是充满了腥风血雨。刘秀不知用了什么高招，后宫竟然出现了相互谦让皇后、相互推让太子的局面，这无疑又是一个奇迹。

当然，刘秀并不是一味地使用柔术，有时候也需要采取强硬手段。西汉末期以来，土地兼并严重，贫富悬殊，成为社会的主要矛盾。王莽采取均田的办法，将土地收归国有，结果失败，引起大乱。到刘秀时期，这个问题仍然没有解决，严重影响了社会稳定和经济发展。刘秀本是豪强地主出身，但屁股决定脑袋，他坐上皇位之后，不得不为天下苍生考虑，便开始抑制豪强，着手解决土地问题。

公元39年，刘秀颁发了"度田令"。度田，就是丈量土地，核实人口，以占有土地的实际数量交纳税赋。过去，豪强地主普遍隐瞒土地，虚报人口，以逃避税赋，现在实行度田，他们的经济利益受到损害。刘秀的理想，是"八口之家，百亩之地"，而不希望豪强占有过多的土地，通过度田，多出来的土地，或者分给无地的穷人，或者承担高额的税赋。

尽管度田比起均田来，要温和得多，但仍然遭到地主豪强的强烈反对，有些官吏，本身就是地主，也消极抵制。有的地方，官吏与豪强相互勾结，弄虚作假，欺上瞒下。刘秀早就料到会有这种情况发生，决心采取强硬措施。

公元 40 年，经过调查核实，刘秀下令，处死了十几个郡的太守，入狱或免官的多达数百人。甚至连司徒欧阳歙，也被下狱，死在狱中。刘秀素以宽厚仁义著称，这次态度之坚决、惩罚之严厉，前所未有，震惊了全国，官吏再也不敢以身试法了。

地主豪强仍不甘心，有的地方煽动农民造反，一时间群盗四起，青州、徐州、幽州、冀州最为严重。对此情况，刘秀并不惊慌和担心，因为他知道，这些造反的民众，不是饥饿引发的，而是豪强在背后鼓动支持的。刘秀采取了镇压与安抚两手，对有不法行为的豪强，坚决予以打击，为首的处死，家族迁往外地，土地分给穷人；对受蒙蔽的农民，以宽大降服为主，有的还分给他们土地。这样，刘秀很快平息了事端，保证了度田顺利完成。通过度田，有效缓解了社会矛盾，促进了经济发展，为"光武中兴"奠定了坚实基础。

刘秀以柔治国，推行仁政，神运机智，形成政治清明，社会稳定，家给人足，四夷宾服。

刘秀也有缺陷。公元 45 年，西域十六国遣使入朝，要求回归汉朝，刘秀以"中国初定，未遑外事"为由，并未接纳，致使西域一度脱离汉朝，直到汉明帝时期，西域才重归汉朝，纳入中央管理。

刘秀是一位伟大的政治家、谋略家、实干家，他为统一中华、实现"光武中兴"、推动社会发展，做出了卓越贡献。

后人对他高度评价。司马光说："自三代既亡，风化之美，未有若东汉之盛者也。"苏辙说："东汉光武，才备文武，计其武功若优于高帝。"朱元璋说："惟汉光武皇帝，有君天下之德而安万世之功者也。"毛泽东说："刘秀是最有学问、最会打仗、最会用人的皇帝。"

刘秀打天下、治天下，绝非靠自己一人，而是选拔和使用了一大批人才，那么，刘秀的文臣武将，主要有哪些人呢？他们各自都有哪些功绩呢？

邓禹智勇赛过张良

邓禹，是东汉初年著名军事家、谋略家，"云台二十八将"之首，刘秀赞他："与朕谋谟帷幄，决胜千里。"邓禹在计谋方面，堪比张良，也是足智多谋，胸有全局，他比张良强的地方，是能够亲自率兵打仗，智勇双全。邓禹为刘秀平定河北、收复关中、建立东汉王朝，立下汗马功劳，被称为东汉第一开国功臣。

《后汉书》记载，邓禹，是南阳郡新野县人，与刘秀算是同乡。邓禹自小聪明好学，十三岁就能写诗作赋，后到长安太学学习，与刘秀成了同学。邓禹比刘秀小七岁，虽然年龄不大，却有识人之明，他见刘秀胸有智谋，是个能干大事的人，就主动与刘秀亲近，两人成了好朋友。刘秀离开长安后，邓禹也辞学回家。

王莽末年，各地豪杰纷纷举事，邓禹却没有盲从，只是在家密切关注天下大势。绿林军立了刘玄当皇帝之后，因邓禹在当地有些名气，很多人荐举他到更始朝廷做官。邓禹觉得刘玄成不了大事，始终不肯相从。

公元23年，刘秀带一支队伍去镇抚河北。邓禹听说后，心潮澎湃，立即只身独马北渡黄河，在邺县追上了刘秀。刘秀见好朋友前来投奔，十分高兴，笑着说："我现在有任命官吏的权力，说吧，你想当个什么官？"邓禹认真地说："我不想当官，只想为明公效力，落个青史留名。"刘秀大笑，知道他志向不小，当晚，让他住在自己卧室里，两人彻夜长谈。

邓禹为刘秀分析了天下大势，说："刘玄虽然定都长安，但山东未定，赤眉势众，刘玄不想如何统一天下，却只顾享乐，早晚必有祸事。赤眉虽号称百万之众，却是庸人崛起，志在发财，也成不了气候。如今天下，分崩离析，形势清晰可见。建议明公以河北为基业，广揽四方英雄，取悦民心，恢复高祖伟业。明公忠良明智，深谋远虑，必能平定天下，成就大业。"邓禹的这番话，与刘秀心里想的一模一样。刘秀大喜，令左右人称邓禹为将军，让他住宿在帐中，与他日夜商议大计。

邓禹为刘秀平定河北，精心谋划，献计献策，并注意寻访举荐人才，像寇恂、吴汉、贾复等人，都是邓禹推荐的。刘秀对邓禹十分信任，邓禹出的计谋，刘秀几乎全都采纳；邓禹推荐的人才，刘秀一律重用。刘秀有时拿不定主意，就找邓禹商量；刘秀任用将领，也常常征求邓禹的意见。刘秀把邓禹比作张良，说他能像张良那样，运筹帷幄之中，决胜千里之外。刘秀能够在两年之内，迅速平定河北，开创基业，与邓禹的计谋是分不开的。

邓禹不仅能出计谋，还能亲自领兵打仗。王郎称帝以后，四处发檄文缉拿刘秀，刘秀从蓟城狼狈南逃。这是刘秀在河北最困难的时期，有些人悄悄溜走了。邓禹组织了数千人的队伍，亲自率领，攻取了乐阳和广武，稳定了军心。刘秀站在广武城楼上，打开地图，十分感慨地说："天下郡国如此之多，现在仅得到一个，你却总说我能够平定天下，能行吗？"邓禹十分自信地说："自古兴大业得天下的，在于仁德的厚薄，而不在于土地的多少。"

刘秀消灭王郎以后，就把重点放在剿灭铜马军方面，命邓禹、盖延率一支人马，攻击铜马。盖延作战勇猛，求功心切，率军先行，不料交战不利，被铜马军包围在保城。邓禹立即率一支精锐骑兵，从铜马军背后发起攻击。邓禹一马当先，冲入敌军阵营，将士勇气大增，争先恐后，盖延又从城内杀出，两军会合，大败铜马军，活捉了他们的大将。邓禹率得胜之兵，乘胜追击，连战连捷，平定了北州。

公元 24 年，赤眉军大举入关。刘秀断定，赤眉军与更始政权之间，必有一场恶战，肯定会两败俱伤，这是坐收渔翁之利、收复关中的大好机会。刘秀派邓禹率两万兵马，西行入关，奠定根基，伺机而动。

公元 25 年正月，邓禹率军攻占了河东郡，与长安城遥遥相望。

邓禹在河东郡站稳脚跟后，招兵买马，扩充部队，加强训练，然后，静静地观看赤眉军与更始政权大战的好戏。同年六月，刘秀称帝后，派遣使者持节拜邓禹为大司徒，相当于丞相，并封为酂侯，食邑万户。这时，邓禹只有二十四岁。

公元25年九月，经过几次大战，赤眉军获胜，攻占了长安，更始政权覆灭。这时，刘秀下发诏令，命邓禹趁赤眉军疲惫、立足未稳之际，进攻长安。邓禹却有自己的谋略，他认为赤眉军属于"盗贼群居"，没有长远打算和政治头脑。赤眉军人多势众，粮食消耗巨大，而关中连年灾荒，粮食歉收，时间一长，没有粮食吃，赤眉军必定自乱。邓禹给刘秀写信，说明了自己的想法，刘秀同意了。于是，邓禹率军绕过长安城，到达长安西北的北地（今甘肃庆阳），把那里的粮食收购一空。

果然，赤眉军粮食吃尽，就弃城外出抢粮，邓禹轻松进入长安城。赤眉军往西转了一圈，无粮可抢，又被隗嚣打败，只好又返回长安。邓禹不想与赤眉军硬碰，撤出了长安城。

后来，邓禹军中粮食也吃完了，士兵只好挖野菜充饥。邓禹驱饥饿之兵，与赤眉军打了几仗，没有获胜。这个时候，决定战争胜负的，是粮食，谁有粮食，谁就能坚持到最后，谁就能获得胜利。

赤眉军陷入无粮境地，只好东返，途中遭遇刘秀大军伏击，全军覆没。刘秀认为，邓禹仅率数万兵马入关，与强大之敌周旋，牵制了敌人，对收复关中功不可没。

公元37年，天下平定，刘秀封赏功臣，认为邓禹功劳最大，封为高密侯，食邑四个县。

邓禹知道刘秀要文治天下，就带头交出兵权，回家潜心研究儒家经典。那一年，邓禹年仅三十九岁。不过，刘秀仍然时常与他商议国家大事，还曾经让他代理司徒职务。

邓禹有十三个儿子，他让儿子们都远离权势名位，各自掌握一门谋生技能，自食其力。

公元58年，邓禹因病去世，享年五十七岁。

后人对邓禹高度评价，唐代追封古代名将六十四人，宋代追封七十二人，邓禹都名列其中。

寇恂功绩堪比萧何

寇恂，是东汉初年著名军事家、政治家，"云台二十八将"之一。寇恂既懂军事，也懂政治，刘秀平定河北的时候，命他镇守河内郡。寇恂不负重托，把河内建成巩固的根据地，为刘秀运送了大批粮食和军用物资，对创立东汉王朝立有大功。刘秀对他很器重，将他比喻为萧何。

《后汉书》记载，寇恂，是上谷郡昌平（今北京昌平）人，出身世家大族。王莽末年的时候，寇恂在上谷太守耿况手下为官，很受耿况信任。寇恂根据天下大势，劝说耿况脱离王莽，归顺了刘玄政权。

刘秀抚镇河北，以刘玄政权的名义，向上谷郡发出公文，要求派兵相助。这时，王郎冒充汉成帝之子，称为汉帝，派出使者，要求上谷归附。耿况见王郎势大，一时拿不定主意。

寇恂认为，刘秀"尊贤下士，士多归之"，极力劝说耿况归顺刘秀。耿况的儿子耿弇，此时已投靠了刘秀，也回家劝说父亲。最终，耿况下了决心，派寇恂和儿子耿弇，率上谷之兵去帮助刘秀，并与渔阳太守彭宠约好，两郡共同出兵。从此，寇恂忠心为刘秀效力，屡建战功。

刘秀平定河内郡之后，想以河内为根据地，再去平定其他地方。河内郡在河北最南端，范围大致在今天河南省焦作、济源、新乡、安阳一带，土地肥沃，人口众多，适合建立基业。但河内郡南邻洛阳，北靠并州，这两处都有更始政权的军队驻守，对河内形成南北包围之势，必须选一位智勇双全的将领镇守。

刘秀对手下诸将反复斟酌，难下决心，就找邓禹商量。邓禹曾多次与寇恂交谈军国大事，认为他有奇才，便向刘秀举荐寇恂，说："寇恂文武备足，有治理地方、驾驭民众的能力，镇守河内，非他莫属。"

刘秀拜寇恂为河内太守，行大将军事，并再三嘱咐道："河内富裕，户口殷实，傍临黄河，十分坚固，我将因此而兴起。昔日高祖留萧何镇守关中，我现在把河内托付给您，您要治理百姓，给足军粮，坚守转运，同时加强军备，鼓励士卒，防止敌人来袭。"为了万无一失，刘秀同时命冯异据守孟津，南拒洛阳，北援河内。

寇恂接受任命，知道河内重要，自己责任重大，于是，兢兢业业，励精图治。寇恂首先健全地方政权，整顿官吏，安抚百姓，并下令所属各县，讲武习射，扩充军队，砍伐竹条，造箭百余万支，养马两千匹。同时，奖励农耕，发展经济，增加收入，收租四百万斛，以供军资。

此时镇守洛阳的，是刘玄的大将朱鲔和李轶。朱鲔听说刘秀已经率军北上，河内兵力单薄，就派将军苏茂、贾强，率三万兵马，北渡黄河，攻击河内郡管辖的温县。

寇恂闻讯后，立即调集兵马，亲自率军前往救援。众人担心寇恂的安全，劝他调集各县人马后再出兵。寇恂说："军情紧急，温县是河内郡的藩蔽，温县若失，河内郡就难守了。"寇恂一面急驰救援温县，一面下令各县兵马随后跟进。

寇恂率军赶到温县，随即与苏茂展开激战。寇恂兵少，渐渐有些不支，就在这时，据守孟津的冯异，率一支精锐骑兵赶到，寇恂令士兵齐声高喊："刘公大军到了！"各县援军也陆续赶来，寇恂的兵力不断增强。

苏茂军军心动摇，阵形松动，寇恂军则军心大振，斗志锐增。寇恂不避箭矢，带头冲击，士兵们见状，人人奋勇向前，苏茂军溃散，人人争相逃命。寇恂不肯罢休，乘胜追击，一直追到黄河边。苏茂军士兵慌不择路，纷纷跳入河中，被淹死数千人，没有跳河的一万余人，都做了俘虏，将军贾强也死于乱军之中。苏茂带着残兵败将，逃回洛阳，紧闭城门，从此再也不敢出来了。刘秀得到捷报，大喜说：

"我就知道，寇恂是可以胜任的。"

寇恂打败来犯之敌，巩固了河内，便集中精力发展经济，尤其是粮食生产，以保证刘秀大军的需要。当时刘秀部队扩充很快，军粮紧缺，寇恂亲自督促粮运，畜力不足，又组织人力挽车，奔赴各地，前后络绎不绝，保证了军粮供应。文武百官月支的禄米，也由寇恂负责供给。刘秀多次赐书慰劳嘉奖，寇恂的功名威望日益提高。寇恂镇守河内，为刘秀平定河北做出了重要贡献。

寇恂治理地方很有一套，深得民心。后来，他又担任了颍川太守和汝南太守，在离任时，百姓结队拦路，不让他走，并请求刘秀，说，"愿从陛下复借寇君一年"，刘秀见民意如此，只好让他再留任一年。

寇恂智谋高人一筹。寇恂跟随刘秀征伐隗嚣时，隗嚣的部将高峻，拥兵万人，坚守高平县，汉军攻打一年，未能攻克，但高峻也快支撑不住了，有投降之意。寇恂前去招降，高峻派军师皇甫文前来洽谈。

皇甫文见了寇恂，礼貌不周，出言不逊，寇恂喝令推出斩首。众将大惊，纷纷劝阻，说："高峻派军师洽谈投降，你却把他杀了，投降的事，不就黄了吗?"

寇恂不应，坚持将皇甫文杀了，并致书高峻"欲降，急降；不欲，固守"。果然，高峻见军师被杀，心生恐惧，只好投降了。

寇恂的胸怀也令人敬佩。寇恂在任颍川太守时，为了严明军纪，处死了左将军贾复的一个部下。贾复大怒，扬言与寇恂势不两立。寇恂躲避贾复，处处忍让，不使矛盾激化。后来，贾复认识到是自己不对，回心转意，不再为难寇恂，两人握手言和，同心扶汉，演绎了新的"将相和"。

公元36年，刘秀刚刚统一了天下，寇恂就病逝了。《后汉书》没有记载寇恂的出生年月，不知他终年多少。

后人对寇恂给予高度评价，唐代追封古代名将六十四人，宋代追封七十二人，寇恂都名列其中。

耿弇用兵媲美韩信

耿弇，是东汉初年著名军事家，"云台二十八将"之一。耿弇年轻英武，熟读兵书，善用奇兵，被刘秀赞喻为韩信。

《后汉书》记载，耿弇，是扶风茂陵（今陕西兴平一带）人。耿弇年少时，就喜好兵法，练习骑射，长大后智勇双全，见识超群。

耿弇的父亲，是上谷太守耿况。耿况归顺刘玄后，派耿弇去长安朝拜。耿弇在南下途中，恰遇王郎冒充汉成帝之子，在邯郸称帝。随行的官吏都说："邯郸是汉朝正统，不向他归降，还远去长安干什么？"耿弇按剑叱道："王郎是骗人的盗贼，切不可相信。"因去长安道路阻隔，又听说更始帝的大司马刘秀抚镇河北，耿弇便去投靠了刘秀。刘秀见耿弇少年英雄，很是高兴。

耿弇跟随刘秀后，随即返回上谷，劝说父亲出兵帮助刘秀，又与渔阳太守彭宠约好，共同出兵。于是，耿弇、寇恂率上谷兵，吴汉、盖延率渔阳兵，两军会合，共同南下，沿途斩杀王郎的大将、九卿、校尉以下四百多人，消灭王郎军队三万多人，攻克中山、巨鹿、清河等二十二个县，所向披靡，一路凯歌，很快与刘秀会师。

当时刘秀正在率军攻打王郎，忽见一支兵马前来，还认为是王郎的救兵呢，得知是上谷、渔阳的军队，刘秀十分高兴，把耿弇他们都封为将军，合力攻打邯郸，消灭了王郎。

刘秀攻占了邯郸，实力大增。刘玄怕难以控制，诏令刘秀交出军队，回长安任职。刘玄又派心腹苗曾任幽州牧，韦顺任上谷太守，蔡充任渔阳太守。

耿弇听到消息，立即去见刘秀。刘秀正在休息，耿弇径直走到刘秀床前，力劝刘秀不要服从诏令，并请求其回上谷，除掉韦顺等人。这正合刘秀的心意，当即拜耿弇为大将军，与吴汉一起，北上幽州。

上谷、渔阳本来是耿况、彭宠多年的地盘，刘玄派来的太守没有势力，耿弇毫不费力地把他们杀掉，吴汉也杀掉了幽州牧苗曾。耿弇、吴汉手持刘秀的命令，到幽州各郡征调兵马。此时耿弇、吴汉已是威名远扬，各郡不敢不从，于是，征调幽州十郡精兵数万人，南下与刘秀会合，刘秀实力因此大增。刘秀率军扫除各个地方势力，降服铜马，平定了河北，登基称帝，公开与刘玄政权决裂了。

耿弇跟随刘秀南征北战，有时也独自率军。他先是南征，围剿割据称王的延岑。耿弇率领精锐骑兵，在南阳郡穰县与延岑相遇，立即发起凌厉攻势。延岑军队多是步兵，被冲得七零八落，斩首三千多人，投降五千多人。延岑遭此打击，元气大伤，后来逃到蜀地，投靠了公孙述。耿弇接着北伐，去平定渔阳太守彭宠的叛乱。彭宠被家奴杀死后，耿弇奉命东进，去征讨齐地的张步。

耿弇率军渡河，兵指济南郡。张步听到消息，派大将军费邑前去拒敌。费邑分兵驻守祝阿和钟城，又派其弟费敢据守巨里，自己则屯兵历下。

耿弇集中优势兵力，首先攻打祝阿，不到半天就攻破了城池。耿弇故意留下一个口子，让部分军民逃出城去。这些人逃到钟城，大讲汉军厉害，钟城守军听了，胆战心惊，没等耿弇来打，就弃城逃跑了。

耿弇又用围城打援之计，派部分兵力围困巨里，自己则率主力部队，埋伏在城外山坡两侧。费邑见其弟被围，亲率三万兵马来救。耿弇一声令下，伏兵四起，大败费邑兵，费邑被杀。耿弇拿着费邑的首级，号令各地，很快平定了济南郡。

当时，张步定都剧县（今山东昌乐西一带）。耿弇占领济南郡之后，继续引兵东进，直逼临淄。临淄是原齐国的都城，此时有张步军队万余人据守。张步一面令临淄坚守，一面派其弟张蓝，率两万精兵，前去驻守临淄西北的西安。两城相距四十里，成掎角之势，以便互相支援。

众将都建议，应该先攻占西安。耿弇说："西安城小而坚固，临淄城大而易攻，不如明攻西安，实取临淄。"于是，耿弇采用声东击西之计，大军将西安团团包围，扬言五日后攻城。张蓝加强城防，命士兵日夜警戒严守。到了四天以后的半夜里，耿弇只留少数兵力继续围城，自己率主力急驰到了临淄城下。

第二天清晨，临淄守军忽见一夜之间，城下旌旗招展，兵马骤至，顿时慌了手脚。由于临淄没做严密防守，耿弇军只用半天时间，就破城而入。张蓝听说后，心生恐惧，率部逃回剧县。

张步闻之大怒，集中全部兵力，号称二十万，向西杀来，准备在临淄东与耿弇决战。刘秀知道后，亲率大军赶来支援。众将见张步兵盛，建议闭营不出，等待刘秀援军。耿弇却说："天子驾临，做臣子的应该杀牛置酒招待，怎么还能劳烦皇上去破敌呢？"

耿弇命大军正面与张步交战，自己率精兵绕到张步侧背，突然发起攻击。张步军虽然人多，但士气不旺，顿时乱了阵脚。耿弇身先士卒，带头拼杀，流矢飞来，射中耿弇大腿，耿弇并不理会，也不包扎，继续作战。从清晨杀到黄昏，两军混战一天，死伤惨重。

入夜之后，耿弇料定，张步见不能取胜，必然领兵退走，于是，预先设置了两翼伏兵。果然，半夜时分，张步悄悄领兵撤退。突然，一声号令，伏兵骤起，张步军猝不及防，四散逃命。耿弇率军奋力追杀，追出百余里，一路上死尸相连。这一仗，歼灭了张步主力，张步只好投降了。

几天后，刘秀率军赶到临淄，耿弇果然杀牛置酒招待。刘秀大喜，亲自到军中慰问，并夸赞耿弇用兵如神，堪比韩信。

耿弇后来继续跟随刘秀征战四方，不断建立军功。《后汉书》说，耿弇一生，平定四十六个郡，攻占三百多座城，而且很少打过败仗。

天下平定之后，耿弇主动交出大将军印绶，未再担任职务，只是以列侯身份列席朝会。刘秀命增加耿弇食邑，使他享受荣华富贵。那一年，耿弇年仅三十四岁。耿弇五十六岁病逝。

后人对耿弇给予高度评价，唐代追封古代名将六十四人，宋代追封七十二人，耿弇都名列其中。

吴汉忠勇犹如周勃

吴汉，是东汉开国名将、军事家，"云台二十八将"之一。他忠心耿耿，勇猛过人，跟随刘秀南征北战，功绩卓著。吴汉资质淳朴，为人禀性忠厚但少文采，不善言辞，犹如周勃一般。

《后汉书》记载，吴汉，是南阳郡宛县人，年轻时家里贫穷，当过亭长。因宾客犯法，吴汉为避祸逃到北方的渔阳郡，以贩马为业，来往于燕蓟之地，所到之处，喜欢结交豪杰。

刘玄称帝后，曾派遣使者韩鸿去河北招降，有人向韩鸿推荐了吴汉。韩鸿见吴汉高大威猛，勇力过人，很是喜欢，就以刘玄的名义，任命他为安乐县（今北京顺义一带）县令。安乐县属渔阳郡管辖，吴汉就成了渔阳太守彭宠的属下了。

公元 23 年，刘秀抚镇河北，王郎也在邯郸称帝，渔阳郡的官吏多数主张归附王郎。吴汉素闻刘秀是位忠厚长者，力劝彭宠归顺刘秀。彭宠是刘玄政权任命的官员，又与刘秀同乡，也有此意。恰巧上谷太守耿况派人相约，共同辅佐刘秀。于是，彭宠派吴汉、盖延率渔阳兵马，与上谷兵一起，南下支援刘秀。吴汉等人与刘秀会合后，攻占邯郸，灭了王郎。

刘秀占领邯郸后，刘玄怕他势大，派自己的心腹苗曾去当幽州牧，派韦顺、蔡充分别任上谷和渔阳太守。刘秀派耿弇去对付韦顺和蔡充，想找一个忠勇之人去对付苗曾，并征调幽州之兵。

刘秀一时考虑不好人选，晚上睡不着觉，便把邓禹召来，征求他的意见。邓禹说："我曾多次与吴汉交谈，他为人勇敢而有智谋，可以当此大任。"于是，刘秀拜吴汉为大将军，命他持符节去调集幽州之兵。

幽州牧苗曾知道后，暗中命令各郡不要应调发兵。吴汉知道，要想完成任务，必须除掉苗曾这个障碍，但吴汉带的人少，硬干恐怕不行。吴汉决定深入虎穴，智除苗曾。吴汉心中谋划好以后，只带二十名健壮随从，前往苗曾驻地无终（今河北蓟州）。

苗曾听说吴汉前来，心中警惕，但见他只带了二十个人，感觉对自己没有威胁，就按礼节出城迎接。不料，两人刚一见面，还没寒暄几句，吴汉指挥随从兵马将苗曾斩杀，苗曾的随从全都傻了眼。吴汉高声宣布，这是大司马刘秀的命令。吴汉在北方一带很有名气，众人见苗曾已死，全都表示顺从。这时，耿弇也杀掉了刘玄派来的两个太守，幽州各郡无不震动惊骇。于是，吴汉、耿弇调集幽州十郡数万兵马，南下与刘秀会合。

刘秀见吴汉不负重托，完成使命，十分高兴。诸将见吴汉带来的兵马精壮，都认为他不会分给别人。吴汉却把将士名簿呈给刘秀，请刘秀重新调配。诸将都自觉惭愧，纷纷称赞吴汉是忠厚之人。

当初，刘秀攻打邯郸，刘玄派尚书令谢躬带六名将领，率数万兵马相助，另外，也有监视刘秀的用意。攻克邯郸后，刘秀抗命不去长安，刘玄就命谢躬仍然留在河北，继续监视刘秀。谢躬率军驻守邺城，与刘秀分城而处。刘秀感到是个威胁，卧榻之侧，岂容他人鼾睡。但表面上不动声色，经常去慰问谢躬，还夸赞说："谢尚书勤于职事，是个真正的官吏。"有时围剿起义军，也请谢躬出兵相助。谢躬的妻子对他说："你与刘公不和睦，而你却相信他的假话，不做准备，最终要受制于他的。"谢躬不听。果然，刘秀乘谢躬不备，命吴汉、岑彭袭击邺城，杀死谢躬，收编其部众。

公元 25 年，刘秀称帝后，任命吴汉为大司马，封为舞阳侯。

在东汉统一战争中，吴汉率军南征北战，屡立战功。吴汉作战勇猛，身先士卒，常常带领突击队冲锋陷阵。吴汉忠心为国，不置家产。有一次，吴汉出征回来，见妻子在家购置田业，十分生气，责备妻子说："现在战事未定，将士供养尚且不足，怎能购置私产。"于是，吴汉把妻子所购的田业，全部分给昆弟和乡邻。

吴汉忠勇，也有智谋，但缺乏大的谋略。在讨伐隗嚣时，吴汉俘虏了大批隗嚣的士兵，把他们都编入自己的队伍。刘秀知道后，写信告诉他，说眼下军中最重要的是粮食，军粮短缺，养不了那么多兵，一旦粮食用尽，军队必将溃乱，要求吴汉把俘虏兵就地遣散。吴汉却不舍得，没有执行。结果，与刘秀预料的一样，由于兵多粮少，粮食很快用尽，士兵逃亡过半，等公孙述救兵到来，吴汉军已失去了战斗力，只好败退。

　　吴汉有时意气用事，行事鲁莽。在平定蜀地的时候，本来延岑已献城投降了，吴汉却怨恨公孙述暗杀了来歙、岑彭，进城后诛杀了公孙述全族，接着又把延岑家族全部杀害，放火把公孙述宫殿夷为平地，还纵容士兵抢掠，造成很坏的影响。刘秀听说后，十分愤怒，严厉谴责吴汉，并派宽厚的大臣张堪担任蜀郡太守，前去善后，费了好大劲，才安抚了成都的民众。

　　也许正是因为吴汉缺乏大的谋略，刘秀对他十分放心，所以，天下平定之后，其他将领都上交了兵权，刘秀却让吴汉继续领兵。此后，吴汉的主要任务，是率军驻扎在雁门、上谷、代郡一带，镇守边关，防止匈奴侵扰。

　　公元44年，吴汉病危，刘秀亲临看望。吴汉死后，刘秀为他举行了十分隆重的葬礼，规格效法了霍光的丧礼，那是相当高的。《后汉书》没有记载吴汉的出生年月，不知道他活了多大岁数。

　　后人对吴汉给予高度评价，唐代追封古代名将六十四人，宋代追封七十二人，吴汉都名列其中。

"大树将军"冯异

冯异，是东汉开国名将、军事家，"云台二十八将"之一。他很早就跟随刘秀，屡立战功。但冯异从不居功自傲，而是谦逊低调，每当众将争相夸功的时候，他总是一个人默默地躲到大树下面，因而将士亲昵地称他为"大树将军"。

《后汉书》记载，冯异，是颍川父城（今河南宝丰一带）人。冯异喜欢读书，通晓《左氏春秋》，为人谦和恭敬。冯异还喜好军事，熟读《孙子兵法》。

王莽时期，冯异担任颍川郡郡掾。绿林起义后，冯异奉命监护五县，与父城县长苗萌共同守城。刘秀在昆阳大捷后，率军攻打父城县，激战数日，未能攻克，便屯兵于父城附近。

冯异外出巡视属县，被刘秀军抓获。当时，冯异的堂兄和几个同乡，都在刘秀军中，他们共同保荐冯异，刘秀便召见了他。冯异见刘秀不是平凡之辈，又仰慕他在昆阳大战中的名声，表示愿意归顺，并说："老母现在城中，如能放我回去，我愿将所监五城奉献于您。"

众人多不同意，认为放他走了，必不再回。刘秀见冯异不像奸诈之人，便答应了他。冯异回到父城，劝说苗萌一同投顺刘秀，并说刘秀仁厚，必能成就大事。苗萌很信任冯异，就同意了。

冯异还没来得及献城，恰逢刘縯被杀，刘秀独自去宛城谢罪，冯异只好继续守父城。后来，刘玄派人来招降，但冯异愿意归顺刘秀，却不愿意投靠刘玄。刘玄派兵来打，冯异据城坚守，刘玄军队围攻十余次，始终没有打下来。

不久，刘玄派刘秀去洛阳打前站，为迁居洛阳做准备。刘秀路过父城，冯异立即大开城门，迎接刘秀，并宰牛置酒款待。冯异表示愿意跟随刘秀，刘秀大喜，任命冯异为主簿，相当于秘书长。从此，冯异跟随刘秀左右，成了刘秀的心腹。

冯异跟随刘秀到了洛阳，刘秀白天精神抖擞地工作，夜里却常常痛哭流涕，他为兄长无故被杀，感到悲痛和不平。冯异作为亲信，时常出入刘秀的卧室，见他枕头上有大片泪痕，便明白了刘秀的心迹。冯异流着泪，劝刘秀保重身体，并建议他伺机离开洛阳，独自去开创事业。冯异为此上下活动，做了大量工作，终于为刘秀争取到镇抚河北的大好机会。从此，刘秀跳出樊笼，干出一番大事业。

冯异跟随刘秀到了河北，在消灭王郎、收复地方势力、击败农民军各次战斗中，献计献策，并上阵杀敌，多次立功。冯异还代表刘秀巡视各县，审理释放囚徒，抚养鳏寡，推行仁政。冯异还有一项秘密使命，就是暗中调查地方官吏对刘秀是否忠心，以便采取不同的对策。这项秘密任务，刘秀肯定是要托付给最信任的人。

刘秀在河内郡建立了根据地，命寇恂为河内太守，又命冯异据守战略要地孟津，对抗洛阳。洛阳派苏茂袭击河内，冯异知道后，果断出兵，与寇恂一起，将苏茂打得大败，使洛阳之敌闻风丧胆。

冯异不仅坚守孟津、护卫河内，还主动出击，向北攻占上党郡两城，向南攻取成皋以东十三个县，归降者十万余人。冯异还按照刘秀的要求，使用离间计，使朱鲔杀掉李轶，为占领洛阳清除了障碍。

冯异仁厚，爱护士兵，军队调配时，将士纷纷提出，愿意归属"大树将军"。在平定河北和中原之后，刘秀任命冯异为征西大将军，率军平定关中。

临行前，刘秀亲自来送行，赐给冯异车舆和宝剑，嘱咐道："关中饱受王莽、更始、赤眉酷虐，您此次前去，不是攻城略地，更不要滥杀军民，而是要平息战乱，安抚人心，推行仁义。诸将之中，只有您去，我最放心。"

冯异叩头领命，引兵西进。大军纪律严明，广施仁德，感召百姓，归降者众多。冯异对投降者，一律好言抚慰，给予奖励。赤眉军将领刘始、王宣带五千多人，向冯异投降，另有十多支起义军，也纷纷投降了冯异。

公元27年，冯异按照刘秀的部署，在崤山山脚下埋伏，准备伏击东返的赤眉军。冯异让士兵穿上与赤眉军相同的衣服，涂红眉毛。赤眉军一见，惊慌失措，无法辨别真假，难以格斗。冯异又展开政治攻势，赤眉军八万多人投降了。剩下的十几万人转而南下，同样落入刘秀的包围圈，也全部投降了。刘秀没有经过恶战，顺利降服了赤眉军，占领了关中。

平定关中以后，冯异到洛阳朝拜皇帝。刘秀举行了盛大的欢迎仪式，热情地向众臣介绍："冯异是我起兵时的主簿，为我披荆斩棘，平定关中。""披荆斩棘"这个成语，就来源于此。刘秀赐给冯异大量的珍宝、衣服、钱帛，并下诏表彰了冯异的功绩。然后，刘秀又与冯异商议西征之事。

公元30年，刘秀派遣耿弇、盖延等人，分兵进攻陇县。隗嚣凭借有利地形，居高临下，挫败汉军攻势。隗嚣获胜后，有点得意忘形，派部将行巡、王元率两万兵马，分别进攻枸邑和汧县，意图袭扰关中。刘秀命祭遵向汧县进兵，冯异向枸邑进兵。

冯异立即驱兵，打算抢先占领枸邑。众将担心隗嚣兵盛，冯异说："枸邑若失，会使关中震动，这是最大的忧虑，必须先行占领，以逸待劳，方能打败敌军。"冯异令部队急行军，以最快的速度赶到枸邑，暗中进城，关闭城门，偃旗息鼓。行巡率军来到枸邑城下，因不知道汉军已占领了此城，没做防备。冯异乘其不备，骤然擂鼓杀出，行巡的士兵惊慌失措，错乱奔走，冯异追杀数十里，大获全胜。与此同时，祭遵也在汧县打败了王元。

在征伐隗嚣战役中，冯异与其他将领并肩作战，不断取得胜利。冯异还先后兼任北地太守、安定太守、天水太守，治理地方，安抚百姓，推行仁政。

正当冯异不断建立新功的时候，公元34年，冯异不幸在军中病逝。刘秀十分悲痛，赐谥号为节侯。《后汉书》没有记载他的出生年月，不知终年几何。

后人对冯异给予高度评价，唐代追封古代名将六十四人，宋代追封七十二人，冯异都名列其中。

冯异一生，功劳很多，但使人们念念不忘的，是他那谦虚低调的"大树精神"。可见，做人的品德，比立功重要。人们在建功立业的时候，应该把德行放在首位。

刺奸将军祭遵

祭遵，是东汉开国名将，"云台二十八将"之一。他很早就跟随刘秀，在战场上不惧生死，英勇作战。他一心为公，不谋私利，成语"克己奉公"，就是指的祭遵。祭遵处事公正，铁面无私，执法如山，被刘秀封为刺奸将军。

《后汉书》记载，祭遵，是颍川颍阳人，家境富有，但他生活俭朴，不穿华丽衣服，母亲死后，他亲自背土起坟。祭遵喜欢读书，爱好儒学，起初大家都认为他柔弱，有一次衙吏欺负他，祭遵结交宾客，杀了衙吏，从此大家都害怕他了。

昆阳大战之后，刘秀率军途经颍阳。祭遵当时担任县吏，他见王莽政权即将垮台，就投靠了刘秀。刘秀见他相貌堂堂、仪表不凡，很是喜欢，把他留在身边。从此，祭遵忠心耿耿为刘秀效力。

刘秀抚镇河北时，见祭遵办事公道，严肃认真，任命他为军市令，负责军纪。有一次，刘秀的舍中儿（家奴）犯了法，祭遵毫不客气，依律将他斩了。这个舍中儿，跟随刘秀多年，十分亲近，刘秀知道后，大为生气，下令把祭遵捆起来，要治他的罪。主簿陈副劝谏道："明公常想要众军整齐，现在祭遵执法不畏权势，正是教化法令所需要的啊。"

刘秀觉得有理，就把祭遵放了，宽慰一番，任命他为刺奸将军，专门惩罚违纪之人。刘秀常对诸将说："你们要小心啊，千万不要违纪。祭遵连我的舍中儿都敢杀，对你们是不会徇私的。"从此，刘秀军队的纪律好了许多。

公元 26 年，祭遵被任命为征虏将军，率军与农民起义军作战。

在一次战斗中，祭遵嘴部被射中一箭，满口流血，士兵见了惊愕，想要后退。祭遵不顾伤口疼痛，高声呼叫斥骂，鲜血不断从口中喷出。祭遵带头向敌人攻击，士兵勇气大增，奋勇向前，大破敌兵。

彭宠反叛之后，涿郡太守张丰起兵响应。张丰十分迷信，有个道士说，他日后当为天子，并送给他一块五彩石，说石中有玉玺，等做了天子时，破石取用。张丰很高兴，于是起兵叛乱。公元28年，刘秀命祭遵、朱祐、耿弇、刘喜四将，率军平定彭宠、张丰叛乱。

张丰反叛后，自称无上大将军，因刘秀忙于收复中原，两年多没顾得上管他，张丰因而骄横狂妄。这次刘秀下了征讨令，祭遵料定张丰必无防备，不等其他军到，独自率兵疾进，出其不意包围了张丰，随即展开猛攻，叛军根本抵挡不住。张丰反叛不得人心，他的部将把张丰捆绑起来，投降了祭遵。

祭遵要把张丰斩首示众，张丰仍然执迷不悟，对祭遵说："你不能杀我，我命该当天子，若不信，可把五彩石剖开，里边有天子玉玺。"祭遵哭笑不得，命人砸破石头，里面一无所有。张丰仰天长叹，说："是那臭道士诈骗我，我当死无恨。"引颈就戮。

灭了张丰以后，大军直逼彭宠。彭宠的势力比张丰大得多，但刘秀料定彭宠没有大的作为，而且日久必定自乱，于是，将朱祐、耿弇大军撤回，只留下祭遵、刘喜与彭宠对峙。果然，一年之后，彭宠被家奴杀死，祭遵乘乱进兵，平定了渔阳。

公元30年，刘秀命祭遵、冯异以及耿弇、盖延等诸将，率军伐陇。起初，隗嚣凭借有利地形，挫败汉军，又命行巡、王元分别进攻栒邑和汧县，意图袭扰关中。刘秀急令冯异占领栒邑，祭遵占领汧县。祭遵率兵疾进，到达汧县，打败王元，占领了城池，此后又多次击退隗嚣军队的进攻。后来，公孙述派兵援救隗嚣，耿弇、盖延等都退兵而回，只有祭遵独留不肯退却。公元32年，刘秀亲自到汧县祭遵军营，慰劳饱飨士卒，作黄门武乐。此时祭遵有病，但不肯回洛阳治疗。刘秀赐给祭遵厚厚的坐褥，上面覆盖着皇帝用的御盖。

祭遵一心为国，从不谋取个人私利。他一生征战，不治家产，所得的赏赐，全部分给部下将士，家无余财。祭遵生活简朴，平时穿布衣，盖布被，夫人也不穿彩色的衣服。祭遵没有子女，他的哥哥做主，给他娶了一妾，以便延续后代。祭遵却认为，自己身负国家重任，不能考虑继嗣私事，因而坚辞不受。

公元 33 年，祭遵在陇地军营去世，临死前嘱咐家人，将自己的遗体用牛车拉回，薄葬于洛阳。《后汉书》没有记载祭遵的出生年月，不知道他终年多少。

祭遵去世，刘秀十分悲痛，他像霍光丧事那样，隆重安葬了祭遵。刘秀身穿白色丧服，亲自驾临致哀，哭泣哀恸，不能自已。

《后汉书》高度评价祭遵，说他："为人廉约小心，克己奉公。""清名闻于海内，廉白著于当世。"从此，"克己奉公"一词，流传至今。

孤胆将军耿纯

耿纯，是东汉开国名将，"云台二十八将"之一。刘秀抚镇河北的时候，耿纯认定刘秀能成大事，于是毁家追随，忠心效力，屡立战功。最让人称道的是，在真定王刘扬想要谋反之时，耿纯冒着极大危险，深入虎穴，智除刘扬，将一场反叛扼杀于摇篮之中，被人们赞誉为孤胆将军。

《后汉书》记载，耿纯，是巨鹿宋子（今河北新河一带）人。耿氏是巨鹿大姓，耿纯的父亲，当过王莽政权的济平尹，后归顺刘玄，任济南太守。

公元 23 年，刘秀以刘玄政权大司马的身份抚镇河北，耿纯前去拜见。耿纯见刘秀气度非凡，统率军队的法度与众不同，感到刘秀能成就大事，便自愿跟随，并捐献了家中马匹和财产。刘秀很高兴，命耿纯留守邯郸，自己带人继续招抚各地。不料，王郎在邯郸称帝，势力发展很快，刘秀从蓟南逃，耿纯也逃离了邯郸。

当时，很多人都归顺了王郎，因为王郎冒充是汉成帝的儿子，很有号召力。而耿纯却认定，只有刘秀能成就大业，王郎只不过是欺世盗名而已。耿纯说服宗室族人，一把火把房屋全部烧掉，宗族宾客两千多人，扶老携幼，南下追随刘秀，有些老弱病者还载着棺材。刘秀大受感动，惋惜烧掉了房屋。耿纯表示，这是自断后路，以便死心塌地跟随明公。

耿纯跟随刘秀之后，东征西讨，攻克邯郸，灭了王郎，降服铜马，屡立战功。公元 25 年，刘秀登基称帝，封耿纯为高阳侯。

刘秀建都洛阳以后，河北真定王刘扬，却产生了野心。刘扬与刘秀同出自汉景帝一脉，世袭真定王，在真定、常山一带很有势力。刘扬曾聚集了十万人马，先是归附王郎，后经刘秀派人劝说，又归顺了刘秀。刘秀娶了刘扬的外甥女郭圣通为妻，两家关系十分密切。

刘秀称帝，刘扬心里却不舒服，他认为自己久居河北，也有能力和条件称帝。刘秀定都洛阳之后，势力向外扩展，而在河北，势力最大的就是刘扬了。刘扬觉得条件成熟，开始制造舆论，他制作谶文说："赤九之后，瘿扬为主。"汉朝崇尚红色，皇帝皆称赤帝。西汉共经历了九世十二位皇帝；刘扬脖子上有赘瘤，被称为瘿扬。谶文的意思是说，汉朝九世皇帝之后，该由刘扬当天子了。

刘秀此时正在全力平定中原，但对河北还是很关注的，他听到谶文后，立刻明白了刘扬有反叛之心，马上重视起来。刘扬是刘秀妻子的舅舅，又对刘秀平定河北有过很大帮助，况且目前没有行动，不好来硬的。但是，如果容忍刘扬利用谶文迷惑民众，时间一长，必会成为重大隐患。刘秀思虑再三，决定把刘扬召到洛阳来。

刘扬听说刘秀要召他入朝，马上就明白了刘秀的用意，他可不傻，知道只要去了洛阳，他的皇帝梦就做不成了，可是，抗旨不遵，也不太好啊。刘扬眼珠子一转，有了一个不软不硬的主意。他以防贼为名，下令关闭城门，不让刘秀派来的人进城，刘秀派来的人见不到他的面，自然无法宣诏。刘秀听说后，心里更清楚了，刘扬真的准备谋反了，这事还需要抓紧处理。

刘秀又想了一个办法，他把耿纯叫来，告诉了他实情，让他持节出使幽、冀二州，代表皇帝去慰问河北的王侯，这样，耿纯就能见到刘扬了。刘秀密令耿纯，见到刘扬，见机行事，把刘扬收降或诛杀掉。

刘秀之所以派耿纯去，首先是因为耿纯忠心耿耿，可以托付大事；二是知道耿纯既有胆略，又有智谋，能够干成大事；三是因为耿纯的母亲，是刘扬的族妹，耿纯是刘扬的外甥，刘扬对他的警惕性要低一些。

耿纯接受重任，知道事关重大，他虽然与刘扬是亲戚，关系不错，但为了大义，也顾不上私情了。耿纯心里谋划好策略，只带少量随从，一律文职人员打扮，先去慰劳了其他王侯，然后，来到了真定。

刘扬见耿纯打着皇帝慰问的旗号，又没带兵马，随从也不多，不好拒之城外，只得让他进城，安排在传舍里住下。刘扬毕竟做贼心虚，尽管耿纯是本家外甥，仍然对他保持了几分警惕。刘扬派人暗中监视耿纯等人的动向，见他们十分自然和平静，一点也不带有兴师问罪的意思，心里略微放松了一些。

刘扬是个谨慎的人，耿纯是皇帝派来慰问的钦差，他不能不见，但他不想去传舍会见。刘扬眼珠子一转，又想了个主意，他派人对耿纯说，真定王有病，又是长辈，请耿纯到王府相见。

耿纯当然不能去王府，王府里外都是刘扬的人，耿纯能干什么？耿纯也派人对刘扬说："作为晚辈，应该去王府看望长辈，但如今是代表皇帝来慰问，只能是先办公事，后叙私情。"这话符合礼节，刘扬无法拒绝，只好答应到传舍去见钦差。

刘扬仍然没有完全放松警惕，当时真定城中有兵万余人，由刘扬的弟弟刘让率领。刘扬让刘让挑选了一些精壮士兵，守在传舍外边，自感万无一失，才进入传舍。耿纯以尊敬之礼接见刘扬，两人原本关系不错，刘扬也器重这个外甥。他们按礼节办完公事，又叙私情，相谈甚欢。这时，刘扬已经完全放松了警惕，就把在外警戒的弟弟刘让叫进来，一块儿叙谈。

耿纯耐着性子，与刘扬寒暄，等的就是这个机会，有刘让领兵在外，即便在室内杀了刘扬，耿纯他们也很难脱身。等刘让刚进屋内，耿纯一声令下，随从们一拥而上，刘扬兄弟俩还没明白是怎么回事，就稀里糊涂地被杀掉了。杀了刘扬兄弟以后，耿纯命随从全副武装，冲去传舍，安全返回。真定城内得知刘扬被杀，震惊恐慌，但没有人敢妄动。

耿纯得胜归来，刘秀对他大加赞赏。耿纯凭借超人的胆略和智慧，消除了一场即将发生的叛乱。但刘秀觉得，毕竟叛乱尚未发生，对刘扬兄弟之死，产生了怜悯之心，遂封刘扬的儿子为真定王。郭圣通也没有受到舅舅的牵连，不久被封为皇后。

后来，耿纯要求去治理地方，刘秀封他为东郡太守。耿纯把东郡治理得很好，官吏百姓都心悦诚服。

公元 37 年，耿纯病死于任上，也不知道终年多少。刘秀谥封他为成侯。

刘秀派耿纯刺杀了刘扬，但没有料到，他的两员大将，同样死于暗杀，这使得刘秀痛心疾首。

两员大将死于暗杀

刘秀统一全国的战争，最后讨伐的，是割据蜀地的公孙述。刘秀采取了南北夹击、水陆并进的策略，没有料到，北南两路的主帅来歙和岑彭，都被公孙述派出的刺客暗杀了。可怜两员大将，身经百战，没有死在刀光剑影的战场上，却在胜利曙光到来之时，惨死于刺客之手。

《后汉书》记载，来歙，是南阳新野人，他父亲当过汉哀帝朝的谏大夫。来歙的母亲，是刘秀的祖姑母，因为是亲戚，刘秀与来歙来往很密切，刘秀很敬重来歙。

由于是刘氏姻亲，刘氏兴兵之后，来歙就被王莽囚禁起来，后经门客奋力营救，才得以脱险，投奔了刘玄。来歙跟随刘玄进入关中，屡次献策不被采纳，于是借口有病离开，去了汉中。刘秀称帝后，来歙立即从汉中来到洛阳。刘秀见来歙前来，十分欢喜，见他衣服单薄，当场脱下自己的衣服给他穿上，任命他为太中大夫。

来歙见刘秀担忧陇地，便献策说："隗嚣起兵时，以兴复汉室为名，建议陛下采取招抚的办法。我在长安时，与隗嚣熟悉，可以去劝说他。"刘秀便派来歙出使陇地，隗嚣表示愿意归顺，并派儿子来洛阳当人质。

后来，隗嚣一心割据称霸，刘秀便用武力征讨。刘秀任命来歙为中郎将，出奇兵攻占了战略要地略阳，并坚守略阳数月，为平定陇地做出了重要贡献。在庆功宴上，刘秀特意安排来歙独坐一席，位置在众将领之上，以表其功。

平定陇地之后，刘秀南北同时出兵，攻击公孙述。北路领兵将领有来歙、盖延、马成、刘尚，以来歙为主帅。来歙率军打败公孙述的将领王元和环安，攻占了河池和下辩，震动了蜀中。公孙述派出刺客，要刺杀汉军主帅。

在一天深夜，刺客潜入来歙卧室，乘来歙熟睡，一刀插入他的腹中。来歙疼醒，奋起反抗，刺客没顾上拔刀，仓皇逃走了。

来歙自知伤势严重，时间不多，急忙派人把盖延召来，要把军队托付给他。盖延来到，见来歙伤重，伏地哀痛，痛哭失声。

来歙怒斥他道："我现在不能报效国家了，所以把你叫来，托付大事，你却像个女人那样哭泣，成什么样子？"盖延收住眼泪，起身接受嘱托。

来歙交代完军中之事，又用尽最后一丝力气，亲自给刘秀写了表章，然后，拔出刺在自己身上的刀子，顿时，鲜血喷发，气绝身亡。

刘秀听到消息，极为震惊，他一边看表章，一边流泪，赐来歙谥号节侯。

刘秀下令，北路军停止南下，主要是牵制敌人，他把进攻的重点，放在了南路。南路的领兵主帅，是征南大将军岑彭。

《后汉书》记载，岑彭，是南阳郡棘阳县（今河南新野）人，王莽时期，署理棘阳县长。刘縯起兵后，攻克了棘阳县，岑彭带家属逃到了宛城。

公元 23 年，刘縯率绿林军主力围攻宛城，岑彭和严说一同坚守城池。岑彭很会打仗，他的部将和宾客们都很卖力气，绿林军攻打数月，不能攻克。后来，王莽派来的援兵，在昆阳城下被歼灭，宛城里的粮食也吃尽了，出现了人吃人的惨景。岑彭和严说，见实在支撑不下去了，就投降了刘縯。刘縯的部将深恨岑彭，纷纷要求杀掉他。刘縯佩服岑彭的气节，没有杀他，把他收为部将，岑彭因此很感激刘縯。因为这个缘故，岑彭后来归顺了刘秀。

岑彭跟随刘秀，平定了河北，劝降了朱鲔，又向南参加征讨邓奉、秦丰战役，平定了荆州，然后西征隗嚣，率部攻克天水郡，南征西伐，屡立战功。

刘秀对岑彭十分器重。公元 35 年，刘秀征调吴汉、岑彭、臧宫、刘隆、刘歆诸将和数万大军，会集荆门，准备发动伐蜀战役。当时吴汉担任大司马，职务最高，刘秀却让他留守荆州，而任命岑彭为伐蜀南路军主帅。

岑彭不负重托，率军一举突破长江上的封锁线，千船齐发，顺风并进，一路攻城略地，势如破竹，很快深入蜀地。岑彭严肃军纪，蜀中百姓，纷纷称赞，所到之处，争相归降。岑彭很注意安抚地方，每占领一个郡，岑彭都亲自兼任该郡太守，稳定秩序，收服人心。

公孙述见岑彭攻势迅猛，又使出阴招，再派刺客，去暗杀岑彭。刺客假装投降，混入了军营。当时前来归降的人很多，岑彭没有在意。夜半时分，刺客潜入岑彭卧室，将其杀害，岑彭当场身亡。

岑彭遇害的当天，蜀地的邛谷王任贵，因仰慕岑彭的威望，遣使者带着大批宝物，前来归顺。蜀地百姓怜慕岑彭恩德，为其建立祠庙，按岁时前往祭祠。

刘秀听说又损失了一员大将，异常震惊悲痛，他把邛谷王呈送的宝物，全部赐给了岑彭的妻子儿女，并赐岑彭谥号为壮侯。

刘秀急令吴汉入蜀，接替岑彭。吴汉满怀悲愤，率兵灭了公孙述。进入成都后，吴汉仍然愤恨不已，下令诛杀了公孙述全族，烧毁了他的宫殿，还纵兵抢掠。如果岑彭为主帅，是不会发生这种情况的，公孙述在谋害别人的同时，也为自己族灭埋下了祸根。

公孙述施展阴谋，连续暗杀刘秀两员大将，使汉军遭受重大损失。可是，社会发展的趋势是不可逆转的，公孙述依靠这样的伎俩，是不能挽救其失败命运的。这表明，暗杀有术、有效，但是也有限。

东汉也有"将相和"

将相和的故事，人们都很熟悉。说的是战国时期，赵国的国相蔺相如和大将廉颇，起初产生矛盾，后以国家大局为重，握手言和，为人们所称道。在东汉初期，也有将相和的故事，故事的主角，一个是功比萧何的寇恂，另一个则是战功赫赫的左将军贾复。

《后汉书》记载，贾复，是南阳郡冠军县（今河南邓州一带）人，东汉开国名将，"云台二十八将"之一，唐朝和宋代追封的古代名将，他都名列其中。

贾复年轻时，勤奋好学，是位儒生。没想到的是，这位温文尔雅的书生，日后却成了叱咤风云的武将。新朝末年，天下大乱，贾复聚众数百人，在羽山起义，自称将军。刘玄称帝后，贾复率众归附了刘玄政权的汉中王刘嘉，被任命为校尉。

公元24年，贾复见刘玄政权日趋腐败，就劝刘嘉脱离刘玄，别树一帜。刘嘉没有干大事的雄心壮志，又贪恋汉中王的优越生活，不愿背离刘玄。他见贾复很有才气，就给刘秀写了一封推荐信，让贾复去河北投靠刘秀。刘嘉是刘秀的族兄，曾被刘秀父亲收养过，关系一直不错，刘玄垮台后，他也归顺了刘秀。

贾复辞别刘嘉，北渡黄河，去追随刘秀。贾复先见了邓禹，邓禹称赞他有将帅的风度，把他引见给刘秀。刘秀一见，十分喜欢，见贾复骑的马瘦弱，便解下车驾左边的马赐给他，封贾复为破虏将军。同僚们都忌妒他，建议刘秀将他调为鄗县县尉。刘秀却说："贾复有退敌于千里之外的威风，岂能去当一个县尉？"

贾复虽说是儒生出身，但在战场上，却是勇猛过人。有一次，贾复率军与青犊起义军作战，从早晨打到中午，战况十分激烈。刘秀派人告诉贾复，说士兵都饿了，可以吃完饭再打。贾复不肯，说先破敌，后吃饭。于是，贾复背负鸟羽作为旌旗，身先士卒，带头拼杀，无人能挡，敌军纷纷败走。一战下来，贾复名声大振，诸将都佩服他神勇。

贾复平时文质彬彬，一旦上了战场，就像猛虎一般，好像换了一个人。贾复打仗不要命，多次负伤，身上伤疤有十二处。有一次，他与五校起义军在真定鏖战，大破敌军，但贾复也身受重伤，奄奄一息。将士以为贾复不行了，报告了刘秀。

刘秀一听，眼泪就流下来了，叹息着说："可惜呀，我失去了一位名将。听说他夫人怀孕了，如果生个女孩，我就让儿子娶她；如果生个男孩，我就把女儿嫁给他。"这是有关指腹为婚的最早记载。刘秀的指腹为婚，是对功臣的一种安慰，可到后来，却逐渐演变成一种陋习了。后来，贾复奇迹般地康复了。至于他是否真的与刘秀结为儿女亲家，《后汉书》没有记载。

刘秀知道贾复上了战场，就是玩命，怕他有闪失，就让他跟随自己身边，很少派他远征，也不让他独自领兵，所以，贾复没有独当一面的功劳。每当诸将谈论功劳时，贾复总是默默不语，心情不爽。刘秀见了，安慰他说："贾君的功劳，都在朕心里装着呢。"听了刘秀的话，贾复才高兴起来。后来，刘秀封贾复为左将军。

贾复体恤部下，爱护士兵。有一次，他的一个部将违反了军纪，被时任颍川太守的寇恂杀了。贾复知道后，暴跳如雷，认为寇恂故意与他为难，发誓要与寇恂势不两立。

寇恂是位有远见的政治家，他以国家利益为重，不想与贾复发生冲突，便处处躲避他，不与他见面，同时，对贾复的部下格外优待，尽量缓和矛盾。刘秀听说以后，觉得两人都是他的股肱之臣，如果争斗，必然误了大事，决定亲自出面调解。

刘秀摆下酒宴，请贾复、寇恂二人吃饭。在皇帝面前，贾复自然不能发作。刘秀说："目前天下未定，两虎岂能私斗？"接着，刘秀对贾复晓之大义，劝他以大局为重，不要计较个人私怨。寇恂也表现出政治家的大度，既解释了依法处死其部下之必要，又对未能事先向贾复说明情况表示歉意，说得合情合理，态度真诚。

贾复并非不明事理之人，见此情景，深受感动，于是，两人冰释前嫌，握手言和，一齐向刘秀表示，一定要同心协力，共扶汉室。刘秀十分高兴，这顿酒饭太有价值了。

贾复与寇恂达成了"将相和"，不过，凡是有人群的地方，就会有矛盾，刘秀的文臣武将，虽然总体上能够同舟共济，但也不乏钩心斗角、嫉贤妒能之事。大名鼎鼎的马援，就因遭人嫉妒，结局凄凉。

马援马革裹尸遭遇冷落

东汉初期的马援，是历史上大名鼎鼎的人物，他首创了"老当益壮""马革裹尸"等豪言壮语，并且身体力行。这是何等的英勇壮烈，令人敬仰啊！然而，老当益壮的马援，真的马革裹尸而回的时候，迎接他的，却不是赞誉和鲜花，而是猜疑和凄凉，甚至家人都不敢把他厚葬，只是草草掩埋。这是怎么回事呢？

《后汉书》记载，马援，是扶风茂陵人，先祖是战国时期名将赵奢。因赵奢被封为"马服君"，其后代有的就姓马了。马援十二岁时，父亲去世，后来长兄也去世了，马援为长兄守孝一年，对寡嫂十分敬重。

马援年少而有大志，后来当了郡督邮，因仗义私放囚徒，弃官外逃，在北地畜养牛羊。马援性格豪放，为人厚道，不断有人前来依附他。马援经常说："凡有财产者，贵在能施救于人，否则，就是个守财奴而已。"于是，马援一有财产，就分给穷人，自己只穿羊裘皮袄，过着简朴的生活。马援常对宾客说："丈夫为志，穷当益坚，老当益壮。"马援创造的"老当益壮"一词，流传至今，成为鼓励人们不懈奋斗的警句名言。

王莽末年，四方兵起，马援投靠了隗嚣。隗嚣很器重他，封他为绥德将军，常与他谋划大事。公元25年，刘秀和公孙述几乎同时称帝，都派人拉拢隗嚣，隗嚣拿不定主意，就派马援去观察情况。

马援与公孙述是同乡，年轻时候就是朋友，因而他先去了成都。公孙述见马援来了，十分高兴，举行了盛大的欢迎仪式，御林军列队相迎，公孙述身着皇帝盛装，前呼后拥，十分威风。公孙述对马援说："你留下来帮我吧，我任命你为大将军，封为侯爵。"

马援带去的宾客都愿意留下，马援却说："天下胜负未定，公孙述不是想着礼贤下士，招揽四方英雄，反而大讲排场，妄自尊大，这不过是井底之蛙而已，岂能成就大业？"

马援又去洛阳见刘秀，他与刘秀并不认识。刘秀与公孙述相反，他没有举行任何欢迎仪式，只是身穿便服，一个人在宣德殿接见了马援。马援有些意外，说："我与公孙述是朋友，前次入蜀，公孙述令武士持戟站立两侧，才召我进见，而您却不做任何戒备，难道不怕我是刺客吗？"

刘秀一听，哈哈大笑，说："您奔走周旋于二帝之间，怎么会是刺客呢？分明是个说客。"这几句玩笑话，立刻就使两人关系融洽起来。刘秀与马援促膝交谈十多次，马援心中十分佩服，感叹道："今见陛下，乃知帝王自有真也。"

马援回到陇地后，对隗嚣说："在洛阳多次与刘秀交谈，常常从夜里谈到清晨。刘秀坦白诚恳，无所隐瞒，他的勇气谋略和胸怀阔达，大体与刘邦相同；其经学博览，政事文辩，则前世无比。"听了马援的意见，隗嚣决定归附刘秀，派长子隗恂到洛阳做人质。马援携带家属，随同隗恂一块儿到了洛阳。

马援在洛阳期间，没有做官，而是和宾客在上林苑屯田。后来，隗嚣一心割据称霸，马援多次写信规劝，隗嚣不仅不听，反而认为马援背叛了自己，对他心生怨恨，两人关系恶化。

公元32年，刘秀亲率大军征讨隗嚣，让马援随行。马援为刘秀伐陇出计献策，绘制陇地图形，策反隗嚣将士。有马援的帮助，刘秀伐陇顺利了许多。灭了隗嚣之后，刘秀任命马援为太中大夫，此后，马援正式成为刘秀的臣子。

公元35年，刘秀任命马援为陇西太守。马援在陇地生活多年，对当地情况十分熟悉。当时最大的问题，是陇地的羌族与塞外羌人勾结，时常进行叛乱。马援上任之初，就率军将入侵的羌人击败，然后，又几次剿灭羌族的叛乱。叛乱的羌族，听到马援的名声，望风而逃。他们在陇地待不下去了，几十万人逃到塞外，其余的全部归降。

马援当陇西太守六年，恩威并施，消除了羌患，使人们过上了和平安定的生活，受到百姓爱戴。有一次，城外有乡民结伙械斗，人们误以为又是羌人造反，惊慌失措，纷纷涌入城中。守城官员赶紧报告马援，请示是否闭城备战。马援正与宾客饮酒，听到消息，哈哈大笑，十分自信地说："羌人已被我降服，怎敢再作乱？不必理会，继续喝酒，胆小怕死的，可以躲到床底下去。"不久，城内安静下来，方知是虚惊一场，大家越发佩服马援。

公元 41 年，马援入朝担任中郎将。不久，岭南发生叛乱，马援自立为王，多次打败朝廷军队，一时间声势浩大。刘秀任命马援为伏波将军，南下平叛。

马援率数万大军，沿海开进，随山开路，长驱直入千余里，横扫各地叛乱，所到之处，敌众四散奔逃。经过三年苦战，马援平定了岭南。马援非常爱护百姓，每平定一处，他都组织人力，开渠引水，灌溉田地。他还申明法律，维护社会秩序，受到岭南民众的交口称赞。马援胜利回京时，刘秀封他为新息侯，赐他兵车，朝见时位次九卿。

马援回京一个月，北方的匈奴、乌桓侵袭边境，马援请求率军出征。刘秀见他刚刚平定岭南回来，十分辛苦，劝他休息一段时间。马援不肯，坚持要去，刘秀只好同意了。于是，马援迅速领兵北上，击退了来犯之敌。

这个时候，马援已近六旬，自知为国效力的时间不多了，所以，一有战事，马援就主动请缨，争先要去。许多人好心劝他，马援豪迈地说："男儿要当死于边野，以马革裹尸而还，岂能死于病床之上。"从此，马革裹尸成为显示大丈夫气概的一句名言，广泛流传。

世界万物都有两面性。马援老当益壮，一心为国，久经沙场，其志可贵，精神可嘉！但是，并不是所有的人，都怀有敬佩之心。马援屡屡请战，屡建战功，就使其他武将少了杀敌立功的机会，有些人就心存忌妒，认为马援是逞强邀功，对他心怀不满。

马援性情耿直，为人坦荡。有一次，马援有病，刘秀的女婿梁松去看他，在病床前行礼。马援因为和梁松的父亲梁统是朋友，觉得自己是长辈，没有还礼，梁松很不高兴。

梁松与一个叫杜季良的人是朋友，杜季良是个侠士，马援也很敬重他，但同时认为，像杜季良那样行侠仗义，不是什么人都可以做的。马援曾经写信给子弟，告诫他们不要学杜季良，如果学不好，就"画虎不成反类犬"了。这句名言，也是出自马援之口。

不知是什么原因，马援的这封信，落到杜季良仇人的手里。仇人向刘秀状告杜季良，说他乱群惑众，危害社会，并附上马援的信，作为旁证，说"伏波将军万里寄信，告诫子弟，不要与杜季良来往，说明此人十分危险"。

刘秀相信了，他知道梁松与杜季良关系密切，把他召来，训斥一顿，并把状纸和马援的信给他看，梁松从此对马援怀恨在心。马援做梦也没有想到，一封普通的家书，竟然惹了祸。

公元48年，南方武陵郡五溪蛮发生暴动，马援又要求率军平暴。此时，马援已经六十二岁了。刘秀不同意，马援再三请求，说："臣虽已年老，但依然能够披坚执锐，上阵杀敌。"

为了证明自己能行，马援披甲上马，打马飞驰，并且在马背上左顾右盼，显得十分灵活。刘秀笑了，说："这个老头好健壮啊。"于是，刘秀任命马援为主将，与耿舒、马武等人，率四万兵马远征武陵。

到达武陵地区以后，有两条路可以进兵：一条是翻越壶头山，路近，但险要难走；一条是走平坦道路，但路途较远。马援主张走第一条路，耿舒主张走第二条路，两人争执不下，便上奏皇帝，请刘秀裁决。刘秀同意马援的意见，走险要的近路。

不料，壶头山小路确实险峻，难以行进，并且蛮兵据高凭险，紧守关隘，马援大军施展不开，难以攻克。更要命的是，南方天气酷热难当，北方士兵不服水土，军中瘟疫流行，士兵死亡过半，马援也身患重病，部队陷入困境。

耿舒怨恨马援不听他的意见，也想推卸责任，就给哥哥耿弇写了封信，把责任全都推到马援身上。耿舒知道走险路是皇帝批准的，所以，只是说马援不听劝告，进兵迟缓，没有乘夜进攻，而是止步不前，导致部队受困。耿舒的哥哥耿弇，曾被刘秀赞誉为韩信，与刘秀关系十分密切，他属于忌妒马援老当益壮、逞强邀功的那类人，因而转手把信呈报给了刘秀。

刘秀自然相信，就派自己的女婿梁松，前去调查并代为监军。梁松本是心胸狭窄之人，正对马援怀恨在心，如今有了机会，便想好好报复他一下，出一口胸中怨气。

梁松到达军中，马援已经病死了，他死了更好办，许多事情就死无对证了。梁松任意地把屎盆子扣到马援头上，除了说他贻误军情，导致部队受困以外，还诬陷他搜刮了一车珍珠文犀，准备运回长安。其实，马援经常服用一种叫薏苡的药材，因南方的薏苡果实大，马援想作为种子，就载了一车，被误认为是珍珠文犀。

刘秀接到梁松奏书，起初还不相信，但马武、侯昱等人，也上书说确有此事。这些人也是忌妒马援，如今马援死了，无所顾忌，想怎么说就怎么说。他们都是刘秀信任的人，刘秀便相信了，下令剥夺了马援的侯爵。刘秀虽然贤明，但有时也会犯错误。

马援的家人见皇帝发怒，不知道是什么原因，也不敢申辩，惶恐畏惧，不知所措。所以，当马援遗体运回来的时候，家人没敢把马援灵柩安葬在旧墓地，而是在城外草草掩埋了事。马援下葬时，既没有仪仗，也没有宾客吊唁。可怜马革裹尸的马援，遭受了如此冷落和不公平的待遇。

刘秀死后，儿子汉明帝继位，马援的女儿当了皇后。公元 60 年，汉明帝为了纪念功臣，命人绘了二十八位开国名将的画像，悬挂于云台，史称"云台二十八将"，里面没有马援。东平王刘苍看到后，心中不平，问汉明帝："为什么没有伏波将军的画像呢？"汉明帝笑而不语。

马援虽然不在"云台二十八将"之中，但他的丰功伟绩和高尚精神，却永远铭刻在人们心中。马援不仅被唐、宋追封为古代名将，还被宋神宗追封为忠显王，康熙又把马援从祀历代帝王庙。在历史上，马援的名望，高于"云台二十八将"任何一个人。《后汉书》也为马援单独立传。

马援在老百姓心目中，更是有着崇高威望。在岭南、广西、湖南、陕西等地，人们都自发修建了马援祠、伏波庙等，永久祭祀。

这表明：凡是为国家和人民做过贡献的人，是不会被历史埋没的；只有镌刻在老百姓心中的人，才是永远的丰碑。

董宣不向权贵低头

东汉初期的董宣，也是历史上有名的人物，他不畏权贵，执法如山，被人们称为强项令。强项，就是脖子硬的意思。

《后汉书》记载，董宣，是陈留郡圉县（今河南杞县）人，为人正直，性格倔强。董宣成年后，被推举出来做官，后来逐渐升迁至北海郡国相。

北海郡有个叫公孙丹的人，是当地大姓宗族的首领，并且担任五官掾的官职。公孙丹既是朝廷官员，又是当地豪强，势力很大。他仗势欺人，横行霸道，无恶不作，无人敢管。

有一次，公孙丹新造了一座宅邸，请了风水先生察看凶吉。风水先生装神弄鬼地看了一番，说这座宅邸是凶宅，只有在房子里死了人，才能化凶为吉。公孙丹相信了，让他的儿子随便去杀个人，把尸体拖到新房里。他的儿子出门，碰见一个过路的，趁其不备，一刀把他杀了，把尸体弄了回来。

公孙丹父子狂妄惯了，杀人如同踩死蚂蚁一样，根本不在乎。董宣听说后，火冒三丈，大叫道："清平世界，岂容狂徒无法无天！"立即派兵，把公孙丹父子抓来，当众砍了头。此举大快人心，百姓一片喝彩声。

不料，公孙丹的宗族亲戚三十多人，竟然手持兵器，到府衙门前喊冤，聚众闹事。董宣见他们如此嚣张，更是怒不可遏，又担心他们会与海盗勾结，危害社会，于是命令属下水丘岑，带兵把三十多人全都杀了。

这事闹大了，董宣做得有些过分，不符合刘秀"轻刑慎罚"的治国政策，青州刺史上书告发董宣。廷尉把董宣和水丘岑逮捕进京，关到监狱里。

董宣在狱中毫无悔意，而且早晚背诵诗文，面无惧色。廷尉查明案情，认为那三十多人，虽说不该聚众闹事，但罪不至死，董宣滥杀，被判死刑。

廷尉判处董宣死刑，董宣并不申辩，只是要求赦免水丘岑，说水丘岑是按他的命令办事，罪不在他。

到了行刑那天，狱吏送来了"断头饭"，董宣看都不看，厉声说道："我董宣一生，没拿过别人一文钱，没吃过别人一口饭，岂能在死的时候，玷污了我的名声。"说完，大步出狱，头也不回地走向刑场。当时受刑的有九人，董宣是第二个。

在这千钧一发之际，两名骑兵飞马冲进刑场，传达皇帝诏令，赦免了董宣。原来，刘秀接到百姓上书以后，亲自查问案情，最后裁决：董宣降职，去当怀县县长；水丘岑后来官至司隶校尉。

后来，董宣又当了江夏太守。董宣用法严峻，执法如山，他每治理一个地方，都是盗贼绝迹，社会稳定，百姓安居乐业。

由于董宣政绩突出，在他晚年的时候，朝廷特征召董宣，担任了洛阳令。洛阳是东汉的都城，人口众多，情况复杂，尤其是权贵云集，这个洛阳令可不好当。董宣不管这些，他无私无畏，刚正不阿，不管是百姓，还是权贵，只要犯罪，都一视同仁，依法处理。百姓都夸赞他，权贵都害怕他。

刘秀有个大姐，叫湖阳公主。刘秀父母死得早，大姐对他有抚养之恩。刘秀对大姐格外尊重，在洛阳给她建造了豪华住宅，派去许多仆人和女佣，让她享受荣华富贵。湖阳公主并非骄横放纵之人，但她的仆人，有的却是狗仗人势，有些狂妄。

有一次，湖阳公主的一个仆人，竟敢在大白天行凶杀人，然后躲在公主家里不出来。董宣闻之大怒，但他不敢闯入公主家里抓人。董宣想了个办法，他没有公开缉捕凶手，而是悄悄在湖阳公主家附近等候，想守株待兔。果然，时间一长，不见动静，仆人认为风声已经过去了，就陪着湖阳公主外出。

董宣等的就是这个机会，他见湖阳公主的车马出来了，仆人也在车上，立即带人拦住公主车马，用刀划地，厉声宣布仆人的罪行，并谴责公主包庇罪犯。

湖阳公主被董宣的气势吓住了，不知所措。董宣呵斥仆人下车，仆人浑身颤抖，不敢下车。董宣抓住他的脖领，一把扯了出来，怒骂道："你这个该死的奴仆，竟敢在光天化日之下行凶，杀人者偿命，天经地义，今天我就判你死刑。"说着，喝令行刑。刽子手手起刀落，仆人的脑袋就搬了家，鲜血喷溅一地。湖阳公主何曾见过这种阵势，惊恐万分，神魂稍定以后，急忙进宫，找刘秀哭诉去了。

刘秀见尊敬的大姐受了惊吓，不由得大怒，马上把董宣召来，命左右把他乱棍打死。董宣毫不畏惧，说："请让我说一句话再死，行吗？"刘秀答应了。

董宣慷慨激昂地说："陛下圣德，中兴汉朝，却放纵奴仆杀害良民，将如何治理天下？我不用你棍打，自己撞死算了。"说完，董宣一头撞向柱子，顿时血流满面。刘秀急忙命左右把董宣抓住，不让他再撞。此时，刘秀已经冷静下来，他知道董宣虽然做得鲁莽，但并没有错。可是，身边的姐姐还在哭泣呢，需要想个办法安慰她。

刘秀想了个办法，他对董宣说："你向公主叩头谢罪，公主原谅了你，这事就算完了。"平心而论，刘秀的要求并不过分，不管怎么说，惊吓了公主，向她赔个不是，也是应该的，何况这是借梯子下台的好机会。

董宣却不领情，直愣愣地说："我没有错，凭什么向她谢罪？"刘秀见董宣不识好歹，又生气了，命令左右把董宣摁在地上，按住他的脖子，向公主叩头。董宣双手撑地，硬挺着脖子，就是不低头。左右说："董宣的脖子太硬，按不下去。"刘秀哭笑不得，只好挥挥手，让董宣走了。当时董宣已近七旬，性格依旧倔强。

湖阳公主很不满意，嘲笑刘秀说："你当百姓的时候，尚且不惧官吏，如今做了天子，反而怕一县令吗？"刘秀笑着说："做天子和当百姓是不一样的。"刘秀向姐姐讲了一番治天下的道理，好言劝慰了一番。

刘秀后来赐给董宣三十万钱，董宣全部分给了属下。董宣任洛阳令五年，七十四岁时死在任上。刘秀派使者去吊唁，只见用布被盖了尸体，妻子儿女相对哭泣，家中只有几斛大麦，一辆破车。刘秀感慨悲伤，用大夫之礼安葬了董宣。

董宣不畏权贵，值得称赞。东汉初期还有一清高之人，根本不攀附权贵，是否也值得称赞呢？

严光不攀附权贵

东汉初期，有个著名隐士，名叫严光，也叫严子陵。东汉建国，百废待兴，急需人才。严光满腹学问，又与刘秀是同学和朋友，本该发挥才能，为社会做些贡献，可他却自视甚高，不肯当官做事，多次拒绝刘秀的诚挚邀请，隐居山林，以钓鱼为乐，最后老死家中。这样一个毫无建树、无所事事的迂腐之人，在历史上却名气很大，受到许多人的称赞，真是不可思议！

《后汉书》记载，严光，是会稽余姚人。他聪慧好学，年少时就有名气，长大以后，到长安太学学习，与刘秀成为同学，关系密切。严光饱读诗书，才气过人，刘秀很敬重他。

在王莽末年、天下大乱的时候，严光依旧闭门读书，不闻世事，仿佛那四方烽火、百姓蒙难，全都与他没有关系。等到刘秀登基称帝、平定天下之后，严光预感到刘秀会来找他，于是改名换姓，隐居起来。

果然，刘秀统一天下以后，采取了"退功臣，用文吏"的政策，打算文治天下，急需大批贤明的文人，他自然想到了富有文才的老同学严光，想让严光辅佐自己。因为不知道严光身在何处，刘秀就命人绘了严光画像，在全国各地寻找。刘秀花了大功夫，诚心希望老同学相助，以便治理好国家。

功夫不负有心人，不久，齐国有人报告说："有一个男子，身披羊裘，在泽中钓鱼，很像图画中那个人。"刘秀赶紧派人打探，果然是严光。刘秀十分高兴，专门准备了舒适的车马，派大臣去请他，可严光不肯来。刘秀不灰心，派人再去请，一连请了三次，严光实在不好推辞了，勉强坐车来到洛阳。

刘秀让严光在宾馆住下，安排好舒适的床铺和被褥，准备好衣服和日常用具，一日三餐，十分丰盛，并专门派人服侍他。

刘秀的司徒侯霸，与严光也是老朋友，听说严光到了洛阳，马上派人送来一封信，说本该立即前来拜见，因有公务，等晚上再会见。

严光口述回信，让送信人记录下来，回信说："足下位列三公，很好。希望你能怀着善心，辅以道义，让天下人高兴。如果你阿谀奉承，就会遭杀身之祸。"侯霸看了信，笑着交给了刘秀。刘秀看了信，也笑了，说："还是狂徒的老样子。"看来，他们对严光狂傲的性格，是十分清楚的。

严光到洛阳的当天晚上，刘秀处理完公务，就急忙坐车到宾馆去看他。当时天很晚了，严光已经睡下，见刘秀来了，并不起床，稳躺着不动。刘秀也不怪他，走到床前，摸着他的肚子说："子陵啊，我现在急需贤人，治理国家，你能帮助我吗？"

严光闭着眼睛不说话，过了好长时间，才睁开眼睛，不急不慢地说道："古代时候，唐尧很有德行，想把帝位让给巢父，巢父一听，嫌脏了自己的耳朵，马上跑到河边去洗耳。读书人都各有志向，何必强迫人家呢？"刘秀听了，感到很失望，话不投机，只好叹息着走了。

刘秀仍不死心，当时他确实很需要治国人才，想努力说服严光留下。于是，刘秀让严光搬到皇宫来，与他住在一起。刘秀与严光日夜交谈，一连谈了好几天。他们聊起过去的事情，聊起一些老朋友，都很开心，但一提到让他当官做事，严光就皱起眉头不吱声。晚上，刘秀与严光睡在一张床上，就像当年做同学时那样亲密。有一次，严光睡熟了，一个翻身，把脚压在刘秀肚子上。刘秀怕惊醒他，始终没有动一下。

刘秀为了能把严光留下，费尽了心机，用尽了最大的诚意，可是，无论刘秀是讲述为天下苍生谋利的大道理，还是用感情感化他，严光都始终油盐不进，绝不松口。严光的信念是，再大的官，他也不当；再对百姓有利的事，他也不做。

刘秀没有办法了，只好让严光走了。严光后来隐居于富春山（今浙江桐庐境内），读书耕田，垂钓自娱，百事不问，也不著书立说，好像世外之人一样，活到八十岁去世。刘秀听说后，十分伤感，诏令郡县安葬了他。

严光受到后人称赞，范仲淹、王安石等人，甚至高度赞誉他高风亮节。诚然，严光这种不攀附权贵、不图富贵的品格，是可以肯定的。但是，不图富贵与不当官做事，是两码事；当官做事，不等于就是图富贵。马援、董宣做了高官，照样不图富贵，为国为民，千古留名，备受赞颂。严光空有满腹学问，却不愿意贡献于社会，那又有什么用处呢？他这样的"高风亮节"，对社会发展和天下百姓，有益处吗？

严光不攀附权贵，表面上是清高，实际上是极端自私，完全是为了自己。像这样无所事事、不为社会做任何贡献的人，与行尸走肉有什么区别，又有什么可称赞的呢？

宋弘不舍糟糠妻

　　东汉历史上，还有一位不攀附权贵的人，名字叫宋弘。严光不攀附权贵，为的是自己，而宋弘却是为了妻子。刘秀想把姐姐嫁给宋弘，这可是攀附权贵的绝好机会，是可遇而不可求的，但宋弘却拒绝了，并说了一句至今感人肺腑的名言："糟糠之妻不下堂。"糟糠之妻，是指陪着自己一块儿吃过糟糠的妻子。

　　《后汉书》记载，宋弘，是长安人。宋弘的父亲叫宋尚，汉成帝时期，官至少府。宋尚清廉正直，口碑很好，汉哀帝时，他因看不惯哀帝宠爱董贤，不肯依附，因而获罪。

　　宋弘从小受到良好的家教，熟读诗书，为人正直，汉平帝时期，入朝担任侍中，王莽时期任共工（王莽改少府为共工，相当于汉代的九卿）职务，属于高官。宋弘为官清廉，才气过人，也有很好的口碑。

　　赤眉军立刘盆子为皇帝，攻入长安，建立政权以后，他们也知道招揽人才，听说宋弘名气很大，便征召他做官。宋弘觉得赤眉军都是一些流寇，成不了大业，不愿归附，但又不敢不去。宋弘跟着使者进入长安，走到渭桥时，趁使者不备，纵身一跃，跳入河中，他想自杀以保清名。幸好家人奋力相救，把他救了上来，但宋弘也被淹了个半死。他乘机装死，骗过了使者，得以免诏。

　　刘秀称帝后，广揽人才，他不仅需要能征惯战的武将，也需要德才俱佳的文人。刘秀知道宋弘的大名，征拜他为太中大夫。这一次，宋弘倒是心甘情愿地应召做官，而且尽心尽力，认真负责，他的品行和才能，得到人们一致赞同。所以，宋弘归附刘秀的第二年，就被任命为大司空，成为三公之一，并且被封为栒邑侯，后来又改封为宣平侯。《后汉书》没有记载宋弘的政绩和贡献，但他升迁之快、职务之高，说明宋弘确实是出类拔萃的。

宋弘做官清廉，淡泊名利，不图富贵，品行清雅，他把所获得的地租和俸禄都分给族人，也时常救济穷苦百姓，因而家中没有资产，生活十分清淡俭朴。

宋弘位列三公，位高权重，刘秀对他很器重。宋弘一心为公，善于选贤举能，他先后向朝廷举荐贤能之士三十多人，都获得重用，有的官至相位。有一次，宋弘向刘秀推荐了一个年轻人，叫桓谭。桓谭才学丰富，见闻广博，刘秀很是喜欢，任命他为议郎、给事中。后来，刘秀发现桓谭琴弹得好，就时常让他弹琴。

宋弘知道以后，把桓谭叫来，训斥道："我推荐你的目的，是想让你用道德来辅助皇上，你怎么能用音乐来扰乱皇上呢？"桓谭惶恐，磕头请罪。不久，刘秀大会群臣，又让桓谭弹琴。桓谭见宋弘在场，而且正用眼睛瞪着他呢，心里紧张，手不听使唤，弹得乱七八糟。

刘秀感到很奇怪，责问他。宋弘离开座位，向刘秀说："是我责备了桓谭，他才发挥失常。他应该以国家大事辅佐皇上，而不应该让皇上沉湎于音乐之中。"刘秀觉得宋弘说得对，马上向宋弘道歉，从此不让桓谭再弹琴了。

宋弘一身正气，敢于对皇帝直言进谏。有一次宴会，刘秀坐在屏风前，屏风是新安装的，上面画有美女图，刘秀几次回头看屏风。宋弘见了，直言道："没有见过好德如好色一样的人。"刘秀红着脸，让人撤掉了屏风，然后对宋弘说："听到符合道义的话就改正，您看行吗？"宋弘说："陛下修养品德，臣不胜欣喜。"

刘秀的大姐湖阳公主，因丈夫去世了，心情抑郁，闷闷不乐。大姐对刘秀有抚养之恩，刘秀很想让她过得开心一些，便想给她再找个丈夫。凭刘秀皇帝的身份，这事并不难办，但不知姐姐有无意中人。于是，刘秀把姐姐请来闲聊，一起议论朝廷大臣，暗中观察她的意思。

湖阳公主对其他大臣都不感兴趣，唯独对宋弘评价很高，说：

"宋弘威容德器，群臣莫及。"刘秀一听，心里就明白了，他暗自佩服姐姐的眼光，同时担心这事不好办，因为宋弘是有妻子的，如果换了其他人，能够攀上皇亲，正是求之不得，可是，以刘秀对宋弘的了解，若让他休妻再娶，恐怕很难。刘秀笑着对姐姐说："这事可能有难度，我来想想办法吧。"

刘秀把宋弘叫来，让姐姐坐在屏风后面偷听。刘秀不敢直截了当地提出此事，就和宋弘拉家常，试探他的态度。刘秀说："人们都说，地位尊贵了，就要换个朋友；家中富裕了，就要换个妻子。这是人之常情啊！"

宋弘一听，心里就明白了，这话不符合刘秀平时的道德标准，他也风闻刘秀要为姐姐找丈夫之事。宋弘不想让刘秀把话挑明了，免得尴尬，于是，十分严肃地说："臣闻贫贱之交不可忘，糟糠之妻不下堂，这才是为人的正道。贫贱时交的朋友最纯洁，因而是不能忘记的；陪自己吃过糟糠的妻子最贴心，所以是不能舍弃的。"刘秀无言以对，同时心中暗自敬佩。刘秀回过头来，对着屏风后面说："可惜呀，这事办不成了。"

宋弘这句"糟糠之妻不下堂"，被《后汉书》记载下来，成了千古名言，也成了评价男人品行的重要标准。好男儿，是不能舍弃与自己共患难的妻子的！

刘秀的官吏制度

刘秀统一全国以后，吸取王莽篡汉的教训，着手改革官吏制度，改革的方向和目标，是加强皇权，削弱大臣权力，建立精干高效廉洁的官吏队伍。

《后汉书》记载，刘秀称帝以后，他的中央政府，仍然沿用三公九卿制，但其权力和作用，却大大降低。与此同时，刘秀新设立了尚书台，由自己亲自掌管，尚书台成了决策权力机构和朝廷神经中枢。

三公九卿，在夏商周时期就有，但不是很规范。秦朝和西汉时期比较固定，把丞相、太尉、御史大夫列为三公，西汉末期，将其改名为大司徒、大司马、大司空。刘秀建国后，仍然延续了大司徒、大司马、大司空这个名称，后来把大字去掉，叫做司徒、太尉、司空。

三公不仅去掉了大字，权力也大大缩小。司徒虽然相当于丞相，但不再管理百官，而是只管教化百姓。司空掌管工程建设，原先御史大夫的权力统统取消了。太尉虽说管军事，但军队还有另外一套管理体制。事实上，三公连上述这点权力也没有，因为有很多政务，都是由尚书台和九卿直接办理的，三公实际上成了虚职和名誉职务。三公虽然没有实权，但地位很高，担任三公的人，都是德高望重的大臣。

刘秀在削弱三公权力的同时，设立了尚书台，作为决策机构和处理政务的部门。尚书台直接听命于皇帝，辅佐皇帝处理政务，为朝廷决策提供意见，还负有监督百官的责任。尚书台虽然权力很大，但都是一些一千石以下的中低级官吏。

这样，名望高的三公没有实权，有实权的官吏缺乏名望，这就有效防止了擅权篡位的发生。所以，在刘秀时期，没有出现过权倾朝野、名声显赫的权臣重臣。刘秀为了巩固其统治，煞费一番心血。

三公之下，还设立了九卿。一是奉常，也叫太常，负责礼仪祭祀；二是光禄勋，也叫郎中令，掌管宿卫宫殿门户；三是卫尉，负责管理宫门卫士；四是太仆，负责管理车马；五是廷尉，掌管司法；六是大鸿胪，负责民族事务和外交；七是宗正，负责皇族事宜；八是司农，管钱粮财物；九是少府，负责宫中日常生活。九卿都是办理具体事务的，也是级别很高，权力不大。

刘秀十分重视地方官吏的选任。在战争期间，刘秀采取的办法是，每收复一个地方，就立即恢复西汉的行政体系和法律制度，几乎所有愿意归顺的地方官吏，都保留了原职，只有在地方官吏空缺时，刘秀才派人去担任。这样做，有利于保持地方政权的连续性，避免不必要的混乱，迅速恢复地方秩序。

刘秀在统一天下以后，沿袭了汉武帝时期天下十三州的行政区划和建制，对郡一级机构基本上没有动，但对县一级的改革，力度却很大。全国撤销了四百多个县，裁减官吏十分之九。此举大大减轻了民众负担，形成了精干的地方政权。

县以下的行政单位是乡。乡里的官员俸禄百石，负责管理一方百姓，教化民众，征收税赋，维持治安。

乡以下设亭。亭是负责治安的基层行政机构，负责追捕盗贼，兼管一亭的司法、税收、民政等事务。亭以下还有里和什伍制度，百姓之间互相监督，善恶以告。

刘秀还大力改革军事制度。天下平定以后，刘秀下诏，命大批士兵复员，给他们优越的待遇，让他们回乡种田，同时取消了地方军队的编制，把军权全部收归中央。这样，既减少了大量军费，又为恢复经济提供了众多劳动力，还统一了军权，一举数得。

军权收归中央以后，刘秀开始对军队进行整编。由于大批武将功臣离开军队，刘秀乘机把左将军、右将军等军衔取消，还撤销了长水校尉、射声校尉、关都尉、护漕都尉等许多高中级军衔。这样，除了驻守边境的军队外，朝廷军队主要集中在京师，刘秀把他们分成南北二军，亲自统领。

刘秀费尽心机，大力改革官吏制度，为文治天下奠定了基础。那么，刘秀的这些文臣，是如何治理国家的呢？

刘秀的文臣们

刘秀靠武力打下了天下，却要文治天下，以柔治国，这应该是一个正确的抉择。刘秀通过各种渠道，选用了一大批贤明的文人，这些文臣们崇尚儒学，推行仁政，为"光武中兴"做出了重要贡献。《后汉书》专门有《循吏列传》，记载了部分文史的事迹。

《后汉书》记载，刘秀从登基开始，在尚未统一天下之前，就注重选用文史。他选用文史的首要标准，是品德要好，名声要好。

卓茂，是南阳郡宛县人。他的父亲和祖父，都做过郡太守，卓茂属于高干子弟，但他从小就对人恭谦仁爱，人们都喜欢他。长大以后，卓茂去长安求学，钻研儒学，很有成就，被人们称为"通儒"。

有一次，卓茂骑马外出，有人拦住他，说卓茂骑的马，是他丢失的。卓茂问："你的马丢了多久？"那人说："丢了有一个多月了。"卓茂的马跟他已有数年，卓茂明知那人认错了，但看他很着急的样子，便坦然地把马给了他。后来，那人的马找到了，就把卓茂的马送还回来，并叩头表示道歉。人们都称赞卓茂，说他是有德之人。

汉成帝时期，卓茂因精通儒学，被推举为侍郎，后来任密县（今河南新密）县令。卓茂以仁义治理密县，用善行教化百姓，嘴里从来不说难听的话，几年下来，密县风气大好，路不拾遗。有一年，河南二十多个县爆发蝗灾，蝗虫铺天盖地而来，唯独不进密县境内，卓茂治密的名气，传遍天下。

刘秀称帝后，马上派人去寻找卓茂，卓茂此时已有七十多岁了，闲居在家。刘秀诚心实意地把卓茂请来，授予官职。刘秀颁发诏书说："卓茂以德治理密县，名冠天下，理应受到重赏。现封卓茂为太傅，封褒德侯，食邑二千户，赐几杖车马，衣一套，絮五百斤。"

其实，卓茂已是暮年，不能做事了，刘秀只是想借用卓茂的名声，向天下人宣布，他需要像卓茂这样品行优秀的官吏。卓茂被封三年后去世，刘秀身穿丧服亲自送葬。

刘秀选用官吏，不仅重视德，还重视才。杜诗，是河南汲县人，年轻时就因才能出众、处事公平而出名。刘秀称帝后，征其为吏，一年中升迁为侍御史。刘秀见他确有才干，任命他为南阳太守。

杜诗很重视发展经济，他组织民众修治陂池，广开田地，大力发展农耕，使南阳很快富裕起来。杜诗还是东汉著名发明家，他发挥聪明才智，创造了水排（水力鼓风机），以水为动力，通过皮制鼓风囊，将空气送入冶铁炉，铸造农具，用力少而效果好。此项技术，比欧洲早一千一百多年。

杜诗为官清廉，善于计谋，省爱民役，他任太守七年，南阳郡"政治清平，教化大行"，百姓亲切地称他为"杜母"。杜诗病逝在太守任上，死后，家中一贫如洗，连丧事都办不起，《后汉书》说："贫困无田宅，丧无所归。"刘秀下诏，命在郡邸为他办理丧事，赐绢千匹作为治丧费用，并表彰了杜诗。

刘秀重视选用那些关心民生的官吏。渔阳太守张堪，全心全意为百姓谋福利，组织民众大力开荒种田，安置流民，使百姓富裕。人们编成歌谣赞颂他："桑无附枝，麦穗两歧，张君为政，乐不可支。"

刘秀还很重视选用那些坚持原则、认真负责的官吏。有一次，刘秀外出打猎，回来晚了，城门已关。刘秀车队到了东门，负责守门的官员叫郅恽，不给开门，不管刘秀的随从好说歹说，郅恽都坚持说有规定，夜里不能开城门。刘秀没办法，只好下车亲自到了城下，郅恽却说夜里看不清楚，仍然不开城门。刘秀无奈，只好绕到东中门进了城。

刘秀窝了一肚子火，打算第二天责罚郅恽。第二天一早，郅恽的奏书却先到了。郅恽劝谏刘秀，要以国家大事为重，不能沉湎于打猎。刘秀知道郅恽是对的，赏给他一百匹布，同时把那个负责东中门的官员降了职。后来，刘秀任命郅恽为长沙太守。

刘秀文治天下，以柔治国，实质上是以儒家思想治国。儒家思想的一个重要内容，是讲诚信，刘秀的官吏很注重这一点。

并州牧郭伋，有一次巡察各郡县。郭伋在当地威望很高，每到一处，百姓都扶老携幼，自发前来拜见。郭伋一行走到美稷县时，有数百儿童在道旁迎拜，郭伋巡察完毕后，这些儿童又簇拥着把他送到城外，依依不舍地问道："使君何日再来？"郭伋大体算了一下，把回来的日期告诉了他们。当郭伋在别处办完事情，再回美稷时，却早到了一天，郭伋不想给儿童留下不讲诚信的印象，就在野外露宿了一夜，第二天才进城。

刘秀除了把好官吏选任这个重要关口外，还加强对各级官吏的监督。中央最高的监察机构是御史台，州牧的监察官叫刺史，郡一级的监察官叫督邮，县级专司监察的官员是廷掾，从上到下建立了完备的监察体系，对各级官吏形成了有效监督。

刘秀对官吏的监督是严格的，有时对不法官吏，也进行严厉制裁。在推进"度田令"过程中，曾经处死十几个郡的太守，入狱或免官者，多达数百人，连三公之一的司徒欧阳歙也没放过。

欧阳歙，出身世代儒学之家，八世皆为博士，教授学生多年，桃李满天下，名气很大。公元 40 年，刘秀慕其名声，拜他为司徒。欧阳歙虽为大儒，学问渊博，但当官后却不自爱，在度田中贪污受贿千余万钱，被捕入狱。他的学生一千多人，到宫门外求情，有的甚至愿意为他代罪。刘秀不为所动，坚持以法处置，欧阳歙最终死在狱中。

刘秀注意以身作则，为他的臣子带个好头。刘秀生于民间，熟悉世情，了解百姓疾苦，称帝后务求安静，关注民生，实行宽大之法。刘秀身穿粗陋衣服，耳不听靡靡之音，手不玩玉器珍宝，不宠爱美女。外国进献的名马宝剑，都赐给将士。

刘秀多次下诏，要求各级官吏访贫问苦，关心百姓生活。所以，朝廷内外谁都不敢懈怠，各级官吏都尽职尽责，经济社会得到迅速发展，实现了"光武中兴"。

刘秀在统一天下、治理国家方面，表现出超人的智慧和谋略，他在处理后宫和家庭关系上，又是怎样的呢？

刘秀的女人们

刘秀有多少女人？《后汉书》没有明确记载，应该不是很多。因为他有十一个儿子，两位皇后就各自生了五个，说明刘秀的感情，还是比较专一的。

刘秀并非不喜欢美色，他曾经频频回头，观看屏风上的美女图，被宋弘讽刺后，立即命人把屏风撤掉，说明刘秀能够克制自己的欲望。刘秀以江山社稷为重，不贪色纵欲，算得上是爱江山不爱美人的皇帝。

《后汉书》记载，刘秀的第一个妻子，是他心仪已久的阴丽华。阴丽华，是南阳郡新野人。阴氏，是春秋名相管仲的后代。管仲的七代孙管修，从齐国迁到楚国，被封为阴大夫，其后代便姓阴了。阴氏家族，是南阳的豪门大户，富甲一方。阴丽华不仅长得漂亮，而且知书达理，温柔贤惠，很有名气。刘秀很早就听说过她，十分仰慕，发出感慨说："仕宦当作执金吾，娶妻当得阴丽华。"

公元23年，刘秀在宛城期间，托人向阴氏提亲，当时刘秀二十九岁，阴丽华十九岁。刘秀是皇帝宗室，也是豪门大户，正是门当户对。刘秀当时已是著名将领，又刚在昆阳大战中一举成名，美女爱英雄，阴丽华欣然嫁给了刘秀。刘秀遂了心愿，婚后两人自然十分恩爱。结婚三个月后，刘秀奉命去洛阳打前站，为刘玄迁居洛阳做准备，因战事未定，刘秀便把阴丽华送回新野娘家。后来刘秀镇抚河北，阴丽华随哥哥到了亲戚邓奉那里，两人离别两年多时间，杳无音讯，但互相牵挂思念。

公元25年，刘秀称帝，定都洛阳。他马上派部将傅俊，带三百士兵，把阴丽华接到洛阳。久别重逢，丈夫又当了皇帝，阴丽华心里万分高兴，但她惊讶地发现，刘秀的身边，居然又多了一个妻子，她就是郭圣通。

郭圣通，是河北真定人，出身名门望族。她母亲是真定王刘扬的妹妹，嫁给当地大姓郭氏为妻，生下女儿郭圣通和儿子郭况。郭圣通的母亲，虽是王女，却好礼节俭，有母仪之德。郭圣通比阴丽华小一岁，也是美丽贤惠。

郭圣通的舅舅刘扬，在河北很有势力，乘天下大乱之机，聚兵十万，归附了王郎。刘秀派骁骑将军刘植，去真定劝降刘扬。刘扬并非真心投靠王郎，他与刘植又有交情，所以很爽快地同意归顺刘秀，并表示愿意将外甥女郭圣通嫁给刘秀。刘植一听，十分高兴，这是巩固关系、加深感情的好机会，当场就替刘秀答应下来。刘植回来后，向刘秀做了汇报，刘秀是政治家，自然清楚与刘扬联姻的重要性，也欣然同意。于是，刘秀亲赴真定王府，以隆重的礼仪，迎娶了郭圣通。之后，刘秀借助刘扬的力量，加上渔阳、上谷等地的兵马，攻克了邯郸，消灭了王郎。

刘秀与郭圣通的婚姻，虽然带有政治色彩，两人却也十分恩爱，第二年，就生了长子刘彊。刘秀把阴丽华接到身边以后，向她解释了再娶的缘由和经过，阴丽华表示理解，并与郭圣通和睦相处。刘秀把阴丽华和郭圣通，都封为贵人，但立谁为皇后，却是一道难题。

按理说，阴丽华是原配妻子，又最为恩爱，应该立为皇后，但郭圣通娘家势力大，如果立她为皇后，会对刘秀的事业有很大帮助。刘秀犹豫再三，拿不定主意，他当皇帝一年多时间，却没有立皇后。

阴丽华性格文雅，宽厚仁爱，她又深爱着刘秀，自然知道刘秀的为难之处，于是，阴丽华主动退让，以郭圣通有儿子为由，要求立郭圣通为皇后。阴丽华此举，不管是出于真心，还是刘秀在背后做了工作，反正是解决了刘秀的一大难题，而且对大局有利。公元 26 年六月，刘秀在登基一年之后，立郭圣通为皇后，长子刘彊为皇太子。

刘秀虽然立了郭圣通为皇后，但心里却更爱阴丽华，经常把她带在身边。公元 28 年，阴丽华在军中生下儿子刘阳。刘阳是阴丽华的第一个儿子，在刘秀儿子中排行第四，后改名刘庄，继位当了皇帝，被称为汉明帝。之后，阴丽华又相继生了四个儿子。刘秀也没有冷落郭圣通，郭圣通与阴丽华一样，也是先后生了五个儿子。

郭圣通虽然被立为皇后，却难以被专宠，时间一长，心生不满，数怀怨怼。公元42年，当了十六年皇后的郭圣通，被刘秀废黜尊号，改封为中山王太后，阴丽华当了皇后。

在历代王朝中，被废的皇后，往往下场悲惨，郭圣通却不一样，仍然享受着优厚的待遇。在废后的同时，刘秀把郭圣通娘家的弟弟、族兄、侄子、女婿等人都封了侯，以示补偿。后来，刘秀与郭家的关系仍然十分亲密，经常与他们宴饮。郭圣通母亲去世时，刘秀亲临送葬，百官也都参加葬礼，十分荣耀。刘秀能够这样处理后宫关系，在封建帝王中是不多见的。

公元52年，郭圣通病逝，享年四十七岁，后世称她为"光武郭皇后"。公元64年，阴丽华去世，享年六十岁，与刘秀合葬于原陵，谥号"光烈皇后"。

与刘秀还生过一个儿子的，是许美人。《后汉书》没有记载许美人的详细情况，甚至连名字都没有。

刘秀贵为天子，身边绝不会就这几个女人，但他一生，没有搞过选美，也没有专宠过别的女人，更没有纵情贪色，这是难能可贵的。正是因为这样，刘秀的后宫里，没有出现宫廷争斗，始终是风平浪静。

由此可见，刘秀在处理后宫关系上，也是高手。那么，刘秀还有十一个儿子呢，情况怎么样啊？

刘秀的儿子们

在刘秀十一个儿子中，郭圣通生了五个，分别是刘彊、刘辅、刘康、刘延、刘焉；阴丽华生了五个，分别是刘庄、刘苍、刘荆、刘衡、刘京；许美人生了一个，叫刘英。

俗话说，十个指头不一样长。刘秀的儿子们，既有忠厚仁义的，也有昏庸无为的；既有谨慎明智的，也有自命不凡、图谋叛乱的。

《后汉书》记载，在刘秀儿子中，最有自知之明的，是他的长子刘彊，也叫刘强。刘彊是在刘秀称帝那年出生的，第二年，母亲郭圣通被封为皇后，他就被立为皇太子。

在刘彊十七岁的时候，郭皇后被废，他由嫡子变为庶出。刘彊立刻意识到，他的太子之位难保了，特别是当他看到父亲十分喜爱刘阳（后改名刘庄）的时候，更是觉得自己迟早会被废掉。刘彊很有自知之明，他觉得自己的聪明才智，比不上刘阳，与其被动地被废掉，还不如自己先提出来呢。做过他师傅的郅恽，也劝他主动让位。于是，刘彊向父亲表明了心迹。

刘秀有点不忍，没有立刻答应，毕竟这个儿子没有过错，一直是小心谨慎，况且当太子已经十五六年了，在臣民中有一定影响。后来，刘彊又提出过多次。两年之后，刘秀看到，四子刘阳已经长大，十分聪明，颇有才干，具备帝王风范，终于下了决心，把刘彊由皇太子改封为东海王，把刘阳由东海王改立为太子，改名叫刘庄，兄弟俩互换了一下位置。

刘彊退居藩王之位后，立刻到了封地，此后仍然小心谨慎，事事谦让。刘秀觉得过意不去，给了他大量赏赐，刘彊谦让不受。刘庄继位后，对刘彊也很尊重。刘彊在东海王位子上得以善终。

刘彊主动辞让太子之位，受到许多人赞许，他的几个同母兄弟，也没有异议，偏偏刘彊的异母兄弟、阴丽华的三子刘荆，却为他打抱不平。

刘秀死后，刘荆秘密给刘彊写信，鼓动他乘丧事之机，发动政变，夺回皇位。其实，刘荆自命不凡，野心勃勃，他是想制造混乱，自己乘乱篡位。不料，刘彊看到书信，吓了一跳，赶紧把书信交给了汉明帝刘庄。汉明帝自然十分气恼，但念及刘荆是他的一奶同胞，没有发作，隐瞒了此事，只是把刘荆遣出京师，居住在河南宫。

后来，西羌造反，刘荆又兴奋起来，他希望天下大乱，以便乱中举事。刘荆与相士秘密商议，打算联系西羌。汉明帝对刘荆早有戒心，注意防范，探知此事后，虽未追究，但立刻又把刘荆徙封为广陵王。

刘荆到了广陵后，仍不思悔改，私下里找相士说："我长得像先帝，先帝三十岁时，得到了天下，我今年也三十岁了，是否可以起兵呢?"刘荆想当皇帝，简直是走火入魔了。相士闻言，大吃一惊，随即告发。汉明帝终于大怒，把刘荆下到监狱里。刘荆见皇帝梦做不成了，十分遗憾地在狱中自杀了。

刘秀的儿子中，最贤明的是郭圣通次子刘辅和阴丽华次子刘苍。刘辅矜严有法度，喜好经书，善于讲《京氏易》《孝经》《论语》，著有《五经论》。刘辅在封地安分守己，谨慎有节，始终如一，被称为贤王。汉明帝很敬重他，多次给予赏赐。

刘苍，是藩王中最杰出的一个。他自幼爱好读书，博学多才，很有智慧，为人贤明忠厚。汉明帝在当太子的时候，就对这个弟弟十分敬佩，即位后不让他去封地，而是留在京师辅政。刘苍是诸王中唯一留京辅政的。

刘苍对汉明帝忠心耿耿，敢于忠言直谏。汉明帝很器重他，外出巡视时，就留他镇守京城。刘苍重视发展经济，关注民生，主张勤俭建国，为汉明帝时期的经济社会发展做出了重要贡献。汉明帝去世后，刘苍又受明帝之托，忠心辅佐侄子汉章帝，为"明章之治"立下了汗马功劳。刘苍是历史上著名的贤王，受到历代称赞。

刘秀的儿子中，最有特点的，是许美人生的儿子刘英。刘英的母亲没有得过宠，刘英也不被器重，他被封的地方，最贫最小。刘英年轻时，喜欢黄老之学，晚年时又信奉佛教。

佛教传入中国，有史籍正式记载的，是从刘英开始的。刘英是第一个信奉佛教的藩王，他组建了中国第一个佛教团体，开创了中国最早的佛寺——浮屠祠。刘英为佛教在中国的传播，做出了积极贡献。刘英后来参与谋反，被流放至丹阳，自杀。

刘秀的其他几个儿子，或是碌碌无为，或是贪图享乐，或是过早离世，都没有什么建树。

真正大有作为、名垂青史的，是刘秀的四子、阴丽华的长子刘庄。刘庄继承父亲的事业，励精图治，发愤图强，把东汉王朝推向兴盛，开创了"明章之治"。

刚猛治国的汉明帝

公元 57 年，刘秀去世，儿子刘庄继位，即汉明帝。汉明帝脾气暴躁，与他老子正好相反，所以，刘秀实行以柔治国，他却是以刚猛治国。不过，汉明帝聪明睿智，张弛有度，治国有方，不仅延续了刘秀的事业，而且有新的发展，开创了"明章之治"盛世。

《后汉书》记载，公元 28 年，阴丽华怀着身孕，依然跟在刘秀军中，途经元氏县时，生下了她的第一个男孩。刘秀见婴儿颜色红润，丰下锐上，认为长得像尧，十分喜爱。汉朝崇尚红色，刘秀特意为爱子取名叫刘阳，后来改为刘庄。

刘庄自小聪明过人，十岁就通晓《春秋》。刘秀对他的才能，感到很惊奇。刘庄十二岁的时候，发生了一件事情，使得人们对他更加另眼相看。

公元 39 年，为了解决土地兼并严重、贫富差别过大问题，刘秀颁布了"度田令"，要求各地丈量核实土地，据实交税。度田触犯了地主豪强的利益，推行起来难度很大，有许多地方，官吏互相观望攀比，或者虚报瞒报。

有一次，刘秀召各郡官员进京汇报度田情况，偶然发现，陈留郡有个官员，在牍上写着"颍川、弘农可问，河南、南阳不可问"。刘秀和大臣们，都不明白是什么意思，问那个官员，那个官员不敢说实话，谎称是在街上捡到的。

这时，只有十二岁的刘庄，从旁边插话说："这是地方官吏在互相询问，串通一气。颍川、弘农与陈留郡的情况差不多，是可以询问的；而河南是帝城，南阳是帝乡，与陈留郡情况不一样，是不能问的。"刘秀和众大臣恍然大悟，派人审讯那个陈留郡的官员，事实的确如此。从此，刘秀对这个聪明的儿子，更加青睐有加，最终决定让他继承了皇位。

汉明帝十分聪明，脾气却比较粗暴，经常责骂臣子。有一次，侍郎药崧犯了过错，惹得汉明帝生了气。汉明帝顺手摸起一根木棒，就要打他。药崧一看不好，撒腿就跑，汉明帝在后边追。药崧眼看跑不出去了，就一头钻到床底下，不肯出来。汉明帝让他出来，药崧说："天子穆穆，诸侯惶惶，没听说过有天子亲自动手打人的。"汉明帝此时气也消了，听他说得有理，就赦免了他。大概是性格的原因，汉明帝一改刘秀以柔治国的做法，而以刚猛治国。

汉明帝的刚猛，首先用在了宗室和外戚身上。汉明帝有十个哥哥弟弟，都被封了王，汉明帝只留一个弟弟刘苍在京辅政，其余的都回封地，并对他们严加防范。这些王中间，确有野心勃勃、企图篡位者。刘荆、刘英因谋反获罪，自杀死了；刘康、刘延在封地结交宾客，图谋不轨，被削减封地。汉明帝为了巩固皇位，对兄弟们严加防范，是很有必要的。

汉明帝总揽朝纲，权不借下，严防外戚干政。他曾颁发诏令，严禁后妃之家封侯和干预朝政。汉明帝的姐妹馆陶公主，想替儿子在朝中谋个郎官，汉明帝宁可送给外甥一千万钱，也不准他当官。大臣阎章才学出众，但因妹妹是后宫嫔妃，汉明帝硬是不予提拔。有些外戚，虽在朝中做官，但职务不是很高，像汉明帝的舅舅和内兄内弟等人，都位不过九卿。

对违法的外戚，汉明帝毫不客气，严厉处罚。那个诬陷马援的梁松，得到刘秀信任，让他辅政。梁松狗改不了吃屎，又飞书（匿名信）诽谤他人，被汉明帝免官下狱，死在狱中。窦融的长子窦穆和孙子窦勋，都娶了公主为妻，因骄横不法，被捕入狱，死在狱中。阴丽华弟弟的儿子阴丰，娶了刘秀的女儿郦邑公主，夫妻俩吵架，阴丰一时性起，杀了郦邑公主。汉明帝法不徇情，当着母亲阴丽华的面，下令将阴丰处斩。

汉明帝的刚猛，更多的是用在了大臣们身上。刘秀对大臣比较宽松，是因为他的威望高，群臣宾服；汉明帝没有他老子威望高，所以他要以严立威。汉明帝对大臣们的要求非常严厉，有时甚至有些苛刻。有一次，汉明帝下诏用缣赐给胡人之子，负责草诏的尚书粗心，把十写成了百。汉明帝大发脾气，要对尚书用刑。尚书仆射钟离意，主动承担领导责任，脱下衣服，伏在刑具上，要替下属受刑，感动了汉明帝，这才使那位尚书，免了一顿好打。

汉明帝对地方官吏的要求也很严厉，他制定了严格的考察黜陟制度，每年进行一次，奖优罚劣。在官吏的选拔任用上，汉明帝严令，不许任何人说情徇私。汉明帝以严立威，十分奏效，群臣谨慎，朝廷肃然，人人不敢懈怠，提高了行政效率。

汉明帝的刚猛，肯定也会用在对外关系上。刘秀时期，着重医治战争创伤，致力于国内建设，对匈奴只是防御，并不出击，甚至对西域主动要求归顺，也拒绝了。经过刘秀时期的休养生息，汉明帝时期，国力已很强盛。此时，匈奴已分裂成南北两部分，汉明帝决定对降叛不定的北匈奴，采取强硬措施。

公元 73 年，汉明帝派窦固、耿秉，率大军出击北匈奴，一直打到天山，大获全胜。之后，又派班超出使西域。班超率三十六人，纵横于西域，联合西域诸国，驱逐了匈奴势力，重建了西域都护，与西域恢复了中断六十五年之久的联系，使西域重归中国统治。

汉明帝的刚猛，并没有用在老百姓身上。他虽然性格暴躁，但却并不残暴。相反，汉明帝推崇儒学，推行仁政。他下令，皇子和大臣们都要学习儒学；他倡导以孝治天下，要求守卫皇宫的士兵，都要背诵孝经；他提倡节俭，宫廷没有奢侈之风；他能够听取大臣们的劝谏，并不一意孤行。汉明帝还派使者去古印度取经，把佛教正式引入中国。

汉明帝注重发展经济，改善民生，关心百姓疾苦。他多次颁发诏令，减免税赋徭役，减轻刑罚，救济穷人，还把公田分给无地的贫民；他要求各级官吏重视农业，劝督农桑，治理农作物病虫害。汉明帝还下大力气治理黄河。西汉末年以来，黄河决口改道，危害甚重，而且长期没有得到修复。汉明帝令著名水利专家王景，率几十万人治水，自荥阳至入海口千余里，十里立一水门，修复了黄河，促进了黄河下游的经济发展。汉明帝治理的黄河，直到东汉末也没有再决口。

汉明帝在位十九年，四十九岁病逝。在此期间，吏治清明，境内安定，民安其业，户口滋殖，开创了"明章之治"。

为政宽和的汉章帝

公元 75 年，汉明帝病逝，儿子刘炟继位，即汉章帝。汉章帝的性格，与他父亲又有很大不同，倒有点像爷爷刘秀。汉章帝性情温和，待人宽厚，年龄虽然不大，却像个忠厚长者。他继承和发展了祖父、父亲的事业，实现了"明章之治"盛世。

《后汉书》记载，刘炟是汉明帝的第五子，母亲是贾贵人。贾贵人是东汉功臣贾复的后代，是马皇后姐姐的女儿。马皇后没有儿子，汉明帝就把刘炟交给她抚养。刘炟作为马皇后的养子，三岁时被立为皇太子。

马皇后是东汉名将马援的小女儿，史书没有记载她的名字。马皇后少丧父母，十岁就料理家事，人们赞叹称奇。十三岁时，她入宫服侍阴丽华，年龄虽小，礼仪规则却很周全，得到阴丽华特殊恩宠。后来，由阴丽华做主，立她为汉明帝的皇后。

马皇后好读《春秋》，能背诵《易经》，谦恭肃敬，宅心仁厚，生活节俭，穿粗布衣服，懿德为后宫之首，深得汉明帝宠爱。马皇后对刘炟视如己出，精心抚养和教育，母子慈爱，胜过亲生。刘炟养成仁爱宽厚的性格，与马皇后有着直接的关系。

汉章帝即位时，他父亲刚猛治国已近二十年，朝纲肃敬，大臣们尽心尽力，政治清明，社会稳定，风化良好。在马皇后管理下，后宫也是风平浪静，一派和谐。这样的环境，为汉章帝实行宽和政策，提供了难得的条件和保障。

汉章帝即位的第二年，兖、豫、徐等州发生严重旱灾，赤地千里。汉章帝一面紧急调集粮食救灾，一面召集大臣商议办法。

大臣们都说，发生灾异，是因为阴阳失调，而阴阳失调，又与政事有关，建议要为政宽和。实际上，这是大臣们对汉明帝以刚猛治国不太满意，希望汉章帝能够改变治国方式。尚书陈宠，甚至说得十分明显，他说："治理国家，如同调整琴弦一样，琴弦太紧，容易崩断，建议陛下为政宽缓一些。"汉章帝本性宽厚，听了大臣们的意见，甚是赞同，他一改父亲刚猛的办法，而实行宽和政策了。

汉章帝的为政宽和，首先表现在政宽刑疏上。汉章帝对待大臣们的态度，不像他老子那样严厉，更不苛刻，大臣偶犯小错，也不过分追究。汉章帝对大臣们，主要以奖励赏赐为主，很少责罚。汉章帝还废除了"禁锢三世"制度。原先规定，官员犯罪，其后代三世都不准为官。汉章帝认为太严了，也不合理，便下诏取消了。

汉章帝实行轻刑慎罚，禁用酷刑，废除有关酷刑的法令五十多条，解除一人犯法亲属株连的禁令。汉章帝还清理案件，平反冤狱。汉明帝时期的刘英案，受牵连坐牢的达上千人，汉章帝经过审理，认为有一半的人有冤情，下令把他们释放回家。

汉章帝的为政宽和，主要体现在他的治国理念上。汉章帝爱好儒学，奉行以儒家思想治国，实行与民休息的政策，减轻徭役，注重农桑，兴修水利，发展经济。他本人则带头节俭，衣食朴素，甚至亲自到怀县耕田。汉章帝仁义爱民，关心百姓疾苦，下令鳏、寡、孤、独、病者，由政府供养；生孩子的，免田赋和三年人头税；妇女怀孕的，赐米三斛，丈夫免赋。传说汉章帝还是历史上有名的书法家，他创造的"章草"，是最早的草书。

汉章帝的为政宽和，同样表现在对外关系上。这个时期，汉朝与周边少数民族保持着友好关系，南匈奴已归附汉朝，北匈奴遭汉明帝打击，也不能为患了。后来，北匈奴鼓动西域的车师、龟兹等国反叛，西域局势混乱，汉章帝觉得西域路途遥远，控制起来包袱很重，决定放弃西域，诏令汉朝人员回国。所幸班超不甘心将西域白白丢弃，上书汉章帝，要求继续留在西域。汉章帝同意了。班超联合团结西域各国，遏止了北匈奴的侵扰，平定了西域，为以后东汉政府再次打通与西域的联系，奠定了基础。

汉章帝也不是一味地实行宽和政策，他也曾派兵平定了羌族和云南地区的叛乱，出兵征讨车师，打败了北匈奴。汉章帝还粉碎了阜陵王刘延的谋反，将刘延贬为阜陵侯。

汉章帝在位十四年，三十三岁病逝。

汉章帝实行宽和政策，在他执政时期，政治清明，经济繁荣，思想活跃，人们心情舒畅，百姓安居乐业，实现了"明章之治"。

不过，汉章帝的宽和似乎过了头，他纵容外戚，埋下了日后外戚干政的隐患。

富有心计的汉和帝

　　公元88年，汉章帝病逝，儿子刘肇继位，即汉和帝。汉和帝登基时，只有九周岁，窦太后临朝称制。窦太后和她的哥哥弟弟们掌管朝政，开启了东汉历史上第一次外戚专权。

　　汉和帝也是个厉害人物，在他十四岁的时候，一举铲除了窦氏势力，把大权夺了回来。汉和帝亲政后，大权独揽，日夜操劳，把东汉王朝推向极盛，史称"永元之隆"。

　　《后汉书》记载，刘肇是汉章帝的第四子，母亲是梁贵人。梁贵人是东汉名臣梁统的孙女，她十六岁入宫，不久生下儿子刘肇。当时，汉章帝的皇后是窦氏。窦皇后是东汉名臣窦融的曾孙女，她六岁就能做文章，天生丽质，深受宠爱，可惜没有儿子。窦皇后也学马皇后的做法，把刘肇收为养子。

　　窦皇后与马皇后不一样，她心胸狭窄，心机很深。当时，宋贵人的儿子刘庆，已被立为皇太子，窦皇后设法诬陷害死了宋贵人，废了刘庆，立了刘肇做皇太子。窦皇后不能容忍刘肇生母存在，又把梁贵人诬陷致死。刘肇在很长的时间里，都认为自己是窦皇后亲生的。

　　刘肇当了皇帝，窦皇后成了窦太后，因汉和帝年幼，不能理政，由窦太后临朝摄政。窦太后一朝权在手，便将令来行。她把哥哥窦宪提升为侍中，掌管朝廷机密，负责发布诰命；任命弟弟窦笃为中郎将，统领皇宫侍卫；另一个弟弟窦景，担任中常侍，负责传达诏令和统理文书。这样，窦氏兄弟掌握了朝廷中枢，可以以皇帝和太后的名义，任意发号施令，号令天下。

　　与此同时，窦太后和窦氏兄弟，还把大批窦氏家族子弟和亲戚朋友，都纳入朝中做官，或者任命为地方官员。一些趋炎附势之人，也纷纷献媚投靠，成为窦氏的党羽亲信。一时之间，窦氏势力笼罩了整个朝野。

窦氏势力把持了朝廷，便专权放纵，骄横霸道，为所欲为。窦宪养了许多刺客，对那些不肯依附，或有宿怨私仇的，任意刺杀。在汉明帝时期，窦宪的父亲窦勋犯罪，由韩纡审理此案，致使窦勋入狱自杀，如今窦宪手握大权，此仇焉能不报？韩纡已死，窦宪就派刺客，杀了他的儿子，并拿首级祭奠窦勋。窦宪的兄弟们也都肆意妄为，甚至放纵奴仆，白天拦路抢劫，侮辱妇女，无人敢管。

后来，窦宪当了大将军，领兵灭掉北匈奴，建立大功，更加威震朝野，不可一世，竟然起了谋反之心。有一次，汉和帝召见窦宪，群臣甚至议论，要称窦宪为"万岁"。

汉和帝慢慢长大，他虽然尚未成年，但聪明过人，富有心机。汉和帝目睹窦氏的种种劣行，心里明白，一旦时机成熟，窦氏必将犯上作乱，应该尽早铲除。不过，汉和帝只是在心里盘算，并不动声色，丝毫没有流露，所以，没有引起窦氏的警觉，窦氏对他没有任何防备。

汉和帝仔细观察朝中大臣，发现多数都依附了窦氏，只有司徒丁鸿和司空任隗，忠诚正直，不肯与他们同流合污。可是，汉和帝身边，都是窦氏的耳目，如果召他们入宫商议大事，很可能会走漏风声，泄露机密。汉和帝万般无奈，只得求助于服侍自己多年的太监郑众。

郑众，为人机敏而有心计，他最早服侍汉章帝，后来又服侍汉和帝。郑众处事谨慎，忠于皇室，深受汉和帝信任。汉和帝把心中想法告诉了郑众，郑众十分赞同，并表示誓死效忠。

公元92年，只有十四岁的汉和帝开始发难了。他发出诏书，召在外领兵的窦宪，回京任辅政大臣。汉和帝是想擒贼先擒王，把窦宪骗来扣押。同时，汉和帝命执金吾、五校尉勒兵屯卫南北宫，把守城门和交通要道。汉和帝虽然年少，却部署得十分周密，他织好了大网，准备将窦氏势力一网打尽。

窦氏对汉和帝的计谋毫无察觉，窦宪接到诏书，没有丝毫怀疑，他平日骄横惯了，认为由他辅政，是理所当然的。于是，窦宪高高兴兴地启程回京，可没想到，刚一进城，就被收缴了大将军印信绶带，扣押起来。

见窦宪被擒，汉和帝一声令下，丁鸿、郑众等人，按计划分头行动，一夜之间，窦宪兄弟和亲信党羽全部落网。窦宪的心腹爪牙郭璜、郭举、邓叠、邓磊等人，随即被处死。汉和帝看在窦太后的面子上，没有处死他那几个“舅舅”，只是令窦宪、窦笃、窦景等人，都回到封国去，并严密监视。后来，窦氏兄弟都在封国自杀了。窦太后也被软禁起来，不能参与政事。

汉和帝成功夺回了大权，开始亲自处理政务。五年之后，窦太后死了，宫中多年的秘密被揭开，汉和帝这才知道，自己的生母是梁贵人。汉和帝悲痛不已，下诏追封梁贵人为恭怀皇后。大臣们纷纷上书，谴责窦太后，要求取消其尊号，不与汉章帝合葬。汉和帝念窦太后对自己有养育之恩，没有依从。

汉和帝亲政以后，深知大权来之不易，不肯托付别人，而是亲力亲为。他白天临朝听政，夜里批阅奏章，直到深夜才睡，天天如此，从不懈怠。所以，汉和帝是历史上最勤政的皇帝之一，有“劳谦有终”之称。

汉和帝既有心机，又有爱心，他多次下诏，赈济灾民，减免税赋，安置流民，救助鳏寡孤独。他在法制上主张宽刑，那个向汉章帝建议为政宽和的陈宠，被汉和帝任命为廷尉，掌管天下司法。汉和帝注重选用贤吏，他曾四次下诏纳贤，选拔了大批优秀人才。汉和帝改变了汉章帝放弃西域的政策，重新设置西域都护，加强对西域各国的统治。

汉和帝也有缺陷，他重用宦官，埋下了日后宦官专权的种子。在铲除窦氏势力时，宦官郑众是首功，汉和帝论功行赏，提拔他为大长秋，后封为鄛乡侯，并常与他商议国家大事。所以，《后汉书》说：“宦官用权，自此始矣。”

汉和帝时期，是东汉国力最强盛的时期，垦田面积达 732 万多顷，人口达5325万人，被称为"永元之隆"。

可惜，天不假年，汉和帝在位十七年，二十六岁便英年早逝。

从公元25年刘秀建立东汉，到105年汉和帝病逝，这八十年时间，是东汉王朝的前期，也是兴盛时期。刘秀、刘庄、刘炟、刘肇这四位皇帝，虽然性格不同，治国方式有别，但有一点是共同的，那就是奉行以儒家思想治国，推行仁政，勤政为民，并且年富力强，贤明睿智，这是东汉前期兴盛的根本原因。

在这兴盛的八十年间，东汉的经济、社会、文化和科学技术等，都得到快速发展，出现了许多历史上著名的大事件。

佛教传入中国

　　佛教，是世界三大宗教之一，距今已有两千五百多年的历史。佛教并非起源于现在的印度，而是起源于古印度的迦毗罗卫国，迦毗罗卫国在今尼泊尔境内。东汉前期一个重大事件，是佛教正式传入中国，而且是中国主动引进的。

　　佛教的创立者，叫乔达摩·悉达多，是迦毗罗卫国饭净王的王子，出生在今尼泊尔的蒂莱。因他是释迦族人，后人尊称他为释迦牟尼，就是释迦族圣人的意思。

　　佛，意思是"觉者"。佛教的宗旨和目的，是让人们通过修行，领悟生命的真谛，达到大彻大悟，断除一切烦恼，最终超越生死和苦难，得到解脱。佛教最大的吸引力，是能够让人们产生希望，即便今生穷困潦倒、苦难至极，那也可以把希望寄托在来世上，这辈子没有希望了，可以下辈子托生一个好人家。人生在世，希望是最大的动力。凡是轻生之人，都是觉得没有了任何希望。

　　由于当时社会动荡，人民普遍受苦受难，佛教能带给人们精神上的安慰和希望，所以发展很快，数百年间，就传遍了印度次大陆。这个时期的佛教，被称为原始佛教。后来，原始佛教分成许多派别，不断向外传播，最终形成了世界性的大宗教，与基督教、伊斯兰教，并称为世界三大宗教。

　　佛教何时传入中国，有着不同说法。有的学者认为，早在秦始皇时期，就有佛教传入中原，因为秦始皇曾经下令，禁止修建佛寺；有的则认为，佛教传入中国，是在西汉时期，或在公元前后，随着丝绸之路的开通，有些佛教教徒就来到中国，但那是零星的、不成规模的。目前比较一致的看法是，汉明帝以官方名义，把佛教正式引入中国，这是有史书记载的。

《后汉书》记载，公元64年，有一天，汉明帝夜宿南宫，做了一个奇怪的梦。他梦见一个身高六丈、头顶放光的金人，从西方飞来，环绕着殿庭飞翔，一派祥和的氛围。

第二天，汉明帝把梦告诉了大臣们，要大臣们解梦。有个大臣说："西方有神，称为佛，就像陛下梦见的那样。陛下此梦大吉，说明佛就要降临了。"大臣说的这番话，表明当时人们对于佛教，已经有所了解了。汉明帝大喜，立即派遣使者去天竺，问佛寻经。天竺，也叫身毒，就是古印度。汉明帝这次遣使去西方取经，比唐朝的陈玄奘，早五百六十多年呢。

使者一行十余人，奉汉明帝之命，踏上了西天取经的万里路途。西去的道路十分艰难，他们走了一年多，还没有到达天竺。恰在这时，他们在大月氏（今中亚一带），遇见了天竺高僧摄摩腾和竺法兰，还看到了佛经和佛祖释迦牟尼的白毡像。使者见两位高僧道行高深，便恳请他们去中国弘法布教。两位高僧欣然应允，他们用白马驮载着佛经、佛像，跟随使者踏上了去东方的道路。

公元67年，使者经过三年时间的往返，与高僧一同到达洛阳。汉明帝十分高兴，亲自接见，并赐予高僧重礼。第二年，汉明帝下令，在洛阳兴建了中国第一座佛教寺院，为纪念白马驮经，取名为"白马寺"。摄摩腾和竺法兰两位高僧，从此在白马寺住下，直到圆寂。他们翻译了《四十二章经》，为现存中国第一部汉译佛典。两位高僧还在洛阳一带，讲经说法，传播佛教，被尊为中国佛教的鼻祖。

白马寺建立以后，又有许多西方高僧到来，他们在这里传授佛法，翻译佛经，共有三百九十五卷佛经被译出，白马寺成了中国第一译经道场。佛教在中国传播的最初二百年间，整个过程都与白马寺息息相关，白马寺成为中国佛教的祖庭和释源。

白马寺从建立到现在，已有一千九百五十多年的历史。在漫长的历史进程中，它多次毁于战火，又多次重建，而且规模越来越大。白马寺目前总面积约四万平方米，寺内遗迹多为元、明、清朝代所留。

1961 年，白马寺被国务院公布为第一批全国重点文物保护单位。白马寺经久不衰，似乎预示着"佛法无边"。

汉明帝引进佛教以后，起初是在宫廷和上层社会流行，到了汉末三国时代，佛教逐渐由上层遍及民间，从洛阳向全国扩散。魏晋南北朝时期，虽有局部的灭佛行动，佛教仍然得到快速发展，隋唐时期达到兴盛，宋元明清继续绵延不绝。佛教对中国社会产生了巨大而深远的影响，已经融入于中国文化，渗透人们的思想和生活之中。

新中国成立以后，共产党的宗教政策是，保护公民宗教信仰自由，积极引导宗教与社会主义相适应。1953 年，成立了中国佛教协会，至今已近七十年。中国佛教目前有三大系，即汉传佛教、藏传佛教和上座部佛教，信教民众相当多，难以有准确可靠的统计。

佛教之所以能在中国扎根，并不断发展壮大，一个很关键的因素，是它能够贴近人们的生活，适应人们的需要。佛教的戒律并不呆板，而是根据实际情况而定。在大乘戒律中，禁止人们吃肉，而在小乘戒律中，人们是可以吃"三净肉"的。所以，汉传佛教禁止食肉，藏传佛教则允许吃肉。藏区主要以食肉为生，如果不让吃肉，岂不饿死了？

佛教也能与时俱进，根据人们的喜好不断演化。佛教中著名的观音菩萨，《悲华经》说，他是转轮王的儿子，是个男的。在甘肃敦煌莫高窟中，有观音的画像，就是留着两撇黑胡子的男人，而后来经过演变，现在的观音菩萨，却是慈眉善目的女性了。佛教解释说，观音有多个化身，已经超越了男女之身。不过，观音由一个留小胡子的男人，演变成一位慈祥的女人，这更加符合她大慈大悲、救苦救难的身份，更加容易被人们所接受，因而深受人们崇拜。

由此可见，世界上任何一种事物和现象，都要与时俱进，贴近现实，一切从实际情况出发，只有这样，才能永远保持旺盛的生命力。

道教正式创建

东汉前期，还发生了一件大事，在佛教传入中国不久，张道陵正式创建了道教团体。张道陵，就是大名鼎鼎的道教领袖张天师。

道教，是产生于中国本土的宗教，与中华民族的历史紧密相连。道教是在中国古代鬼神崇拜基础上，以道家思想为理论依据，承袭战国以来的神仙方术而衍化形成的，是一个崇拜诸多神明的多神教原生的宗教形式。道教尊奉老子为教主，老子被称为道教始祖。也有的道教派别，在尊奉老子的同时，也尊奉黄帝或庄子，被称为黄老或老庄。

老子，名叫李耳，字聃，春秋末期楚国人。老子是中国古代思想家、哲学家，他创立了道家学派。老子的思想，主要体现在他写的《道德经》一书中。《道德经》起初叫《老子》，全书五千多字，主要范畴是"道"，核心思想是"无为"。战国时期，人们把黄帝学派和老子学派，合称为"黄老之术"。西汉长期以"黄老之术"治国，道家学派因而有了较大发展。不过，这个时候的道家，只是一种学术思想，而不是宗教，正式创立道教组织的，是东汉时期的张道陵。

张道陵，生于公元34年，是东汉丰县（今江苏丰县）人。张道陵出身于大世家，是张良的八世孙。他自幼聪慧过人，七岁便能通读《道德经》，天文地理、河洛谶书无不通晓。

张道陵长大以后，到洛阳太学学习。当时太学的教材主要是儒学，张道陵学习勤奋，博通《五经》。可是，他学了以后，却叹息道："这些书，无法解决人的生死问题啊！"于是，他弃儒改道，学习道家思想，追求长生之道。

汉明帝时期，张道陵入仕做官，曾当过江州令。后来，他厌倦了官场，虽然身在朝廷，却志慕清虚，便辞去官职，到北邙山隐居起来，精思学道，修炼身心。在此期间，张道陵得到黄帝九鼎丹经，如获至宝，专心修炼。九鼎丹经，主要介绍呼吸导引、吐故纳新和炼丹方法，可以使人延年益寿。唐代有人把这些方法汇集成册，叫《黄帝九鼎神丹经诀》，成为研究中国古代科技和炼丹术的宝贵资料。

张道陵经过多年修炼，很有成效，他六十多岁的年龄，容貌却像三十多岁。张道陵的名气越来越大，收了许多弟子。汉和帝听说了他的名声，请他入朝为官，赐为太傅，封为冀县侯，待遇相当高。张道陵却不为所动，汉和帝三次下诏，都被他婉言谢绝了。张道陵对使者说："人生在世，不过百年，光阴荏苒，转瞬便逝，荣华富贵和人世情感，也随之消失，岂能长久？请转告皇上，只要清心寡欲，无为而治，国家自然安定，要我何用？我的志向，是在这青山之中。"

为了避开俗务嘈杂和骚扰，张道陵带领弟子，云游名山大川，访道求仙去了。他们先后到了淮河、桐柏、江西等地，最后去了蜀地。当时，巴蜀一带，人们信奉原始巫教，而巫师却是借机敛财，淫祀害民。另外，巴蜀疹气危害人体，百姓为病疫灾厄所困。张道陵广泛宣扬道家学说，抵御那些祸害百姓的巫妖之教，同时用符、丹为人治病，减轻百姓痛苦。张道陵的行为和学说，受到人们欢迎，他的弟子也越来越多。

张道陵入蜀之后，先居住阳平山，后住在鹤鸣山，他还到过青城山、北平山、真都山、秦中山等地，足迹踏遍巴蜀和陕西，所到之处，宣扬道家，广收弟子，治病救人。在此基础上，张道陵创立了正一盟威道，简称正一教。"正一"的意思，是以正驱邪、以一统万。张道陵在巴蜀地区，建立了二十四个宗教活动中心，即二十四治，凡入道教者，需要出五斗米，俗称"五斗米教"。

正一教，尊奉老子为教主，以《道德经》为教义，以追求长生不死和成仙为最高境界。张道陵写了《老子想尔注》，是《道德经》的注释本。张道陵还制定了教规，道教规定，教民内要慈孝，外要敬让，不准兴讼好斗，不准欺诈世人；初入道的称为道民，能做祈祷仪式的称为道士；道教的最高领袖称为天师，而且这一职务是世袭制。

张道陵是第一代天师，传到现在，已近七十代了。

除正一教之外，还出现了其他道教组织，影响最大的是"太平道"。太平道是张角创立，信奉黄帝和老子，提出了"致太平"理想，后来发动了黄巾起义，失败后瓦解了。正一教没有遭到打击，后来演变为天师道，成为道教的正宗。

道教的发展与佛教不同，佛教是由社会上层扩散到民间，道教则是由民间跻身于上层社会。南北朝时期，道教得到帝王贵族的支持，发展很快。唐朝皇帝姓李，认老子李耳为祖先，自然支持道教，致使道教达到兴盛。道教经过两千年的发展，形成了全真教、茅山教、灵宝教、净明教等许多派别，对中国社会以及人们的思想生活产生了重大影响。

道教虽然是中国本土的宗教，但它的主要宗旨是追求长生不死、得道成仙，这有点虚无缥缈，所以，在现实社会中，它的影响，反而不如外来的佛教影响大。名著《西游记》中，道教的玉皇大帝，竟然治不了一个小猴子，不得不请佛教里的如来佛帮忙。清朝皇帝尊崇佛教，曾经对道教采取打压抑制的政策，使得道教一度衰落。不过，在中华传统文化中，道教与佛教、儒学一起，长期占据着主导地位。

新中国成立以后，实行宗教信仰自由政策。1957年，成立了中国道教协会，道教有了统一的全国性组织。据不完全统计，全国现有住观道士三万多人，信奉道教的民众则难以统计。

道教与人们的生活息息相关，四大发明中的火药、指南针、印刷术，都与道教有关，就连人们常吃的豆腐，也是炼丹的产物。炼丹术传到欧洲，成为现代化学的先驱。道教在传统文化、医学、玄学、武学、风水学以及社会风俗等方面，都有颇多建树，影响深远。

道教在国际社会也有广泛影响，东亚、东南亚国家，都有众多的道教徒。老子被列为世界百位历史名人之一，他著的《道德经》，被译成多种文字，目前，全球发行量最大的是《圣经》，其次就是《道德经》了。

道教是中华传统文化宝库中的重要内容，特别是它宣扬的阴阳协调思想、知行合一精神和以柔克刚的思维方式，都有益于社会发展以及人们的工作和生活。

王充坚持无神论

　　无论是佛教，还是道教，都是宣扬神仙鬼怪的，属于唯心主义范畴。在那个时代，人们对自然界认知水平有限，迷信鬼神也是很自然的事情。然而，在两千年前的东汉前期，竟然出了一位无神论者，公开宣称上天和鬼神都是不存在的，他的名字叫王充。王充写了一部伟大的唯物主义哲学著作，叫《论衡》。

　　《后汉书》记载，王充，是会稽上虞（今浙江上虞）人，出生于公元 27 年。王充年少时死了父亲，他对母亲很孝顺，人们都称赞他。

　　王充长大以后，到洛阳太学学习，拜著名学者班彪为师。王充家境不是很好，舍不得花钱买书，常常到书摊翻阅书籍，他记忆力超群，看过一遍，就能记诵下来。所以，他通晓了诸子百家的学说，学识渊博。

　　王充喜欢博览群书，但并不拘泥于书中章句，而是喜欢独立思考和用心琢磨。他认为，有些儒生，只死记书本上的东西，却失掉了书中的精髓和真谛，这样读书，只会见识浅薄，是没多大意义的。王充根据自己的读书体会，形成独自的见解，常常发表一些与众不同的议论，乍一听，他的见解十分怪异，但仔细想想，又觉得很有道理。

　　王充学业有成以后，先在家乡教书，后来会稽郡征聘他为功曹。功曹是辅佐郡太守的官吏，主管人事。王充志不在官场，又不会趋炎附势，常常与太守意见不合，多次发生争论。有一次，王充与太守大吵一顿后，生气辞职了。后来，刺史征聘他为从事，王充干了不久，又辞职不干了。此后，王充在家里专心读书写作，再也没有入仕做官。在他晚年的时候，汉章帝闻其名声，特下诏征聘他。当时，王充已年近七十，而且有病，没有应诏。汉和帝时期，王充在家中病逝。

王充在家里，一边读书，一边思索，一边写作。他有时也外出，有目的地去考察一些自然现象。王充谢绝一切庆贺、吊丧等礼节，几乎不与外界来往；他房屋里的窗户、墙壁上，到处放着刀和笔，便于他顺手拿来写作。王充一生辛勤耕耘，写了许多著作，其中，最能体现王充思想，对后世影响最大的，是哲学论著《论衡》。

《论衡》，意思是指评价社会现象的天平，它解释世俗之疑，辩明是非之理，目的是"冀悟迷惑之心，使知虚实之分"。王充在书中，否定了图谶神学、鬼神迷信，也批判了儒学中的"天人感应"，系统阐述了他的朴素唯物主义思想。《论衡》是中国古代一部伟大的唯物主义哲学文献，也是一部不朽的无神论著作。

王充为了写作《论衡》，呕心沥血，花费了三十多年时间。《论衡》现存八十五篇，有二十多万字，其大体内容，可以分为五个方面。一是论述人的生命问题，二是论述天人关系，三是论述人鬼关系，四是批判"天人感应"，五是自传和其他。

王充的自传，就很特别，与其他人不同。其他人写自传，记述祖上事情时，总是扬善遮丑，而王充却是自揭其短。王充在《论衡·自纪篇》中说，他的祖籍，在魏郡元城（今河北大名），与王莽是同一家族。元城王氏，在西汉时期极为风光，王莽建立新朝后达到顶峰，成为天下第一家族。但是，随着王莽的垮台，王氏家族地位一落千丈。王充的祖上受此影响，被迫迁到江南，成了以农桑为业的普通人家，家族从此走向衰落。

王充的祖上，虽然家族败落，却依旧保持着强横彪悍的门风，飞扬跋扈，肆无忌惮，仗势欺人，横行乡里，遇到灾荒年，还干些杀人越货的勾当，名声越来越坏，仇家越来越多。到王充爷爷王汛的时候，为了躲避仇家，不得不迁居到会稽郡钱塘县。迁居之后，王家兄弟依然不知收敛，斗气逞勇，欺负别人，后与当地一个姓丁的豪强结怨，几番争斗下来，吃亏不小，只好再次搬家，迁到上虞。

王充据实记述了祖上的这些不光彩行径，本意是为了标榜自己不说假话而讲真话的人生信条，结果遭到人们诟病，指责他不孝。许多人认为，祖上的劣迹，别人可以说，王充却不能讲，否则就是"大不孝"。在那个以孝为先的时代，王充敢于自揭家丑，是需要有很大勇气的，这也显示了他与众不同、特立独行的性格。

王充在《论衡》中的许多论述，确实有着独特和异常的见解。当时佛教、道教兴起，人们普遍信奉鬼神。王充却认为，人生下来就会死，死后形体腐朽，朽而成灰土，何以为鬼？人死犹如火灭，火灭岂能有光？在两千年前，王充的"无神论"思想，无疑是相当超前的，很难被当时的人们所接受。

东汉时期，朝廷已经开始以新儒学作为统治思想。这个新儒学，是董仲舒提出的唯心主义哲学思想，其核心是"天人感应"，说上天创造了人和万物，并且产生帝王，来统治万民；同时，帝王也要顺应天意，否则，上天会降下灾祸，以示警告。"天人感应"的说法，有利于帝王的统治，得到统治者的赞许和支持，也被人们所接受。王充却冒天下之大不韪，竟敢向这一传统思想展开攻击。

王充在《论衡》中论述道：天和地，都是自然的物质实体，上天是没有生命的，不会有目的地安排什么，更不会有意识地降下灾祸。王充利用他掌握的自然知识，解释了刮风下雨、电闪雷鸣、潮汐涨落、月亮盈亏、旱涝灾害以及人的生老病死等诸多现象，涉及天文、地理、物理、生物、医学等多个领域。这反映了王充科学知识的渊博，也体现了东汉时期科学技术的发展水平。

王充从自然主义的唯物论出发，论述社会发展和社会现象，他公开宣称世界是物质的，上天和鬼神是不存在的，世上万物都是自然形成的，从而建立了一个比较完整的朴素唯物主义体系，这在历史上具有划时代意义。由于时代局限性，王充的唯物主义体系也存在缺陷，但仍然对后来唯物主义和无神论的发展，产生了深远影响。

《论衡》反叛于儒家正统思想，许多观点都是鞭辟入里、石破天惊，而且有诋毁圣贤、诽谤朝廷之嫌，所以，遭到当时和后来历代统治者的冷遇、攻击和禁锢，说它"背经离道，非圣无法"，视其为"异书"。社会上一些学者，对《论衡》的评价，也是见仁见智，褒贬不一，毁誉参半，称其为"奇书"。

直到近代，特别是新中国成立以后，人们才对王充和他的《论衡》，有了客观的认识和系统研究，才认识到《论衡》宝贵的历史价值。《论衡》就像被久埋土中的"黄金"，终于放射出灿烂的光芒；王充作为敢为人先的唯物主义哲学家，受到人们尊重，永垂青史。

蔡伦发明造纸术

　　东汉前期，不仅经济文化快速发展，科学技术也日益繁荣，其中一个重要标志，是造纸术的诞生。造纸术的发明和推广，不仅对中国，乃至对全世界，都产生了重大影响，被称为古代"四大发明"之一。

　　发明造纸术的，是一个宦官，也就是太监，名字叫蔡伦。人们普遍对太监的印象不太好，可是，太监当中也有人才，甚至有不少名垂青史的人物，明朝时期，有个七下西洋的郑和，也是一位太监。

　　《后汉书》记载，蔡伦，是桂阳人，出生年月不详。汉明帝永平末年，蔡伦入宫做了太监，当时年龄应该不是很大。

　　蔡伦小时候受过启蒙教育，读过《周礼》《论语》，有一定文化，并且聪明好学，机灵敏捷。入宫后，他先在掖庭当差，后提升为小黄门，服侍窦皇后。窦皇后很欣赏他，把他作为心腹。汉和帝即位时年龄幼小，窦皇后成了窦太后，临朝摄政。她提拔蔡伦当了中常侍，成了传达诏令、管理文书、参与朝政的高等宦官。蔡伦是属于窦太后一派的人。

　　不过，蔡伦胸怀正义，心性秉直。《后汉书》说，蔡伦敦厚谨慎，有才学，尽心公事，而且敢于直言，曾数次触犯圣意，匡正过失。蔡伦不搞结党营私那一套，每当休假的时候，他都闭门不接待宾客，不与朝中大臣私下来往。有时候，蔡伦还微服出访，了解社情民意。

　　窦太后摄政期间，她的几个兄弟把持朝廷，权倾朝野，极为显贵。蔡伦看不惯他们的飞扬跋扈，不与他们同流合污，而是忠心服侍汉和帝，并与郑众关系密切。汉和帝与郑众商议，一举铲除了窦氏势力，蔡伦积极参与，立有功劳。汉和帝亲政后，提拔蔡伦当了尚方令。

尚方，是一个主管皇宫制造业的机构，人们熟悉的"尚方宝剑"，就是这个机构制造出来的。当时的尚方，集中了全国的能工巧匠，代表了那个时代制造业的最高水平，这为蔡伦发挥才智，提供了一个极好的平台。蔡伦掌管尚方以后，大幅度改进制作工艺，制造的刀剑等器物，达到当时技术的顶峰，擅名天下。在制作各种器物的同时，蔡伦开始琢磨改进造纸术。

人们创造了文字，有利于文化交流，但如何把文字记载下来，却是长期面临的一道难题。在古代，人们把文字烧制在陶器、青铜器上，或者刻在岩壁、龟甲、兽骨上，费时费力，很不方便。春秋战国以后，人们把文字写在竹简木简上，或者写在丝帛上。这虽然有了很大改进，但竹简狭小，容纳不了太多文字；丝帛昂贵，一般人用不起。到了西汉时期，出现了用麻做的纸，但质量不高，难以大规模推广。蔡伦总结以往人们的造纸经验，改进造纸工艺，终于造出了人们需要的纸张。

《后汉书》记载了蔡伦的造纸方法，原文是："伦乃造意，用树肤、麻头及敝布、鱼网以为纸。""故天下咸称蔡侯纸"。记载虽简略，却很确切，认定蔡伦是纸的发明人。近年来，有人提出过异议，认为在蔡伦之前，就已经出现了纸。依笔者看来，那可以称之为纸的萌芽状态或初始阶段，真正意义上的纸，就是蔡伦发明的。

蔡伦发明造纸术，充满了艰辛，历经了无数次试验，制作方法也很复杂，大体需要六个步骤。第一步，精选废麻布、树皮、破鱼网等造纸原料；第二步，将原料冲洗、浸泡和粉碎；第三步，将粉碎后的原料加上草木灰水，入锅蒸煮，除去杂质；第四步，把蒸煮后的原料漂洗干净，捣成纸浆；第五步，用细密的竹帘或纱网把纸浆捞出；第六步，把纸浆弄平、晒干，形成纸张。蔡伦制作出来的纸，厚薄均匀，富有韧性，而且成本低廉，便于推广。

105年，蔡伦正式向汉和帝献纸，并将造纸方法写成奏章，一同呈献。汉和帝大喜，诏令朝廷内外使用并推广。人们见到这种轻薄柔韧、价格低廉、便于书写和携带的纸张，无不啧啧称奇，便把这种纸称为"蔡侯纸"。

蔡伦发明了造纸术，极大地促进了文化交流，后来，造纸术沿着丝绸之路，经过中亚、西欧，逐渐向全球传播，为世界文明的传承和发展做出了巨大贡献。

蔡伦为人类文明建立了不朽功勋，但他的结局却是不幸的。121年，汉安帝亲政。汉安帝刘祜，是宋贵人之子刘庆的儿子。宋贵人被窦太后诬陷致死，蔡伦参与其中。汉安帝要为祖母报仇，命令蔡伦，自己去向廷尉认罪。蔡伦不愿受辱，洗浴干净，穿戴整齐，服毒自杀，他受封的侯国也被取消了。

蔡伦虽然结局不幸，但他为人类做出了杰出贡献，千百年来备受人们尊崇，他被尊奉为"纸神"、造纸鼻祖。蔡伦的造纸术，改变了世界，在世界公认的"影响人类历史进程百位名人"中，蔡伦位居前十名。

后人为蔡伦建造了"蔡侯祠""蔡伦纪念园"等，以示怀念和景仰。蔡伦勇于探索、敢于创造的精神，永远激励着人们不懈奋斗、创新发展。

蔡伦死后不久，东汉又出了一位杰出的发明家，名字叫张衡。张衡发明制作了地动仪，同样闻名世界。

张衡制作地动仪

张衡，是东汉前期著名的发明家、天文学家、地理学家、文学家、数学家。张衡知识渊博，富于创造，在许多领域都有建树，他最有名的，是发明了世界上首台地动仪，比欧洲早一千五百多年呢。

《后汉书》记载，张衡，是南阳西鄂（今河南南阳石桥镇）人。他的祖父张堪，自小志高力行，人称圣童，光武时期当过蜀郡太守和渔阳太守。张堪廉政爱民，民谣赞他："张君为政，乐不可支。"

张衡受其祖父影响，从小刻苦向学，少年时代就才学出众。张衡十六岁的时候，离家外出求学。他先到了长安一带，这一地区，当时处于学术文化中心，壮丽的山河和宏伟的秦汉古都，使他大开眼界。后来，他进入洛阳太学学习。张衡兴趣广泛，求知欲很强，精通五经六艺，爱好文学，还特别喜欢研究数学、天文地理和机械制造。

汉和帝时期，张衡被推举为孝廉，可以入仕做官，但张衡志不在此，朝廷几次征召，他都没有去。后来，张衡应南阳太守鲍德之请，做了八年主簿。

111年，朝廷再次征召张衡入京，做太史令。这个时期的太史令，已经不再撰史，而是掌管天文历算，负责推算历法，研究天时、星历、瑞应、灾异等，这很合张衡的胃口，他在这个岗位上，先后干了十四年。张衡利用职务之便，兴致勃勃地学习、研究、探索、著书和制作仪器，他的许多重要发明，都是在这个时期完成的。

张衡最大的成就，是研究发明了地动仪，地动仪是测验地震的专门仪器。当时，地震频发，由于信息不便，有时地震发生了好长时间，消息才能传到朝廷，贻误了救灾时机。有了地动仪，就能随时知道哪个方向发生了地震，便于及时救援。

《后汉书》详细记载了地动仪的形状和作用，记载说，地动仪用精铜铸成，圆径八尺，顶盖突出，形同酒樽。地动仪有八个方位，每个方位上，都有一条口含铜珠的龙，龙下方有蟾蜍与其对应。任何一个方向发生地震，龙含的铜珠就会落入蟾蜍口中，由此便可知道地震发生的方位。地动仪造好了，多数人不相信，只有张衡信心满满。

有一天，地动仪上位于西方的那条龙，口含的铜珠突然落了下来。张衡马上向朝廷报告，说西部地区发生了地震。许多人摇头不信，皇帝也半信半疑。过了几天，陇西郡快马来报，说陇西一带发生了地震，众人这才大呼神妙。此后，朝廷正式使用地动仪，来测验地震情况。

张衡发明的地动仪，是世界上第一台测验地震的仪器，被称为世界地震仪之祖。国外用仪器观测地震，是19世纪以后的事，虽然张衡地动仪的功能，只限于测知地震的大概方位，但它却超越了世界科技发展一千五百多年。到了现代，为了纪念张衡的突出贡献，联合国天文组织，将月球背面的一个环形山，命名为"张衡环形山"，将太阳系中的一个小行星，命名为"张衡星"。

张衡除了发明了地动仪，还创制了浑天仪。张衡根据自己的浑天说理论，在西汉耿寿昌发明浑天仪基础上，创制了一个更加精确、更加全面的浑天仪。浑天仪是一种天文仪器，它与天球同步转动，以显示星空的周日视运动。张衡创制的浑天仪，也是遥遥领先于世界水平。

张衡还别出心裁地创造了自动日历，名字叫瑞轮蓂荚。瑞轮蓂荚模仿神话中奇树蓂荚的特征，靠流水作用，从每月初一开始，一天出一片叶子，到满月出齐十五片，然后每天再收起一片，到月末为止，循环开合，其作用，相当于现在钟表中的日期显示。

另外，张衡还制造了指南车、计里鼓车、独飞木雕等许多机械器物，都有很强的实用价值。张衡在地形图、历法、数学等多个领域，也有许多发明创造。张衡是中国古代最杰出的发明家之一。

张衡不仅在科学技术上贡献突出，在文学方面也享有盛名。他与司马相如、扬雄、班固，并称汉赋四大家，其代表作《二京赋》《归田赋》，被人们广泛传诵。张衡在史学、诗歌、散文、绘画等方面，也很有成就。张衡是中国古代一位博学多才的大师。

后来，张衡被外调，任河间王刘政的国相，以从政清廉著称。张衡晚年时，入朝担任尚书。

139年，一代巨匠张衡病逝，享年六十二岁。

后人对张衡给予高度评价。郭沫若称赞道："如此全面发展之人物，在世界史中亦所罕见，万祀千龄，令人敬仰。"

张衡之所以能做出如此大的成就，除了他个人努力之外，与当时的社会环境密不可分。东汉前期，在光武、明帝、章帝、和帝几位贤明皇帝的治理下，政治清明，社会稳定，经济繁荣，才促进了文化和科学技术的快速发展。张衡的成就，在很大程度上体现了当时的社会发展水平。

东汉前期是一个兴盛期，不仅体现在经济、文化和科学技术上，在军事和国防建设上也有新的成就，其中有两件大事：一是班超收复西域，二是窦宪灭掉北匈奴。

班超收复西域

西域，是指玉门关以西的广大地区，在不同的朝代，西域的范围也有所不同。据《后汉书》记载，东汉时期的西域，东西长六千多里，南北长一千多里，东到玉门关、阳关，西到葱岭。葱岭，一般指今帕米尔高原，古代也叫不周山。西域曾经长期被匈奴所控制。

汉武帝时期，打败了匈奴，西域当时有三十六个国家，全部依附了汉朝。汉武帝在西域，设置了使者、校尉来统领，汉宣帝时期，设置了都护府。王莽末期，中原大乱，北匈奴势力乘机进入西域，西域内部发生自乱，分裂成五十五个小国。刘秀建立东汉以后，西域各国不愿意再受匈奴压迫，要求回归汉朝。刘秀因为天下刚刚平定，缺乏精力，没有答应，这是刘秀的一大失误。

到了汉明帝时期，国力恢复，便开始了驱逐匈奴、收复西域行动。在收复西域过程中，建立大功的，是投笔从戎的班超。

《后汉书》记载，班超，出身于儒学世家，他的父亲班彪、哥哥班固、妹妹班昭，都是著名的史学家和文学家，他们撰写的《汉书》，对后世影响很大。

班超受家庭影响，自幼勤奋好学，博览群书，而且胸有大志，心思缜密，口齿伶俐，敢作敢为。班固因私修史书，被人告发入狱。班超只身独马前去洛阳，找汉明帝告御状。汉明帝很欣赏班超，不仅支持班固继续写《汉书》，后来还任命班超为兰台令史，掌管文书。

班超从事文字工作，每日伏案挥毫，十分辛苦。有一天，班超把手中笔一扔，叹息说："大丈夫应当效法傅介子、张骞，立功异域，以取封侯，怎么能长久干这笔墨之事呢？"旁边的人都笑他，班超说：

"小子安知壮士志哉！"这就是成语"投笔从戎"的由来。

公元73年，汉明帝派窦固率军攻击北匈奴。班超主动请缨，得到批准，实现了他"投笔从戎"的愿望。班超担任假司马，率领一支军队，进攻伊吾（今新疆哈密一带），首战告捷，斩获甚多。窦固很赏识他的才干，任他为使，去招降收复西域各国。

班超带领三十六名随从，先到达鄯善国（今新疆罗布泊西南）。鄯善王热情接待，愿意归附。不料，恰在这时，北匈奴使者带着一百多人，也来到鄯善，鄯善王害怕，犹豫起来。

班超悄悄把随从召集起来，说："当今之计，只有干掉匈奴使者，鄯善才会真心归降。"随从都面露惧色，班超接着说："匈奴虽然人多，但不知道我们在这里，没有防备，是很容易被消灭的。不入虎穴，焉得虎子，今夜，我们就要火攻匈奴。"随从都增强了信心，表示愿意听从班超的命令。

这天夜里，班超率三十六名部下，直奔匈奴使者驻地。当时天刮大风，班超他们顺风纵火，火光冲天，匈奴猝不及防，被杀死三十多人，其余全部葬身火海。班超全歼了匈奴使者，鄯善国举国震恐，鄯善王大惊失色，对班超口服心服。

班超带领随从，又来到于阗国（今新疆和田）。于阗在西域属于大国，北匈奴在此驻有使者。于阗盛行巫风，于阗王对归附汉朝犹豫不决，他的巫师却明确反对。班超一怒之下，挥剑斩了巫师，并慷慨激昂地向于阗王陈明利害。于阗王已经听说过班超在鄯善国的所为，颇为惶恐，又听他说得合情合理，于是，下令杀了匈奴使者，重新归附了汉朝。

班超一行又到了疏勒国（今新疆喀什市），疏勒国王叫兜题，是龟兹人，由匈奴强行扶持上台，疏勒民众都不拥护他。班超设计扣押了兜题，另立了原疏勒国君的侄子当国王，疏勒民众对班超感恩戴德。

班超凭借过人的胆量和智慧，先后收复多个国家，班超的威名，也传遍了西域大地。与此同时，窦固率军大败北匈奴，展示了军威，这是班超收复西域的坚强后盾和最有利的条件。

公元74年，汉明帝复置西域都护，实施对西域地区的统治，使西域与汉朝中断了六十五年的关系，重新得以恢复。收复西域，班超功不可没。

汉明帝死后，汉章帝继位。北匈奴乘汉朝大丧之机，鼓动龟兹、姑墨、莎车等国叛乱，杀死了西域都护陈睦。班超依靠疏勒、于阗等国的力量，与叛乱之国开展斗争。汉章帝觉得西域遥远，不愿意花费人力物力，打算放弃，诏令班超和汉朝官员回国。

班超受命回国的时候，疏勒举国忧恐。都尉黎弇流着泪说："汉使如果离去，我们必会再次被龟兹灭掉，我实在不忍心看到汉使离开我们。"说着，拔刀自刎而死。班超十分悲伤。

班超率部走到于阗，于阗百姓倾城而出，跪于道中，放声大哭，说："我们依靠汉朝，就像孩子依靠父母一样，请求汉使不要抛弃我们。"不少人跪趋到班超马前，死死抱住马腿不放。班超见状，万分感动，他跳下马来，当即宣布，要与西域民众共患难。班超给汉章帝上书，说明缘由，要求独自留在西域，并提出了"以夷制夷"策略。汉章帝同意了，后来又派一千多人去帮助他。

班超紧密团结愿意归属汉朝的国家和民众，又联合乌孙、大月氏，抗击北匈奴势力，先后平息了姑墨、莎车、龟兹、温宿等国的叛乱，经过几年奋战，最后平定了西域，五十多个国家又都归附了汉朝。

公元 91 年，朝廷任命班超为西域都护。公元 95 年，汉和帝为了表彰班超的功勋，下诏封他为定远侯，食邑千户。班超继续留在西域，他为西域地区的稳定和发展，贡献了毕生心血。

公元 100 年，汉和帝感念班超已经年老，召他回朝，班超终于回到了阔别三十一年的故乡。

班超恋恋不舍地离开西域，临走时，他再三告诫新任都护任尚，说西域情况复杂，遇事要冷静宽容，不宜严厉急躁。谁知任尚不听，结果数年之后，西域又出现反叛作乱。朝廷派班超的儿子班勇，率兵再次平定了西域。

班超回朝两年后，在洛阳病逝，享年七十一岁，朝廷为他举行了隆重的葬礼。

后人对班超给予高度评价，班超的丰功伟绩和崇高精神，永垂青史。

窦宪灭掉北匈奴

匈奴，是中国古代的游牧民族，与华夏民族同属于炎黄子孙。匈奴乘秦末汉初混战之机，迅速崛起并强大起来，对汉朝构成了严重威胁。汉武帝通过四十多年的战争，将匈奴驱逐到漠北。之后，匈奴分裂成南北两部，南匈奴归降了汉朝，后来逐渐融入汉族之中，北匈奴却降叛不定。汉和帝时期，出兵灭掉了北匈奴，彻底解决了长期存在的匈奴之患。而率军大破北匈奴的，则是外戚大臣窦宪。

窦宪，在历史上名声不佳，许多人认为，他是东汉外戚专权的罪魁祸首，又有谋反和其他恶行，因而备受贬斥。然而，窦宪两次率军远征，彻底消灭了北匈奴，奠定了中国北疆新格局，这一历史功绩，是不应该被抹杀的。

《后汉书》记载，窦宪，是东汉名臣窦融的曾孙。窦宪的母亲，是刘秀长子刘疆的女儿沘阳公主。窦宪的妹妹，是汉章帝的皇后。窦宪是东汉前期名声显赫的外戚。

窦宪凭借外戚身份，入朝做官，初为郎，后任侍中、虎贲中郎将，其弟窦笃、窦景等人，也都担任要职。窦氏兄弟，同蒙亲幸，并侍宫省，宠贵日盛，王公侧目，谁也不敢招惹他们。

窦宪性情果急，恃宠欺人。有一次，他看中了沁水公主的园田，非要用低价强买。公主畏惮窦宪势焰，不敢与他相争，只好答应下来。

沁水公主可不是一般的人物，她是汉章帝的妹妹，也是东汉第一功臣邓禹的孙媳妇。有一天，汉章帝从此地经过，他知道园田是他妹妹的，如今却姓了窦，自然要问个究竟。窦宪语塞，什么话也不敢说，同时暗示左右不准回答。汉章帝狐疑，后来搞清楚了实情。汉章帝虽说是忠厚长者，却也是勃然大怒，召来窦宪，严厉训斥，还要治罪。窦宪大为恐惧，他还是怕皇帝的，无奈只好求助于妹妹。窦皇后为救哥哥，毁服谢罪，一再求情。汉章帝看在皇后面子上，没有治窦宪的罪，但命他将园田归还公主，而且此后不再重用他。

汉章帝死后，汉和帝继位，因年龄幼小，窦太后临朝摄政。窦氏兄弟，从此平步青云，掌握了大权。得势之后，窦宪骄横放纵的老毛病又犯了。窦宪的父亲窦勋，当年犯罪入狱，死在狱中，韩纾参与审理此案。此时，韩纾已死，窦宪就把韩纾的儿子杀了，拿人头祭奠窦勋。后来，窦宪越来越胆大妄为，竟敢刺杀了都乡侯刘畅。刘畅，是刘秀兄长刘縯的曾孙，深得窦太后宠爱，窦宪怕刘畅分了他的权，便派人把他杀了。结果事情败露，惹恼了窦太后。窦太后大怒，下令将窦宪禁闭于内宫。

窦宪知道，这次的祸闯大了，他要想个办法，平息窦太后的怒火。恰在这时，南匈奴派来使者，说北匈奴正在闹饥荒，人心不稳，请求汉朝出兵，乘机攻打北匈奴。窦宪听说后，觉得是个好机会，请求率军出征，立功赎罪。窦宪毕竟是窦太后的亲哥哥，窦太后总不能杀他为男宠报仇啊，于是，只得借坡下驴，同意了窦宪的请求。

公元前 89 年，朝廷任命窦宪为车骑将军，耿秉为副将，征发北军五校、黎阳、雍营、缘边等十二郡的骑兵，征伐北匈奴。南匈奴出动数万骑兵相助，度辽将军邓鸿，也率本部人马和羌胡骑兵参战。三路大军在涿邪山（今蒙古国境内）会合，共同出击北匈奴。

窦宪很有谋略，他根据敌我双方的优势和弱点，制定了正确的作战方案。当时，北匈奴力量处于劣势，又逢灾荒，十分不利，但匈奴骑兵行踪飘忽不定，反应快速，一旦交战不利，很容易四散逃跑，难以全歼；汉军兵强马壮，装备精良，占有优势，但深入大漠，远离后方，不宜久战。于是，窦宪采取了长途奔袭、迂回包抄、猛打猛冲、速战速决的战术，这很像卫青、霍去病的战法。实践证明，这套战法，对付匈奴骑兵是十分有效的。

三路大军会合之后，窦宪挥师迅速向稽落山（今蒙古国境内）出击。稽落山是北匈奴王廷所在地，匈奴不得不派出主力迎战。匈奴骑兵士气低落，不是汉军对手，被打得大败，被斩首一万三千多级，敌众溃散而逃。窦宪根本不给匈奴喘息的机会，乘胜追击，咬住不放，轻装急进，又经过几次战役，歼灭了北匈奴主力，迫使北匈奴八十一部、二十多万人投降。

窦宪、耿秉指挥大军，出塞三千多里，横扫北匈奴，获得大捷，然后，他们登上燕然山（今蒙古国中部杭爱山），仿照霍去病的做法，刻石勒功，纪汉威德，史称"燕然勒功"，也叫"封燕然山"。《封燕然山铭》，由随军出征的班固撰写。

窦宪立下大功，朝廷任命他为大将军，封为武阳侯，食邑二万户。窦宪只接受了大将军的职务，却辞掉了封爵，不接受食邑，这还是令人称道的。

公元 91 年，窦宪再次率军出征，去扫荡北匈奴的残余势力。汉军在金微山一带围歼匈奴，斩首五千余级，并且俘虏了北匈奴太后。北匈奴单于带领残兵败将，仓皇西窜，逃出国境。至此，北匈奴彻底灭亡，持续了几百年的汉匈战争，终于画上了句号。

北匈奴残部，向西逃到乌孙国，在天山南北活动，实施掠夺，后经汉军打击，又继续西逃至康居国，此后销声匿迹，中国史籍再无记载。但是，国外学者却有研究，说北匈奴残部继续西迁，与当地居民融合，后来进入欧洲，建立了强大的匈奴帝国，现在的匈牙利人，就是他们的后裔。不过，也有学者否认这一说法，认为进入欧洲的，是另一个游牧民族，并非北匈奴的后裔。

窦宪灭掉匈奴，立有大功，威名大盛，把揽朝政，愈加跋扈恣肆，遂产生了不臣之心。

公元 92 年，也就是窦宪灭掉北匈奴的第二年，年仅十四岁的汉和帝突然发难，一举铲除了窦氏势力，把权力抓到自己手里，窦宪被逼自杀。

窦宪彻底消除了匈奴之患，对东汉王朝乃至中国历史发展，是有很大贡献的。然而，由于他品行不端，劣迹斑斑，很少有人对他表示崇敬怀念，他的功绩也不被人们宣扬。

可见，功绩与人品相比，人品才是最重要的。

一代贤王刘苍

东汉前期，不仅经济、文化、科技得到快速发展，而且儒学大兴，风气良好，涌现出许多良臣贤人。后人说东汉"风化最美、儒学最盛"，主要是指这一时期。

在封建社会里，帝王与兄弟之间的关系，往往比较紧张。皇帝担心兄弟篡位，兄弟忧虑皇上收拾他们，因而互相猜疑、互相提防。在这种心态下，诸侯王或是小心自保，或是纵情享乐，很少有所作为，有的甚至觊觎皇位，谋反叛乱，出现了很多手足相残的悲剧。然而，汉明帝时期的东平王刘苍，却以忠诚正直、好善乐施闻名，深得明帝、章帝父子两人的宠信，也受到百姓赞扬，成为有名的一代贤王。

《后汉书》记载，刘苍，是阴丽华生的第二个儿子，是汉明帝刘庄的亲弟弟。刘秀共有十一个儿子，刘庄排行第四，刘苍排行第六。刘苍自幼聪明，少好经书，颇有智慧，长大以后，身材魁梧，腰围粗壮，一脸好胡须，被封为东平王。

汉明帝即位后，很器重刘苍，其他兄弟都回了封地，唯独把他留下来辅政，任命他为骠骑将军，位在三公之上。后来，汉明帝有四个兄弟谋反或有不轨之举，刘苍却丝毫没有非分之想，始终对汉室忠心耿耿。汉明帝对他信任有加，外出巡视时，就让他镇守京师。

刘苍发挥聪明才智，忠心辅佐汉明帝。他协助汉明帝制定了一系列经济、政治、文化政策，尽心尽力地处理政务，努力协调各种关系，积极推荐选用人才，还亲自主持制定了礼乐制度，为"明章之治"做出了重要贡献。刘苍宽厚待人，礼贤下士，受到人们的拥护和称赞。汉明帝对他十分满意，给东平扩大了五个县的地盘，还封刘苍的儿子为县侯，以示褒奖。

刘苍忠心辅政，敢于直言进谏。有一次，汉明帝车驾外去，观看城市宅第，见外面景色秀美，来了兴趣，准备去河内打猎。刘苍听说以后，立即上书劝谏道："眼下正是春耕农忙时节，陛下狩猎，必会兴师动众，增加百姓负担，这不仅不利于农业生产，还会造成不好的影响。希望陛下在冬季农闲的时候，再考虑打猎的事情。"汉明帝觉得很有道理，马上取消了打猎的计划，立即返回宫中。像这类忠言直谏的事情，刘苍做了很多，汉明帝总是虚心纳谏。

刘苍辅政五年，政绩突出，声望很高。汉明帝性格粗暴，时常打骂大臣，唯独对这个弟弟，从内心里敬重，使他居于一人之下，万人之上的尊贵地位。刘苍对此却觉得压力很大，认为威望太盛，不是好事，何况其他兄弟，都在封地，只有他一人在朝，不利于平衡兄弟之间的关系。于是，刘苍向汉明帝提出，他也要像其他兄弟那样，回到自己封国去，不宜久留朝中。起初，汉明帝不答应，后来见他心意已决，说得也有道理，只好勉强同意了，但坚决不同意他上交将军印，仍然保留朝廷职务，有事还要他随时回来。

刘苍回到封地，沐浴在儿孙亲情之中，十分快乐。但他并不耽于享乐，仍然关心天下大事，并且勤奋读书，写了许多诗歌、赋，还写了《光武受命中兴颂》。同时，刘苍重视封国的农业生产，关心百姓疾苦，经常行善事和救济穷人。有一次，汉明帝问他，在家里做什么事情最快乐？刘苍不假思索地回答："做善事，感到最快乐。"成语"为善最乐"，便来源于此。

刘苍虽然回到了封地，但汉明帝时常把他召到京城，一住就是几个月，与他共商国家大事。汉明帝去世时，嘱咐刘苍辅佐儿子汉章帝。汉明帝评价刘苍说："东平王苍，宽博有谋，可以托六尺之孤。"

汉章帝即位时，已经十九岁了。刘苍没有入朝辅政，但牢记哥哥的嘱托，时刻关心着侄子的所作所为。有一次，汉章帝颁发诏书，要为原陵、显节陵修建县邑。刘苍认为，这样做会劳民伤财，影响不好，立即上书劝阻。汉章帝听从了，收回诏书，停止了修建。汉章帝时期，朝廷遇有大事，都是派快马去征询刘苍的意见。刘苍每次都用心回答，他的意见，均被采纳应用。

刘苍并不是在封地被动地等待征询意见，有时也主动进京，帮助谋划国家大事。公元 82 年冬，刘苍年龄已经很大了，又一次要求入朝。因为天气寒冷，汉章帝特意派了使者，给他送去貂皮大衣，并亲自安排刘苍在宫中的住处。《后汉书》详细记载了汉章帝接待刘苍的情况，说："帝亲自循行邸第，钱帛器物无不充足齐备。"《后汉书》没有说刘苍为何而来，但在隆冬季节，刘苍冒着风霜雨雪，不远千里而来，肯定是为了国家大事。

刘苍这次在洛阳住了几个月，汉章帝专门给他配备了秘书等工作班子，还特意下诏，封刘苍的五个女儿为县公主。按照制度，诸侯王的女儿只能封为乡公主，汉章帝单独为刘苍破例，足见对其恩宠之深。刘苍回国时，汉章帝亲自送行，叔侄俩都流了泪，依依不舍地告别。

刘苍回到东平以后，就病倒了。汉章帝十分焦虑，立刻用快马送去御医，又派了多批使者，每日探望报告病情，一时之间，在千里道路上，探视刘苍的使者来往不断。

很不幸，刘苍一病不起，第二年就去世了。《后汉书》没有记载刘苍的出生年月，不知道他享年多少。刘苍是刘秀儿子中去世较晚的，年龄应该是不小了。

刘苍病逝，汉章帝非常悲痛，派出大鸿胪和五官中郎将，持节代表皇帝主持葬礼，诏令四姓诸侯国都去东平奔丧。东平的百姓，也纷纷哭号着参加丧礼。汉章帝亲自写了策文，高度评价刘苍的功绩和品德，称赞他为贤王。刘苍的葬礼规格，远远高于其他诸侯王。

汉章帝还下令，把刘苍所著的奏章、记、赋、颂等文章，汇集成册，共有文集五卷，让人们学习传诵，流传后世。

在封建时代，像刘苍这样受到皇帝恩宠和百姓爱戴的诸侯王，不是很多，刘苍是历史上著名的贤王。刘苍之所以成为一代贤王，根本原因，是他忠心为国，没有私心。

由此可见，只有心底无私的人，才会受到人们的尊敬和怀念。

仁德太守许荆

东汉前期，不仅出了一代贤王刘苍，还涌现出很多贤臣循吏。《后汉书》专门写有《循吏传》，桂阳太守许荆，就是其中之一。许荆以仁德闻名于世，受到人们赞扬。

《后汉书》记载，许荆，是会稽郡阳羡人，阳羡故城，在今常州义兴县一带。许荆出身于道德世家，许家在祖上的时候，就崇尚儒学，奉行仁义道德，门风良好，在当地颇有名声。

许荆的爷爷叫许武，许武有两个弟弟，叫许晏、许普。许武父母去世以后，兄弟三人一块儿生活，他们同心协力，和睦相处，挣下了一份很大的家业。

有一天，许武把两个弟弟叫来，说："按照礼有分异的原则，我们的家产，也应该分开。"许晏、许普齐声说："全凭哥哥做主。"于是，许武把家产分成了三份。许武自己，抢先挑了一份最好的，那一份田地肥美、住宅宽敞、奴婢能干，而把又差又少的那两份，分给了两个弟弟。

那个时候，讲究孝悌，长兄如父，所以，两个弟弟什么也没说，毫无怨言地接受了。不过，邻里乡亲却看不下去了，纷纷指责许武，骂他是贪婪鬼，不像当哥哥的样子。

许晏、许普分家以后，依然对哥哥很敬重，人们都称赞兄弟二人的美德。许武却受到人们鄙视，他出门的时候，人们常常在背后，戳他的脊梁骨。几年之后，许晏、许普兄弟俩，因为谦让孝悌，被当地推举为孝廉。孝廉，意思是"孝顺亲长、廉能正直"，这是汉武帝开创的一种自下而上选拔官吏的制度。许晏、许普被推举为孝廉，便入仕做官了。

这时，许武会集邻里乡亲，流着泪说："当初，我承受着贪婪的坏名声，目的是让两个弟弟获得好名声，得到富贵俸禄。现在，我的家产比从前增加了三倍，我要全部分给两个弟弟，自己一点也不留。"邻里乡亲这才恍然大悟，纷纷夸赞许武，许武的仁德之名传遍当地。

许荆承袭了祖上的美德，他饱读诗书，通晓儒学，恭敬有礼，成为远近闻名的谦谦君子。有一次，他哥哥的儿子许世，与人械斗，误伤人命，仇家手持刀棒，闯入家中，找他算账。许荆赶紧迎出门去，跪在地上，垂泪说："许世无礼，冒犯了你们，都是我没有尽到训导的责任。许世罪该当死，可怜我的兄长，过世很早，只有这一个儿子延续血统，我愿意代他去死。"仇家赶紧扶起许荆，说："您是有名的君子，我们怎敢对您无礼。"因而就此作罢。

许荆后来被推举为孝廉，他当过郡吏，因德才兼备，不断升迁，汉和帝时期，担任了桂阳太守。东汉时期的桂阳郡，大致在今天湖南郴州和广东北部一带，辖十一个县，郡府所在地在郴州。

许荆任桂阳太守，兢兢业业，殚精竭虑。他在政治上，坚持以德治郡，推行儒学，实施仁政，整顿官吏，达到社会清明；在经济上，采取富民政策，鼓励农耕，发展农副业，重视民生，关心百姓疾苦，提高人民生活；在法制上，实行轻刑慎罚，以德服人，教化民众，实现社会稳定，百姓安居乐业。

当时，桂阳郡靠近南州，文化不是很发达，风气习俗也很轻薄。许荆重视礼义教育，制定了婚丧制度，让百姓遵从礼义法禁，改善了民风习俗。许荆还特别重视道德教育，每当看到有违背道德的事情，他常常深感自责，觉得自己没有尽到责任。

有一次，许荆到耒阳县巡视。耒阳县有个叫蒋均的人，兄弟之间因争夺财物发生纠纷，互相到官府告状。许荆见兄弟两人，只看重财物，而失去了兄弟情意，心里十分难过，感慨地说："手足之情，弥足珍贵，怎么反而不如那点财物呢？这说明，教化没有得到推行，责任在我太守。我担负国家重任，没有尽到责任，应该受到处罚。"许荆回过头去，命身边官吏上书朝廷，请求到廷尉那里接受惩罚。蒋均兄弟俩深受感动，当场向许荆叩头，表示悔改。

许荆任桂阳太守十二年，成绩斐然，桂阳大治，受到百姓赞扬和歌颂，称赞他是仁德太守。许荆病逝以后，桂阳百姓自发地为他建庙立碑，永作纪念。

爱民模范第五伦

　　东汉前期，出了一位著名的爱民模范，名字叫第五伦。第五，是百家姓中的一个复姓，源于齐国田氏王族。刘邦统一天下之后，为了削弱原齐国田氏国君的势力，把田氏贵族分成八部，迁往长安一带，并改姓为第一、第二，一直到第八。第五伦是田氏贵族第五部的后代。

　　《后汉书》记载，第五伦年轻的时候，好义气，有德行，威信很高。当时，天下大乱，盗贼蜂起，人们纷纷依附第五伦，希望他能出头，保境安民。第五伦并不推辞，把人们组织起来，在险要地方修筑堡垒，凭坚据守，避免了盗贼的袭扰，民众都很感激他。当地官府得知他的名声，用他为吏，第五伦从此走上仕途。

　　第五伦从基层官吏做起，起初先当乡里的啬夫。他公平合理地收赋税、派差役、调解民事纠纷，很得百姓欢心。后来，第五伦当了管理市场的官员，他做事认真，办事公平，整顿市场秩序，严查弄虚作假，人们都心悦诚服。做基层官吏，直接与民众打交道，使第五伦亲身感受到百姓的淳朴，熟悉他们的疾苦和需求，对百姓产生了深厚的感情。

　　由于第五伦有仁德爱民的好名声，他的职务不断提升，后来当上了会稽郡太守，属于二千石的高官了。第五伦身居高位，却仍然保持着百姓本色，过着普通人的日子。他家里不雇用人，妻子做饭干家务，第五伦亲自割草喂马。第五伦心中牵挂穷苦百姓，每次领到薪俸，他只留一个月的口粮，其余的，全都低价卖给缺粮的穷人。

　　会稽郡长期流行一种不好的风俗，就是用牛祭神。牛是农民家里的重要财产，老百姓舍不得，但巫师到处宣扬说，如果不用牛祭神，神就会降下灾祸，让人得病，临死前还要发出牛的惨叫声，痛苦万分。百姓为此恐惧，几任郡守也不敢禁止。第五伦到任后，却不怕鬼神，他给各县发布文书，晓谕百姓，禁止宰杀耕牛，需要祭祀时，用猪、羊之类代替。凡是胡乱杀牛的，官府必须给予处罚；凡是巫师假托鬼神恐吓百姓的，一律捉拿治罪。没有多久，这个祸害百姓的陋习就绝迹了，老百姓纷纷拍手叫好。第五伦任会稽太守九年，一心为民，深受百姓爱戴。

公元62年，第五伦不知因为何事，触犯了朝廷法令，被征召入京。郡中百姓知道以后，扶老携幼，进行阻拦，有的攀着车子，有的拉着马，数以千计的百姓，啼哭着跟随，致使第五伦根本没法赶路。第五伦只好假装在亭舍里住下，半夜里悄悄乘船离开了。天明以后，许多人又追了上去，一直追到京城。第五伦到京城后，去廷尉那里受审，有千余人围在廷尉门口，为他求情，另外，还有数千人给朝廷上书。明帝下令不接受为第五伦讼冤的上书。后来第五伦被免为平民。

几年以后，汉明帝重新起用第五伦，任命他为蜀郡太守。蜀地富裕，有些官吏敲诈勒索百姓，百姓办事或者打官司，都要送钱送礼，行贿受贿之风大盛。第五伦对这种盘剥百姓的行为深恶痛绝，下令撤职查办了一批贪官，家里有钱的官员，多数弃之不用，而是提拔了一批家境贫穷但有操守的官员，很快扭转了执政风气。第五伦任蜀郡太守七年，蜀地大治，百姓欢乐。

汉章帝即位后，很欣赏第五伦的爱民品德，提拔他入朝当了司空，位列三公。第五伦身在朝廷，仍然心系天下百姓，他向汉章帝建议，要对百姓实行宽松政策。正好汉章帝也是忠厚之人，很赞成第五伦的意见，于是，朝廷制定了许多有利于百姓的政策和措施。

当时，朝廷有一些官员，为了尽快出政绩，喜欢用严刑峻法约束百姓，给百姓造成很大痛苦，而这类人，却往往被认为是能干的官员。第五轮坚决反对这种做法，主张撤换用刑严苛的官员，而重用那些为政宽厚的人。在第五伦的努力下，朝廷中宽厚爱民的官员越来越多。第五伦就是这样，一直想百姓所想，急百姓所急。

第五伦忠心为国，一心为民，是大家公认的公正无私之人。有人曾经问他："人们都说您没有私心，您真的一点私心也没有吗？"

　　第五伦很认真地回答："作为人来说，哪里有没有私心的呢？从前有人送我一匹千里马，我虽然没有接受，但当选拔官吏涉及送马人时，我不自觉地就会想起这件事来。还有，我侄子生病的时候，我一晚上去探望了十次，回来后就能安然入睡；而当我儿子有病的时候，我虽然没有去看望，却担心得一晚上没有睡着。这说明，人都是有私心的，关键的问题，是要克制住自己的私心，把心放公平。"人们听了，愈加敬佩第五伦。

　　第五伦晚年时，告老还乡。朝廷终身给予他二千石的俸禄，另赐钱五十万、公宅一处，让他颐养天年。第五伦活了八十多岁，寿终正寝。他的爱民事迹，受到人们赞扬，流传至今。

诚信君子范式

诚实守信，是儒家文化的重要内容，也是现代人们的道德规范。一般来说，诚信之人，都会品行端正。东汉前期，出了一个诚信君子，名叫范式。《后汉书》记载了他的事迹，留下了"鸡黍之交"的美名。

《后汉书》记载，范式，是今山东省济宁市金乡县人。他自小熟读儒学，为人谦恭，品行优良，特别注重诚信，一诺千金。

范式青年时期，到洛阳太学学习，与汝南人张劭成了好朋友。后来，两人请假，分别回乡。告别之时，范式对张劭说："两年后的今天，我要去您家里，拜谒令尊令堂大人，看望您的儿子。"两人含着眼泪，依依不舍地分别了。

两年之后，张劭算好了日期，知道范式快要来了，就把相约之事告诉了母亲，请母亲多买些酒肉食品，做好迎接范式的准备。张劭母亲却半信半疑，说："你们已经分别了两年，杳无音讯，两年之前、千里之外说的话，怎么还能当真呢？"张劭很认真地说："范式是个诚信君子，一定不会违约的。"果然，到了那天，范式真的来了，拜谒了老人，看望了孩子，带来了珍贵的礼物。张劭十分高兴，杀鸡煮黍招待范式。成语"鸡黍之交"，就来源于此。两个好朋友再度相聚，欣喜异常，开怀畅饮，彻夜长谈，一连住了几天，范式才尽欢离去。

过了几年，张劭身患重病，卧床不起。张劭的朋友郅君章、殷子征，日夜不离地照顾他。张劭临终之时，殷子征含泪问他，有什么遗言？张劭盯着他看了半天，长叹一声，说："可惜呀，我在临死之前，见不到死友范式了，这是我最大的遗憾。"殷子征一听，心里有些不快，说："我和君章日夜照顾你，还不是你的死友啊？"张劭解释说："你们只是我生前的朋友，我和范式，死后也是朋友，而且世代都是朋友，所以叫死友。"最终，张劭不停地念叨着范式的名字，遗憾地离开了人间。

此时，范式在山阳郡担任功曹，他经常思念好朋友张劭。一天夜里，范式忽然做了一个梦，梦见张劭穿着黑衣，戴着黑帽，急匆匆地赶来，对他说："范君啊，我要先走一步了，在地下等你。我某日某时下葬，你能不能来与我告别啊？"范式猛然醒来，感觉这是真的，心中大悲，失声痛哭。范式立即向太守请假，请求前去奔丧。太守心里并不相信，但觉得范式的感情可贵，就同意了。范式直接穿上丧服，骑上快马，直奔汝南而去。《后汉书》记载范式做梦之事，有点神秘，但范式的感情，却是真实的。

汝南郡在今安徽亳州一带，距离山阳郡有四百多里。范式尚未到达，张劭的丧礼就开始了。灵柩抬到墓地，张劭的母亲却说："我儿生前说过，要等范式来了，才可以下葬。"众人都不相信，但也只好默默地等待。不大一会儿，远处尘土飞扬，一人身穿素衣，打马号哭而来。张劭母亲说："那一定是范式。"范式来到灵柩前，哭着祭奠张劭，说："张君一路走好，在地下安心等我，咱们来日再相聚。"然后，范式亲自牵着绳索，引导灵柩下葬。参加送葬的一千多人，无不感动得流泪。丧礼过后，范式又停留几日，安慰老人，在张劭坟墓周围种上树木，这才回去。

后来，范式又回到洛阳太学，继续深造。当时太学生很多，天南海北的人都有。有个长沙临湘人，名叫陈平子，也在太学学习。他不认识范式，但听说过他的事迹，对他很崇拜。陈平子不幸染上重病，临死前嘱咐妻子说："金乡的范式，是个诚信君子，可以以死相托。听说范式外出了，我死后，把尸体暂时浅埋在范式门前，托付他把我送回家乡。"陈平子撕下一块白布，写了一封信，留给范式。

范式出行回来以后，看到书信，感伤不已。他虽然未曾与陈平子谋面，却觉得神交已久，可以视为死友。洛阳到临湘，有千里之遥，困难重重。范式一路护送陈平子灵柩，并照顾他的妻子，历经艰辛，回到他的家乡。在离临湘四五里路的地方，范式谢绝了陈平子妻子的再三挽留，与陈平子灵柩哭拜告别。陈平子的兄弟们知道以后，立即骑马去找，想要答谢报恩，但范式已经不知去向，没有找到。长沙的官员，听说此事之后，向朝廷上书，报告了范式的事迹。

后来，范式被推举为州郡的茂才。茂才，是美才之人的意思。范式四次担任荆州刺史，最后升迁至庐江太守。诚信之人，官德必好，范式每到一处，都享有盛名，得到人们赞誉。

义烈之士朱晖

　　义烈，即忠义节烈，指为人忠义，性情刚烈。东汉前期，不仅出现了大批贤儒良吏，还出现了许多义烈之人，朱晖就是其中的典型代表。

　　《后汉书》记载，朱晖，是南阳宛县人。朱家世代重视礼教，门风良好，在当地很有名声。朱晖的父亲死得早，朱晖年龄不大，就撑起家庭门面，孝敬母亲，和睦乡邻，很有骨气，人们都夸奖他。

　　在天下大乱的时候，有一次，朱晖与外婆的家人去宛城，路上遇到一伙起义军，《后汉书》称之为盗贼。盗贼们手持利刃，气势汹汹，掠夺了他们的财物，又见妇女们穿的衣服鲜艳，喝令她们把衣服脱下来。同行的兄弟和宾客们，全都吓得趴在地下，浑身颤抖，一句话也不敢说。朱晖当时只有十三岁，却毫不畏惧，拔剑上前，厉声斥责："光天化日，掠人衣服，大失礼仪。财物可以拿走，衣服不能脱下。否则，我将不惜生命，与盗贼决死。"盗贼们见他乳臭未干，却义正词严，颇有男子汉大丈夫的气概，便笑着说："孩子，把刀收起来吧。"盗贼们舍弃他们走掉了。

　　朱晖的父亲朱岑，与刘秀是太学时的同学，交情深厚。刘秀称帝以后，四处寻找朱岑，想请他入朝做官，得知朱岑已死，就把朱晖召进宫来，封为郎官，后又送他到太学学习。如果是一般人，有这样的关系，肯定会攀附依靠，朱晖却不会这些，他行为矜持严肃，进止必守礼节，人们都称赞他品德高尚。

　　汉明帝时期，明帝的舅舅阴就，仰慕朱晖的名声，亲自前去问候，朱晖看不上阴就的为人，不愿与他交往，避而不见。阴就又派家臣，给朱晖送去礼物，朱晖坚辞不受。阴就叹息说："真是义烈之士！"

当时辅政的东平王刘苍，也很器重朱晖，朱晖敬重刘苍，倒愿意与他交往。大年初一这天，刘苍和诸大臣入朝祝贺，按照惯例，少府应当提供玉石作为贺礼，可不知是什么原因，玉石迟迟没有送到。这时，皇帝召见的时间快要到了，刘苍急得直搓手。朱晖见阴就的主簿手里，拿着一块玉石，就夺了过来，交给了刘苍，帮刘苍解了围。主簿没想到朱晖如此大胆，竟然敢夺侯爷的东西，怒气冲冲地报告了阴就。阴就苦笑着说："朱晖是义士，不要再向他索要了。"汉明帝听说此事后，连连称赞朱晖的勇气，提拔他做了卫士令，负责皇宫宿卫。后来，又任命朱晖为临淮太守。

朱晖任太守期间，推崇道义，重视节操，对那些因义气而犯法的人，总是想办法为他们开脱，或者从轻发落；而对那些不义之囚，则严加斥责，加重处罚。不讲道义的官吏，对朱晖十分畏惧，老百姓却很爱戴他，作歌道："强直自遂，南阳朱季，吏畏其威，人怀其惠。"

东汉名臣张堪，与朱晖是同乡。朱晖还是太学生的时候，张堪就认识他，对他的品行很赞赏，曾经握着他的手说："我死了以后，想把妻子儿女托付给您，请您照顾他们。"当时，张堪年龄比朱晖大许多，是前辈，又是朝廷重臣，而朱晖只是一名年轻的太学生，所以，朱晖没敢应诺。从此之后，两人也没有再见面。

若干年后，张堪去世了。张堪为官十分清廉，家中积蓄不多，妻子儿女的生活遇到了困难。朱晖闻讯后，立即赶去，慷慨解囊，帮助他们渡过难关，以后，又年复一年地资助和照顾他们。朱晖与张堪的交往，形成了历史上一个著名成语典故，叫"情同朱张"，被人们传为美谈。

朱晖的儿子感到奇怪，问父亲："您与张堪并无来往，为何对他的家人如此关心呢？"朱晖说："当初张堪把家人托付给我，我虽然嘴上没答应，但心里感激他对我的信任，已经铭记在心了。张堪身居高位的时候，自然不需要我的帮助，如今他的家人有了困难，我岂能袖手旁观？"朱晖又告诫儿子说："做人，就应该注重道义。"朱晖的儿子，后来官至陈相，也是一位备受称赞的好官。

朱晖有一个朋友，名叫陈揖。陈揖不幸早逝，留下一个遗腹子陈友。朱晖自愿承担起替朋友养育陈友的责任，供他读书，把他培养成才。南阳太守素闻朱晖贤名，想提携朱晖的儿子到府中任职，朱晖却恳求太守，把陈友召进府去。南阳太守深为钦佩，慷慨应允。陈友不负众望，勤奋努力，也成为一名好官。

朱晖不仅对朋友重情重义，对普通百姓的疾苦，也是十分关心。他仗义疏财，乐善好施，经常拿出钱财，救济穷人。有一年，南阳发生大饥荒，每石米价格高达千钱，饿死了不少人。朱晖心中焦急，他把家产都捐献出来，全部分给了穷苦百姓。

汉章帝久闻朱晖的义烈之名，十分欣赏，提拔他入朝担任尚书仆射，协助尚书令掌管尚书台。东汉时期的尚书台，是个决策机构和行政机构，位置相当重要。此时，朱晖已经八十岁了，仍然兢兢业业，不辞劳苦，而且性格依旧刚烈，十分倔强，时间不长，朱晖就和汉章帝干上了。

当时，朝廷财政出现困难，有官员建议，恢复汉武帝时期的"均输法"，就是由政府垄断经营盐、铁等大宗商品。汉章帝很感兴趣，认为这是解决眼下财政困难的好办法。朱晖却坚决反对，认为这是与民争利，饮鸩止渴。尚书也都同意朱晖的意见。汉章帝实在不愿意放弃这一生财之道，干脆直接颁发诏书，要施行"均输法"。

按照常规，皇帝下了令，臣子们自然要奉诏执行。因此，尚书们都不再坚持了，但唯有朱晖不干，他单独一人上书，说这样做，必定会闹得百姓怨恨，官吏腐败，于国家不利，不是明君所为。汉章帝看到奏章，生气了，因朱晖年老，不忍心责备他一人，便下诏书，严厉责备尚书台。按官场规矩，遭到皇帝斥责，官员应该主动请罪，于是，朱晖带领尚书，自动坐牢去了。尚书受到连累，心里都埋怨朱晖。

到了第三天，汉章帝气消了，也想通了，下令放朱晖等人出来，并承认"均输法"的诏书下得不对。尚书都松了一口气，各自办公去了。可是，朱晖心里的气还没有消，他噘着嘴，生闷气，不肯多说一句话，也不办公，以示抗议。尚书令亲自去劝他，朱晖硬邦邦地说："如果阿从皇上的意思，就违背了臣子之义，我朱晖不干这种违心的事。我都八十岁了，还怕什么，只等着受死。"说完，朱晖就闭上嘴，再也不说话了。

朱晖的态度，让尚书刚放松的心，又揪了起来，他们害怕皇帝再次生气，可能又会迁怒于整个尚书台，怎么办呢？尚书一嘀咕，便给汉章帝上了一道奏章，弹劾朱晖，说他抗旨不遵，罢工不干活。他们这是为了自保，皇帝如果再发怒，那就与他们没关系了，由朱晖一人顶着吧。

没有想到的是，汉章帝看了弹劾书，不仅没有生气，反而被朱晖的刚正不阿所打动，他马上派人，去慰问朱晖，让御医给他看病，赏给朱晖钱财衣物，还特意关照御膳房，每天做些好吃的，给朱晖送去。朱晖性情刚正，但并非不通情理，皇帝都做到这个分上了，他也只能是表示谢罪，然后继续办公了，但施行"均输法"的事情，也就不了了之了。

更没有想到的是，不久，汉章帝提拔朱晖当了尚书令，由副职升为正职了。汉章帝不愧是贤明之君，他心里十分清楚，朱晖心中，装的是整个国家，唯独没有他自己，这样的大忠臣，正是他最需要的。

朱晖当了尚书令，那些弹劾朱晖的尚书，一个个全都傻了眼，十分尴尬。但朱晖是个正派人，根本不与他们计较，更不会打击报复，给他们小鞋穿，而是继续与他们公正相处。

朱晖一直活到汉和帝时期，才寿终正寝。《后汉书》没有记载他的出生年月，不知道他享年多少，应该是相当高寿的。

朱晖受到后人的高度评价，赞誉他是奉行仁义礼智信的楷模。

义烈之女羊子妻

义烈之人，既有达官显贵，也有普通百姓；既有男子，也有女人。《后汉书》的一个重要特色，是在正史中第一次为妇女作传，专门写有《列女传》。这些列女，有的只是普通百姓，甚至连名字都没有留下，但其高尚品德，令人赞叹。其中，乐羊子的妻子，就是一个典型代表。

《后汉书》记载，河南有个叫乐羊子的人，娶了一个深明大义的妻子，不知是哪里人，也不知道叫什么名字，人们都称她为羊子妻。《商丘县志》倒有记载，说"乐羊子妻，梁国穀丘（今河南虞城谷熟镇）人"，但仍不知其姓名。在封建社会里，妇女地位很低，许多人没有名字。

乐羊子家里很穷，日子过得很艰难。有一天，乐羊子喜笑颜开地跑回家，将一块金子交给妻子。妻子吃了一惊，忙问是从哪儿来的。乐羊子得意地说，是在路上捡的。羊子妻一听，很严肃地对丈夫说："我听说，有志之士不喝盗泉之水，不吃别人轻蔑施舍的食物，怎么可以捡别人的金子，来玷污自己的名声呢？"乐羊子听了，感到十分惭愧，就把金子扔到了野外。

羊子妻为了提高丈夫的品行和学问，鼓励他离家外出，到远方拜师求学。乐羊子外出，只有一年时间，就回来了。妻子正在织布，感到很奇怪，这么短的时间，是学不到多少东西的呀。羊子妻跪着问丈夫，有什么缘故？乐羊子说："没有什么缘故，只是离家时间久了，有些想家，所以就回来了。"

羊子妻听了，沉思一会儿，便拿着刀子，走到织机前，对丈夫说："这些织物，来自蚕茧，用梭子织成，一丝一线加起来，便成为一寸，一寸一寸加起来，就成了一丈一匹。如果用刀割断了这些织物，就会前功尽弃。你在外学习，也是一天一天地积累知识，如果半途而废，中断了学业，那与割断这些织物，有什么不同呢？"乐羊子听了，深受触动，又回去继续学习，竟然七年没有回家。

从《后汉书》记载来看，羊子妻只是用断布的道理教育丈夫，并没有真的用刀割断织物。另外，羊子妻虽然说了不能半途而废的话，但"半途而废"的成语，并不是她创造的，而是出自西汉学者戴圣的《礼记·中庸》，原话是："君子遵道而行，半途而废，吾弗能已矣。"

丈夫在外学习，羊子妻独自一人，挑起了家庭重担。她整日辛勤劳作，精心赡养婆婆，还时常给丈夫捎去些衣物和其他东西，日子过得十分清苦。有一次，邻居家的鸡跑到她家里，正好羊子妻不在家，她家已经很长时间没有吃肉了，婆婆一时贪心，偷偷把鸡逮住杀了，炖了一锅鸡肉。羊子妻回家后，得知实情，不肯吃肉，还暗自垂泪。婆婆问是什么缘故，羊子妻自责地说："我叹惜家里太穷，没有尽到孝义，让您吃别人家的鸡。"婆婆听了，心中后悔，便把鸡肉倒掉了，也没有吃。

羊子妻温柔贤惠，性情却十分刚烈。由于丈夫不在家，有个歹徒想占她的便宜。有一天，歹徒持刀闯进她家里，意图不轨。羊子妻也急忙拿起刀来，要与歹徒拼命。歹徒一把抓住婆婆，把刀架在她脖子上，喝令羊子妻把刀放下，威胁说："你要依从了我，可保全你婆婆的性命；如果不从，我立刻杀了她。"羊子妻见婆婆处于危险之中，心中焦急，但如果让她顺从歹徒，玷污了自己的清白，那是万万不能的。

羊子妻万般无奈，决心豁出自己的性命。她流着泪对婆婆说："孩儿不孝，只好先走一步了，不能再伺候您老人家了。"说着，横刀一割，断颈而死。歹徒没有想到，羊子妻竟然如此刚烈，心中大惊，推开婆婆，仓皇而逃。

人们听说羊子妻的事迹后，十分伤感，纷纷称赞她是义烈之女。郡里太守听说此事后，大为感动，立刻下令，全力缉拿凶手，捉住后立即处死，为羊子妻报了仇。太守还赏给羊子妻一些绸布，按崇敬的礼节埋葬了她，并赐号"贞义"。

关于她丈夫乐羊子的情况，《后汉书》没有记载，不知道他学业如何，有什么成就。这个乐羊子，是东汉人，而不是战国时期著名的魏国将领乐羊，有可能是乐羊的后代。

羊子妻只不过是一个平凡的小人物，但她用自己的高尚行为告诫人们：无论做什么事情，都不可半途而废；不管是什么人，都应该具备崇高的品德。

这个道理，在任何时候，对任何人，都是有着重要意义的。

吴祐仁义执法

法律，是用来惩治犯罪的，所以要求执法者，必须要严格执法。然而，东汉时期的吴祐，却做到了仁义执法，演绎出了法律无情人有情的动人故事，受到人们称赞。

《后汉书》记载，吴祐，是陈留郡长垣县人。有的史书，把他写成吴佑。

吴祐的父亲叫吴恢，官至南海太守。有一次，吴恢想用竹简抄写经书，吴祐劝阻道："您这部书如果抄写完了，需要大量的竹简，要用不少车辆运载。南海这个地方，多有珍奇稀有之物，您用车辆运载竹简，很容易被人误认为是奇珍珠宝，会遭人猜忌的。从前马援载运薏苡，就被人诬告。所以，您还是不要抄写书了吧。"吴恢听了儿子的话，觉得很有道理，抚摸着儿子的背说："我吴家世代，都有像季子（名札，春秋时期吴国的贤人）那样贤明的人啊！"那一年，吴祐只有十二岁。

吴祐二十岁的时候，父亲不幸病逝，他只好回到老家长垣。吴恢为官清廉，家中连一石粮食的积蓄都没有，吴祐为了生活，不得不去放猪。有一天，遇到父亲过去的一个同僚，同僚很吃惊，说："你是二千石高官的儿子，却干着这种下贱的事，怎么对得起你地下的父亲呢？"吴祐只是笑笑，他认为自食其力，并不是耻辱，仍然继续放猪。

吴祐一边放猪，一边苦读诗书，积累了满腹学问。贫苦的生活，使吴祐与普通百姓打成一片，形成了敦厚、质朴、逊让的性格。后来，吴祐被推举为孝廉，步入仕途。他为政勤奋，宽厚仁义，逐渐升为胶东侯相。

吴祐为官仁爱简易，以身作则。老百姓有争诉的，吴祐常常闭门反省自己，然后才开门断案。他审案时，着重用道德晓谕他们，力求和解。吴祐经常到百姓聚居之处，为他们调解纠纷，受到百姓欢迎。这样一来，民间争端明显减少，官吏和百姓都怀德不相欺诈，吴祐的威望日益提高。

有个叫孙性的低级官吏，见父亲穿的衣服破旧了，想给父亲买件新的，但兜里没有钱，就私自收了百姓的钱，为父亲买了衣服。孙性父亲知道了实情，大怒，训斥儿子说："有吴君这么好的相，怎能忍心欺骗他？"逼着儿子去向吴祐认罪。孙性心里既惭愧，又害怕，拿着衣服到吴祐那里去自首。

吴祐见孙性前来请罪，就支开左右，单独一人询问详情。孙性把事情的来龙去脉和父亲说的话，全都告诉了吴祐。吴祐原谅了他，说："你是因为孝敬父亲的缘故，才犯了过错，而且知错能改，就不处罚你了，回去好好感谢你的父亲吧。"吴祐自己拿出钱来，让孙性还给百姓，衣服就送给了孙性的父亲。

有个安丘人，叫毋丘长。他和母亲在街市上行走时，碰到一个醉汉，醉汉侮辱他的母亲，毋丘长一怒之下，杀死了醉汉，然后逃走了。杀人是大案，官府全力缉捕凶手，很快就把毋丘长抓住了。

吴祐审理此案，他很同情毋丘长，但又不能为他开脱。吴祐遗憾地对毋丘长说："看到母亲被侮辱，做儿子的发怒，是人之常情。但是，孝子发怒，一定要考虑后果，不能连累父母。现在你犯了死罪，杀了你，我于心不忍；不杀你，又违背了法律，怎么办呢？"

毋丘长对自己的鲁莽行为，深感后悔，他用刑具系着自己的双手，说："我身犯国法，您虽然可怜我，但这是不能施恩的，我甘愿伏法。"吴祐心里，更加不忍，叹息良久，然后，问毋丘长有没有需要他帮助的事情，又问他有没有妻子和孩子。毋丘长回答说，有妻子，但没有孩子。吴祐一听，心里便有了主意。

吴祐派人去安丘，假装逮捕毋丘长的妻子，把她关到监狱里。吴祐吩咐狱吏，把毋丘长的刑具去掉，让他和妻子同宿一室，不久，毋丘长的妻子就怀孕了。吴祐很高兴，他为毋丘长留下后代的计划实现了。他特意交代狱吏，要好好照顾孕妇。

行刑的日期快要到了，吴祐安排毌丘长的母亲，去向儿子诀别。毌丘长给母亲跪下，哭着说："我辜负了母亲，罪该当死，只是无法报答吴君的大恩大德了。"毌丘长咬下自己的一个手指头，吞到肚子里，嘴里含着血，嘱咐母亲："妻若生子，取名吴生，长大以后告诉他，说我临死之前，吞指为誓，让他一定报答吴君。"为了不让吴祐为难，当夜，毌丘长在狱中自缢而死。

吴祐在胶东任职九年，他仁义爱民，受到百姓赞扬。好人必有好报，吴祐活到九十八岁高龄，无疾而终。

吴祐仁义执法的事例表明：法律是严肃无情的，但如果用仁爱之心来执法，法律也是会有人情味的。

酷吏有情夫妻团圆

　　"酷吏"，现在是个贬义词，但在汉代，是指铁面无私、执法如山、用刑严猛之人，并不是坏名词。比如，不向权贵低头的强项令董宣，就是东汉著名的酷吏，被写入《酷吏传》。

　　东汉时期的黄昌，也是一名酷吏。他执法苛猛，严酷无情，但却对失踪多年的妻子，怀有深情，念念不忘。几十年后，夫妻意外重逢，尽管妻子已经改嫁他人，黄昌并不嫌弃，坦然接纳，恩爱如故，在历史上留下了一段佳话。

　　《后汉书》记载，黄昌，是会稽郡余姚县人。他出身孤苦微贱，生活贫穷，家住学宫附近，却上不起学。黄昌很羡慕那些学子，便开始自学，先学习经学，又学习文书法律。黄昌机敏聪慧，学习刻苦，居然学到了一身本领。后来，黄昌被官府征召，任州书佐和郡决曹，开始了仕途。

　　黄昌在任州书佐期间，娶了余姚县戴次公的女儿为妻，两人情投意合，十分恩爱。不料，有一次妻子回娘家，半路上被强盗抢走了，从此下落不明。黄昌急得像疯了一样，四处寻找，始终杳无音讯。几十年过去了，黄昌对妻子日夜思念，没有再娶别的女人。

　　黄昌把全部精力都投入工作当中，由于成绩突出，受到上司赏识，被提拔为宛县令。黄昌对强盗恨之入骨，对盗贼毫不留情。有一次，他的车盖被盗，黄昌故意表现出不重视，暗地里却派人秘密查访，结果发现，是他手下一名主管盗贼的官员偷的。那个官员是当地大族，势力很大，有恃无恐。管盗贼的人竟然自己做贼，这还了得！黄昌大怒，立即下令逮捕那个官员，同时把他的家属也捉来，一并处死。盗车盖不是大罪，黄昌明显用刑过严。但这一下，却震动了全县，世家大族都吓得发抖，说黄昌是神明。

黄昌用刑严酷，手段强硬。黄昌任蜀郡太守时，他的前任因为年龄大了，有些糊涂，致使不法之徒十分猖獗，百姓蒙受不白之冤。黄昌到任后，老百姓听说了他的名声，纷纷前去控诉冤情，前后有七百多人。黄昌逐一审理，为他们申冤，每件案子，都判得公平合理，受到百姓称赞。

有一次，黄昌抓到一个盗贼头子，并不声张，而是暗地里严刑审讯，迫使他交代同伙。强盗头子受不了酷刑，全都招了。这样，各县里那些为害一方的盗贼，就全在黄昌掌握之中了。黄昌做好各种准备，一声令下，全线出击，将这些盗贼全部抓获，一个漏网的也没有，黄昌由此威名大振。那些为人凶狠、残暴不仁、经常做坏事的人，听说了黄昌的威名，都吓得逃到其他地方去了。

他任陈相的时候，当地有个姓彭的豪强，行为放纵，名声不好。他家在路边建了一座高楼，黄昌每次从这里经过，彭家的妇人都站在楼上看他，指指点点。这是不符合礼教的，黄昌很生气，下令把那个妇人关进监狱，定了个罪名处死了。这事黄昌做得过分了，加重了他滥杀的名声。

黄昌的妻子戴氏，被强盗掠走后，流离转徙到了蜀地。蜀地山高水险，路途遥远，信息闭塞，戴氏没有办法回家，为了生存，只好嫁了人，生儿育女，过着普通人的生活。她听说新来的太守叫黄昌，心头一惊，不由得想起了自己的丈夫，但她想不到，自己原先的丈夫，正是当今的蜀郡太守。恰在这个时候，她的儿子犯了法，被官府捉去了，戴氏救子心切，就跑到黄昌那里去申诉。

戴氏见到黄昌，依稀觉得像是丈夫的模样，但分别时间太久了，她又改嫁了别人，怎敢贸然相认？黄昌见了戴氏，已经完全认不出来了，但听她说话，像是余姚一带的口音，便问她是哪里人？戴氏吞吞吐吐地说："妾本是余姚人，姓戴，被贼所掳，才来到这里。"戴氏迟疑了一下，又说："妾原来有个丈夫，在州里当书佐，也叫黄昌。"

黄昌一听，顿时惊呆了，心头突突乱跳，眼前这个满脸皱纹的老太婆，难道就是自己日思夜想的妻子吗？黄昌盯着她，看了半天，问道："你说丈夫是黄昌，有什么凭据吗？"戴氏说："我丈夫左脚心有颗黑痣，他说这是贵兆，将来能当二千石的高官。"黄昌听罢，立刻流下泪来，忙伸出左脚，脱掉鞋袜，让戴氏看。戴氏一见，几乎昏厥过去。于是，两人相认，拥抱悲泣。满屋子的人，无不为之动容垂泪。

黄昌没有嫌弃戴氏失过身，当即把她接回家，复为夫妇，而且恩爱有加，幸福美满。至于戴氏后来的丈夫是个什么情况，是活着，还是死了，《后汉书》没有说。

黄昌虽说是酷吏，但他对妻子的深情厚义，还是令人感动的，也是值得称赞的。而在当时，还有一对恩爱夫妻，留下了举案齐眉的佳话，更是被人们广泛传颂。

丑女有德举案齐眉

举案齐眉，是人们熟知的成语，意思是说，送饭时把托盘举得跟眉毛一般高，形容夫妻恩爱，互相尊重。

这个成语，来自东汉时期梁鸿、孟光夫妻俩。丈夫梁鸿，才貌双全；妻子孟光，却是又胖又黑又丑。两人外貌差异很大，却是心心相印，有共同志向，所以能够相敬如宾，恩爱一生，成为模范夫妻的典范。

《后汉书》记载，梁鸿和孟光，是扶风平陵（今陕西咸阳一带）人。梁鸿的父亲叫梁让，做过王莽朝廷的小官，死在北地。当时梁鸿年龄还小，又正值战乱，无法妥善安葬，只好用席子裹着尸体，草草地埋葬了。

梁鸿长大以后，进入太学学习。他学习很刻苦，通晓百家之书，几乎没有他不懂的学问。梁鸿为人谦逊谨慎，循规蹈矩，从不轻易发表议论，更不与人争执，人们都夸他品德高尚。

梁鸿完成学业后，觉得自己不适合当官，就抛弃仕途，自食其力去了。因暂时没有找到适宜的工作，他便到上林苑去放猪。有一次，梁鸿不小心引起了火灾，把别人家的房屋给烧了。梁鸿很内疚，主动找到那家人，把猪全部赔给了人家。可那家人还嫌不够，梁鸿没办法了，说："我没有别的财产了，愿意做工补偿。"梁鸿做事很勤快，从不偷懒。邻居们看他很忠厚，一齐责备那家人。那家人经过一段时间的接触，也很敬佩梁鸿，打算把猪还给他。梁鸿不肯接受，回老家去了。

梁鸿才学出众，又长得一表人才，许多有权势的富豪都仰慕他，想把女儿嫁给他，梁鸿总是婉言谢绝。这并非梁鸿眼光高，而是他已经打算归隐山林了，那些富家女儿，娇生惯养，自然是不合适的。梁鸿的择妻标准是：与自己有共同志向，能够吃苦耐劳。

本县有个姓孟的女孩，长得又胖又丑，皮肤很黑，力气却很大，能够举起石臼，所以三十岁了还嫁不出去，她自己也不愿意随便嫁人。女孩对父母说："要嫁人，就要嫁给像梁鸿那样的贤人。"父母听了，哭笑不得。梁鸿知道以后，却觉得孟家女儿，正是他要找的人，马上请人去提亲。孟家喜出望外，赶紧选择吉日，把女儿嫁了出去。

孟家女儿嫁给梁鸿以后，整整七天，梁鸿都不肯搭理她。孟家女儿跪在床前，问他缘由。梁鸿说："我选择的妻子，是要与我一同到深山隐居，去过苦日子的。现在，你穿着华丽的衣服，涂着香粉，难道是我希望的人吗？"孟家女儿一听，咧开嘴笑了，说："我这是故意考验你的，我还有干活穿的衣服呢。"于是，孟家女儿走进里屋，换上了粗布短衣，全身劳动打扮，走了出来。梁鸿一见，拍手大笑，说："这才是我梁鸿的妻子呀！"梁鸿亲自给她取名，叫孟光，字德曜。

两人结婚不久，就进入霸陵山中，隐居起来。白天，梁鸿外出耕田打柴，孟光在家织布做饭；晚上，两人一块儿读书、弹琴、说笑。生活虽然清苦，却也逍遥自在，无约无束，其乐融融。他们常常景仰那些高洁的人，为二十四位著名的隐士写了赞颂文章。

梁鸿作《五噫歌》，讽刺帝王宫室华丽而民众为此劳苦终日不得休息。章帝听后十分不满，派人寻访梁鸿。梁鸿一心只想过平静的生活，不愿意踏进人世间烦恼的纷争之中，于是改名运期耀，携妻子到了齐鲁一带，住了一段时间以后，又迁到更远的吴地。

他们到了吴地，找了一家富豪，去做雇工，替人家春米，他们就在富豪家的屋檐下栖身。梁鸿每天回到家中，孟光都做好了饭，把饭放到托盘里，举得和自己眉毛一般高，递到梁鸿手里，这就是"举案齐眉"的由来。

这家富豪的主人，名叫皋伯通，也是一位名士。他看到这种情况，感到很奇怪，对家里人说："这个雇工，能让妻子这样敬重他，绝不是一般的人。"于是，皋伯通把梁鸿夫妇请到家里来住，不让他再做工，而是以朋友相待，后来知道了梁鸿的真实姓名，对他更是敬重。梁鸿从此闭门著书，写了有十多篇。

梁鸿晚年时，得了重病，临终前嘱托皋伯通，死后就地埋葬，不要让儿子千里迢迢地把灵柩运回老家。皋伯通依照遗嘱，把他安葬在吴国名士要离的墓旁，并说："要离是义烈之士，梁鸿是清高之人，就让他们长相伴吧。"

《后汉书》没有记载梁鸿的出生年月，不知道他享年多少。后来，孟光和孩子们回到老家，也不知所终。

梁鸿夫妇对社会没有做出很大的贡献，但他们始终不渝的爱情，却对人们有着深刻的教育意义，所以，"举案齐眉"的故事，至今被人们广泛传颂。

邓太后临朝称制

从刘秀建立东汉，到汉和帝病逝，这八十年时间，属于东汉前期。这一时期，经济繁荣，社会发展，名人辈出，是东汉王朝的兴盛和辉煌阶段。

汉和帝去世以后的八十年，是东汉的中期。这一时期的主要特点，是皇帝幼小或无能，外戚和宦官轮流把持朝政，东汉王朝逐渐走向衰落。

105年，年仅二十七岁的汉和帝英年早逝。他只有两个儿子，长子有病，不能当皇帝，只能由幼子刘隆继位。可是，刘隆才出生一百多天，还是一个吃奶的婴儿，并且二百多天之后就夭折了，史称汉殇帝。面对这"主幼国危"的局面，汉和帝的皇后、年仅二十五岁的邓绥，挑起了朝廷重担，她立了十三岁的汉安帝，自己则临朝称制。

邓太后是东汉中期著名的女政治家，临朝称制长达十六年。她出身名门，品行端正，为政勤勉，苦苦支撑着东汉局面，颇有政绩。但她长期未能还政于帝，形成了外戚专权，她死之后，东汉王朝开始走下坡路了。

《后汉书》记载，邓绥，是东汉开国第一功臣邓禹的孙女。她自小乖巧，善解人意，邓禹夫人很喜欢她。邓绥五岁的时候，邓禹夫人亲自为她剪发，由于年老眼花，误伤了她的前额，邓绥却忍着疼一声不吭。左右感到奇怪，问她疼吗？邓绥说："哪能不疼啊，可是我如果喊疼，会让奶奶难过的，所以忍住了。"大家见她小小年纪，竟然如此懂事，都暗暗称奇。

邓绥的父亲叫邓训，是邓禹的第六子，因不爱文学，常被邓禹责备。邓绥看在眼里，便认真读书，六岁能读史书，十二岁通晓《论语》《诗经》。她的母亲却说："你不习女工，一心向学，难道想当博士吗？"邓绥很听话，白天按照母亲的要求操练女工，晚上再学习诗书。父亲觉得她与众不同，虽然年龄小，有事却常常与她商议。

邓绥十一岁时，父亲邓训不幸病逝。邓训虽然不爱文学，但心胸开阔，与人为善，当过武威太守，名声很好。邓绥对父亲十分敬重孝顺，父亲死后，她日夜号哭，悲痛不已，整整三年，不吃荤菜，致使面容憔悴，连亲戚都不认识她了。

邓绥十四岁那年，被选入宫中。她身高七尺二寸，姿色美丽，出类拔萃，大家都很惊讶。她十六岁时，被汉和帝封为贵人。当时，汉和帝的皇后阴氏，是阴丽华哥哥阴识的曾孙女，很受和帝宠爱。邓绥侍奉阴皇后，恭敬肃穆，小心谨慎，一举一动，都有规有矩。她不敢与阴皇后穿同样颜色的衣服，和阴皇后同见和帝时，她总是站着，不敢坐下，也不敢说话。《后汉书》说她，"承事阴后，夙夜战兢"。这倒引起了汉和帝的同情和怜悯，逐渐把宠爱转移到了她的身上。

阴皇后见邓绥受宠，自己渐被冷落，心生怨恨。有一次，汉和帝生了重病，阴皇后发狠说："我一旦得志，一定要把邓氏灭族。"邓绥听说后，十分悲伤，流着泪说："我用尽诚意，侍奉皇后，想不到她如此恨我。皇上如有不测，我恐怕会变成人彘，家族也会遭殃，唯有一死，才能免祸。"说着，就要饮毒自杀，侍女们哭着劝阻了她。后来，汉和帝的病好起来了，邓绥才松了一口气。

阴皇后对邓绥的恨意越来越深，她没有别的办法，就搞巫蛊活动，求助鬼神加害邓绥。当时，搞巫蛊是大罪，事情败露后，汉和帝恼怒，下诏废了阴皇后。邓绥得知后，极力劝阻挽救，但没有成功。汉和帝想立邓绥为皇后，邓绥推说自己有病，深居闭户，拒绝汉和帝召幸。过了半年之后，经过再三推辞谦让，邓绥才登上皇后之位。邓绥当了皇后，亲手写了谢恩的奏书，陈述自己德行浅薄。这时，四方诸侯为表示祝贺，纷纷贡献珍贵华丽之物，邓绥一律谢绝。汉和帝想封爵邓氏家族，邓绥苦苦哀求劝阻。邓绥生活节俭，身着素装，没有修饰，朴质无华，受到人们赞誉。《后汉书》记载了邓绥的许多美德，但笔者读后，感觉似乎有表演的嫌疑。

邓绥当皇后三年之后，汉和帝驾崩。邓绥没有儿子，汉和帝和其他女人生的儿子倒不少，前后有十几个，可惜大多数都夭折了。汉和帝怀疑宫中有人害皇子，后生的往往隐秘地养于民间。此时，汉和帝的儿子只有两个，长子刘胜，因有痼疾不能立，邓绥只好立了只有百余天的刘隆当皇帝，自己成了皇太后，临朝称制。可没想到，刘隆只当了二百多天皇帝就死了。邓太后又立了汉章帝的孙子、年仅十三岁的刘祜当皇帝，即汉安帝，自己仍然临朝称制。

邓太后执政之初，就表现出了圣英明哲。当时经过连续大丧，宫中比较混乱，有一篮珠宝不见了。邓太后觉得，如果命人严厉追查，必定会伤及无辜，而且容易造成人心恐慌。于是，她亲自召见宫人，仔细观察他们的表情，进行询问。结果，偷盗者做贼心虚，神情慌乱，不得已自首服罪。

宫中有个叫吉成的人，深受汉和帝宠信，其他人忌妒他，汉和帝死后，就联合起来，诬告吉成有巫蛊之罪，掖庭狱经过拷问，坐实了他的罪名。但邓太后却觉得有问题，命人核查，结果证实，吉成确实是被冤枉的，于是，惩罚了诬告者，还了吉成清白。宫中没有不叹服的，纷纷称赞邓太后圣明。

邓太后执政不久，东汉发生了严重自然灾害，史称"水旱十年"。邓太后十分担心，常常通宵不能入睡。她勤于政务，亲自安排救灾，赈济受灾百姓，减免税赋，发展生产。同时，厉行节约，大规模减少开支。邓太后不迷信鬼神，以为太多的祭祀没有用处，还耗费钱财，下令减少祭祀官员和祭祀费用，仅此一项，就节省了数千万钱。邓太后规定，郡国贡纳的物品，统统减去一半，以减轻地方和百姓的负担。各地停止金银、珠玉、雕镂等贵重玩物制作，把钱用到发展经济和救灾上。皇宫带头减少开支，鹰犬宠物全部卖掉，减少画工音乐人员，遣散宫女五六百人，皇宫丧事费用，只有常规的十分之一，宫廷的日常食物，也裁掉了二十三种。邓太后则菲薄衣食，减少车马，为群下表率。经过多方面努力，东汉度过了灾害危机，天下稳定。

邓太后关心百姓疾苦，重视司法公正。有一次，她亲自到洛阳监狱，查看有无冤案。有一名囚徒，本来没有杀人，却因严刑逼供，被迫招认。邓太后询问时，他见有当地官员在场，没敢申辩。邓太后离开后，又回头看了他一眼，见他满眼含泪，想要诉说什么。邓太后立刻又转身回来，好言劝慰，那囚徒打消了顾虑，声泪俱下地诉说了自己的冤情。经核查后属实，邓太后大怒，下令逮捕洛阳令，让他入狱抵罪。

邓太后对娘家人的要求十分严格，她曾专门下诏给有关部门，要求外戚子弟犯罪，必须严格处理，不得宽容枉法。邓太后还专门为皇室和外戚子弟办了一所学校，有七十多人。邓太后亲自监督他们学习，加强教育，要求他们遵循圣人之道，约束自己的行为。在邓太后的管教下，邓氏子弟都比较守法，很少有骄横放纵之人，这在东汉历代外戚中，是很少见的。

邓太后在政治上，对一些弊端进行了调整和革除；在经济上，重视农耕，关心百姓生活；在军事上，平定了西羌之乱，抵御鲜卑的袭扰。

邓太后执政十六年，德政颇多，总体上还是不错的。后人有的赞誉她"兴灭国，继绝世"，有的把她列为历朝贤后之一。不过，邓太后执政，主要依靠她的娘家人，属于外戚专权。她的哥哥邓骘，先当车骑将军，后任大将军，掌控朝政；她的弟弟邓京、邓悝、邓弘、邓阊，也在朝中为官，还有很多邓氏子弟，都在朝廷或者地方上任职。邓氏家族控制了整个朝廷，朝中多有非议。

汉安帝成年之后，邓太后继续把持朝政，仍然不肯还政于帝。郎中杜根上书，请求汉安帝亲政。邓太后发了怒，把杜根装到袋子里，乱棍打死，所幸杜根苏醒过来，捡回来一条性命。平原郡的官员成翊世，也因为奏请还政之事，被邓太后关到监狱里。其实，世上万物，都有两面性，掌权太久，权力过盛，不见得是好事，反而容易招惹灾祸。果然，邓太后死后，邓氏家族就蒙难了。

对这个道理，邓氏家族有的人也看得很清楚，邓康就多次劝谏邓太后还政。邓康，也是邓禹的孙子，当时任越骑校尉。邓康为人方正，明智达理，他认为太后久临朝政，宗门盛满，并非好事，因而多次劝说邓太后退居深宫，不要再干预政事，无奈太后不听。邓康感到长此以往，必有祸端，于是称病不出。邓太后一怒之下，开除了他的族籍。后来，邓氏蒙难，邓康幸免，而且升为太仆，当了九卿高官。

121 年，邓太后因病去世，享年四十一岁。当时，汉安帝已经二十七岁了，太后死了，他终于可以亲政了。那么，汉安帝干得怎么样呢？

汉安帝安于享乐

邓太后病逝，汉安帝亲政。此时，汉安帝二十七岁，正值年富力强，并且他已经当了十几年皇帝了，本应该是大有作为的，然而，汉安帝却胸无大志，昏庸无能，追求安逸享乐，致使宦官当道，外戚当权，东汉王朝开始走向衰落。

《后汉书》记载，汉安帝刘祜，是汉章帝的孙子，章帝三子刘庆的儿子，汉和帝的侄子。刘祜十三岁时，被邓太后立为皇帝，但大权都在邓氏手中，他当了十几年的挂名皇帝。汉安帝从小长于皇宫，养尊处优，当皇帝后，也是百事不问，养成了安于享乐的习惯。汉安帝无所事事，整天与身边的宦官混在一起，在他周围，逐渐形成了以李闰、江京以及乳母王圣为首的宦官集团。

汉安帝亲政以后，宦官集团就因宠得势。汉安帝大权在握，立即把李闰、江京、樊丰等人提升为中常侍，不久又封李闰为雍乡侯，封江京为都乡侯。乳母王圣以及王圣的女儿伯荣，更受宠信。其他宦官，也得到信任重用。这些宦官，无德无才无功，却身居高位，飞扬跋扈，不可一世。有一次，伯荣外出，前呼后拥，排场很大，郡县官员夹道迎送，有的甚至叩首行礼。

这些宦官，有些受到过邓太后的训斥或责罚，怀恨在心，邓太后一死，他们便向邓氏发难了。李闰、王圣等人，多次进谗言说，邓氏兄弟想废掉皇上，另立平原王刘翼为帝。汉安帝昏庸，对宦官言听计从，下令以谋反罪，诛杀了邓悝等人，邓骘免官回家，被逼自杀。邓氏家产被没收，家属遭流放。其他邓氏子弟，有的遭免职，有的被废为庶人，有的也被杀害。其实，这完全是诬陷，根本没有这回事。邓氏子弟虽然专权，但不骄横，而且政绩显著，口碑良好。邓氏蒙难，许多大臣不服，纷纷仗义执言，为其鸣冤叫屈。汉安帝见犯了众怒，只好以中牢礼仪安葬祭祀邓骘，诏令被流放的邓氏族人回到京师。

汉安帝贪图安逸享乐，怠于政事，许多政务都交给宦官去办，宦官集团把持了朝政。宦官贪污受贿，生活奢侈，结党营私，排挤忠良，致使纲纪败坏，朝政混乱。以太尉杨震为代表的一批正直的大臣，与宦官展开斗争，无奈宦官有皇帝支持，难以动摇，杨震遭宦官陷害，被逼自杀。

汉安帝不仅宠信宦官，也宠信外戚。他的皇后阎姬，因貌美而备受宠爱。安帝亲政后，阎皇后的兄弟阎显、阎景、阎耀、阎晏等人，都得到重用，有的提拔为高官，有的统领禁军。阎氏家族参与朝政，权倾朝野，形成了外戚集团。外戚集团与宦官集团，有时钩心斗角，竞相争宠，有时互相勾结，共同对付正直的大臣和妨碍他们利益的人，连皇太子刘保，都遭到他们合伙陷害，被废黜了太子之位。太子的母亲李氏，也被阎皇后鸩杀了。有这两大恶势力把持朝廷，兴风作浪，东汉王朝焉能不败？

汉安帝之所以宠信重用宦官和外戚，是因为他觉得宦官和外戚，是他最亲近的人，而且需要依附于他，对他忠心和顺从，政务交给他们最放心，使他可以安逸悠闲，纵情享乐。这体现了汉安帝昏庸无能的本性。

在东汉王朝纲纪混乱的同时，又出现了外患。汉安帝亲政的第三年，西域发生叛乱，北匈奴残余势力，鼓动车师等国反叛汉朝，联合攻击河西四郡，西部地区烽烟再起。有些人主张放弃西域，大臣张当、陈忠坚决反对，认为西域归属汉朝已久，轻易放弃，会失去人心、损害国威。汉安帝不想落个丧失国土的坏名声，同意了张当、陈忠的意见，任命班超之子班勇为西域长史，率军平叛。班勇不负众望，击败匈奴，降服车师，平定了西域。这是汉安帝为数不多的一个政绩。

在东汉王朝面临衰败之时，老天爷也来捣乱。在汉安帝亲政的第四年，京城洛阳和二十三个郡发生地震，有三十六个郡发了大水，或下了冰雹，有的地方还发生了其他自然灾害，人民生命财产遭受严重损失，百姓生活苦不堪言。

125年，面对这内忧外患、破败不堪的局面，汉安帝竟然还悠然自得地南下游玩。不料，行至宛城，忽然得病，死于途中，终年三十一岁。

汉安帝亲政四年，时间虽短，衰败速度却很快，邓太后十六年苦心经营的成果，被他毁于一旦。依笔者看来，邓太后之所以不肯还政于帝，也许看出他是个败家子，不是当皇帝的料，对他不放心。不过，邓太后没有把这个少年登基的皇帝培养好，也有不可推卸的责任。

汉安帝在历史上名声不佳，《后汉书》评价他说："安帝德行不高，君道暗乱，政化陵迟，汉祚衰微，自此而始。"

汉安帝死了，朝廷大权落到阎皇后手里。汉安帝只有一个儿子，为宫女李氏所生，名叫刘保，曾经被立为皇太子。可是，李氏是阎皇后毒死的，刘保的太子之位，也是她进馋言废掉的，刘保与她有着深仇大恨，阎皇后岂敢立他？那么，谁来当皇帝呢？

阎太后又立小皇帝

汉安帝死了，朝廷大权落到他的皇后阎姬手里。阎皇后想学邓太后的样子，立个小孩子当皇帝，自己以皇太后的身份临朝称制，与兄弟们一起把持朝政。可是，邓太后是位政治家，阎太后只是个野心家，根本玩不转朝廷，很快就失败了。

《后汉书》记载，阎太后，名姬，是河南荥阳人。她的爷爷叫阎章，在汉明帝时期当过尚书；父亲是阎畅，安帝时任长水校尉。

阎姬长得貌美，如花似玉，也有才气。114年，她以"才色"被选入宫。当时，汉安帝已经成年，但邓氏独揽大权，他安于享乐，沉溺于酒色之中。汉安帝一见到阎姬，立刻被她的美貌倾倒，日夜缠绵，如胶似漆，难舍难分，不久立为贵人，第二年，封她为皇后，掌管后宫。

阎皇后外表漂亮，内心歹毒，依仗皇帝对她的宠爱，骄横霸道，为所欲为。她妒忌心很强，仇视所有皇帝临幸过的女人，皇帝临幸其他女人时，她常常撒泼使性，大耍威风，所以，汉安帝只有一个儿子。汉安帝曾经临幸了一个姓李的宫女，并生下了儿子刘保。阎皇后知道以后，醋性大发，怒不可遏，竟然鸩杀了李氏。

阎皇后虽然长期专宠，却生不出儿子来。120年，由邓太后做主，把汉安帝唯一的儿子刘保，立为皇太子，以备继承大统。阎皇后自然十分不满，心中恼怒，但邓氏专权，她没有办法。阎皇后虽说强横，但并不傻，她心里十分清楚，邓太后是万万不能得罪的。

121年，邓太后去世，汉安帝亲政。阎皇后没有了约束，更加肆无忌惮了。她的哥哥弟弟们，有的被提升为高官，有的掌管军队，有的还被封了侯。阎氏子弟，纷纷入朝当官，甚至连七八岁的孩童，都被封为郎官。一时间，阎氏家族鸡犬升天，显贵无比。外戚集团与宦官集团相互勾结，控制了整个朝廷。

阎皇后既然杀害了太子刘保的母亲，也必定不会让刘保再当皇太子，但刘保是汉安帝唯一的儿子，没人能够代替太子之位，所以难度还是很大的。阎皇后为了废黜太子，费尽了心机。她与宦官江京、樊丰等人密谋，先将太子身边的几个心腹杀害，除去了太子的羽翼，然后屡次向安帝进谗言，说刘保行为恶劣，不宜当太子。汉安帝昏庸，又宠爱阎皇后，有些动心，便让大臣们商议。

此时，朝廷已被外戚和宦官所控制，大臣们很多都是阎氏子弟和他们的党羽，大将军耿宝等人，也都依附了阎氏。阎皇后事先向他们传达了旨意，所以，在朝堂上，耿宝等人力主废黜太子。太常桓焉和廷尉张皓不同意，说：“太子不满十岁，有什么大恶？即便有些缺点，可以选德行高尚的师傅加以引导，是能够改正的。”这话说得合情合理，但汉安帝不听，仍然废黜了太子。汉安帝真是昏庸至极！

太子被废的第二年，阎皇后陪伴汉安帝南下游玩，走到宛城时，安帝忽然生病，时冷时热，病情严重，只好取消游玩，立即回京。在回京途中，走到叶县，安帝呈现出弥留状态。他想嘱咐后事，但已经说不出话来了，只能流着泪，眼睁睁地盯着阎皇后，最后死于车中，终年三十一岁。

皇帝突然死亡，阎皇后没有思想准备，心绪大乱。此刻，她心中不是悲哀，而是在想皇帝死了以后的事情。皇帝驾崩，是件天大的事，朝中必然大乱，阎氏应该怎么办呢？她要赶快去和兄弟们商议。于是，阎皇后下令，严密封锁皇帝死亡的消息，饮食、起居假装与平常一样，然后，快马加鞭，星夜返京。

赶回京城后，阎皇后不敢耽搁片刻，立即把兄弟们和江京、樊丰召来，策划大事。按照制度，刘保是唯一的皇位继承人，但他若登基，就意味着阎氏覆灭，那是万万不能的。他们经过密谋，决定迎立刘懿继承皇位。

刘懿，是汉章帝的孙子，章帝五子刘寿的儿子，与汉安帝同辈。

《后汉书》没有记载他有多大，但肯定是个小孩子。立刘懿为帝，是违背制度的，只有在汉安帝没有儿子的情况下，他才在皇位继承人考虑范围之内，何况他又与汉安帝是同辈。但是，阎皇后他们，此时已经顾不上这么多了。

阎皇后他们一切准备好了，才对外宣布汉安帝驾崩，由刘懿继位，史称前少帝。众臣皆大吃一惊，心中不服，无奈阎氏只手遮天，他们不知所措。

此后，东汉王朝外戚与宦官轮流专权的闹剧，就越来越精彩了。

宦官政变立顺帝

阎太后一心专权，立了个小皇帝，自己执掌大权。可是，掌权并不是件容易的事情，阎太后无德无才，根本没有掌权的本事，德不配位，反而容易招祸。结果，以孙程为首的十九名宦官，联合发动政变，一举铲除了阎氏势力，拥立刘保当了皇帝，被称为汉顺帝。

《后汉书》记载，汉安帝死后，阎太后等人抛开安帝儿子不用，另立了一个小皇帝，虽然阴谋得逞，但违背了制度，失去了人心，为日后灭亡埋下了祸根。可以说，阎太后执政的基础，是很不稳固的。

可是，阎太后一伙，只有疯狂的权力欲，却没有政治头脑。立了前少帝之后，阎姬不顾辈分悖谬，自封为皇太后，由嫂子变成了继母，临朝称制，独揽大权。任命哥哥阎显为车骑将军、仪同三司，统领军队，入朝辅政。仪同三司，是东汉时期设立的官名，与三公同待遇。后来，阎显排挤掉曾为他们立有功劳的大将军耿宝，把权力全都抓到了自己手里。阎太后还任命弟弟阎景为卫尉，阎耀为城门校尉，阎晏为执金吾，阎氏兄弟全都身居要职，把持朝政，作威作福。大臣们心中不平，敢怒而不敢言。

阎氏家族原先与宦官集团互相勾结，狼狈为奸，如今大权在握，开始排挤宦官势力。汉安帝的乳母王圣，过去依仗皇帝恩宠，对太后不够恭敬，如今太后掌权，岂能容她？于是，安了个罪名，把王圣、王圣的女儿、女婿等人，全都流放到外地。宦官樊丰等人，身居要职，过去为阎氏立过大功，如今用不着了，于是，把樊丰、樊严、谢恽、谢笃、谢宓、周广等人免官入狱，樊丰、谢恽、周广还被处死。宦官心中怨恨，咬牙切齿。

宦官孙程，是涿郡新城（今河北徐水）人，自幼入宫，很有胆略，此时担任黄门，常伴皇帝左右，是个要职。孙程同情刘保，痛恨阎氏，便秘密串通与他关系好的宦官，共有十九人。孙程私下里分别对他们说："刘保是先帝的唯一骨血，理应继承大统，阎氏逆天而行，人心不服，必不能长久。如果我们拥立刘保为帝，一定会得到荣华富贵。再说，我们那么多兄弟，都遭到阎氏毒手，此仇焉能不报？"宦官全部赞同，摩拳擦掌。

此时的刘保，只有十一岁，虽然年龄小，但母亲早逝、太子位置被废等一连串打击，使他有些早熟。他十分清楚自己的处境，加上性格柔弱，所以闭门不出，不敢有半句怨言。阎太后想害他，找不到一点借口。汉安帝发丧时，不允许他上灵堂参加丧礼，刘保痛哭悲号，几天不吃饭。大家对他十分同情。《后汉书》说："内外群僚莫不哀之。"

阎太后立小皇帝的目的，是想长期专权。然而，人算不如天算，前少帝命短，只当了七个月的皇帝就死了，阎太后又慌了阵脚。他们赶紧密谋，决定迅速派人，去接济北王和河间王的孩子入宫，准备从中挑选一个，继承皇位。

孙程在宫中担任要职，消息十分灵通，得知这一情况后，立即把早已串通好的十八人召集起来，决定发动政变，拥立刘保上台。宦官群情激奋，截衣立誓。当天夜里，他们分头行动，刺杀阎氏在宫中的亲信爪牙。宦官在宫中熟门熟路，十分方便，阎氏爪牙们又没有防备，所以，没费多大力气，就把江京、刘安、陈达等人除掉了。李闰过去也是阎氏亲信，现在已经离心离德了，他在宫中很有权势，所以，孙程没有杀他，而是逼他参加，并且让他当头。李闰同意了，孙程他们实力大增，一夜之间，阎氏在宫中的势力，就被清除干净了。

天刚微明，孙程他们把刘保请来，同时召集群臣，宣布立刘保为帝，被称为汉顺帝。群臣喜笑颜开，伏地叩首，高呼万岁。然后，孙程以汉顺帝的名义，分别向有关部门颁发诏书，宣布即位，声讨阎氏罪行，并且组织力量，分头去抓捕阎氏兄弟及其亲信。此时，阎氏兄弟尚在睡梦之中，还不知道外面已经变了天。

阎显起床之后，听到消息，大惊失色，慌忙跑去见太后。阎太后哪里经过这种事，万分紧张，只得以太后的名义下诏，组织力量抵御，并悬赏说："捉住刘保的，封万户侯；捉住李闰的，封五千户。"可是，由于阎氏倒行逆施，早已人心尽失，没有人肯为他们卖命。此时，人们只听从汉顺帝的诏令，太后的诏令，则成了一张废纸。很快，阎显、阎晏兄弟以及亲信们，都被逮捕入狱，阎太后也被囚禁起来。

尚书郭镇，平日里十分痛恨阎氏兄弟，孙程知道这个情况，以汉顺帝的名义给他下诏，让他负责带兵去抓捕阎景。郭镇当时有病，卧床不起，见诏令后大喜，顿时病色全无，一跃而起，立即带领羽林军，去捉拿阎景。路上，巧遇阎景带领一队随从，匆匆往皇宫赶来。郭镇拦住去路，厉声喝道："奉诏捉贼！"阎景此时还摸不着头脑，忙问什么诏。郭镇高声大呼："是新即位的皇帝诏令！"阎景的随从听了，都把手中的刀枪放下，只有阎景一人反抗，举刀砍向郭镇。郭镇侧身一躲，随即反手一剑，刺中了阎景。手下士兵一拥而上，把阎景捆了起来。阎景带领的随从，都原地不动，没有一人上前，可见阎氏丧失人心，到了何种程度！阎景受了伤，送到监狱后，当天晚上就死了。

宦官发动政变，把刘保成功推上了皇帝宝座。汉顺帝登基后，大赦天下，奖励有功人员，诛杀了阎显、阎晏兄弟和他们的党羽，没收其家产，流放家属。汉顺帝看在父亲的面子上，没有杀阎太后，只是把她逐出皇宫，迁到离宫居住，第二年，阎太后就死了。《后汉书》没有记载她的出生年月，应该还比较年轻。

阎氏家族身居高位，权势熏天，看似强大，却被一群宦官轻而易举地给灭了，根本原因，是阎氏丧失人心，宦官发难，众人响应，人心所向。

由此看来，人心比权力更强大、更重要。世界万物，唯有人心，无坚不摧。

汉顺帝顺从宦官

宦官发动政变，铲除阎氏势力，拥立汉顺帝上台，并不是为了伸张正义，更不是为了汉朝江山，其主要动机，是想取代外戚地位，登上权力宝座，享受荣华富贵，实质上，这是宦官集团与外戚集团，为争夺权力而展开的殊死搏斗。

在这一轮争斗中，宦官集团取得胜利，把持了朝政。汉顺帝是宦官拥立的，自然要感激宦官、顺从宦官，况且，他还只是一个十岁露头的孩子，不得不由宦官摆布。

《后汉书》记载，125年，宦官政变成功，汉顺帝登基。局势安定之后，宦官做的第一件事情，就是邀功请赏，升官发财。

宦官以汉顺帝的名义，向天下发布诏书，表彰他们的功绩，说他们心怀忠义，慷慨激昂，勠力同心，扫灭大恶，安定天下，功德无量，应该名录史册，流传后世。《后汉书》详细记载了十九个宦官的姓名，分别是孙程、王康、王国、黄龙、彭恺、孟叔、李建、王成、张贤、史汎、马国、王道、李元、杨佗、陈予、赵封、李刚、魏猛、苗光。这样，十九个宦官，就名扬天下、永垂史册了。

光有名誉还不行，还要有实惠。十一月五日，这是中国历史上宦官最荣耀的一天，在这一天，十九名宦官同被封侯，史称"一日十九侯"。孙程食邑万户，王康、王国各九千户，其余五千户、四千户不等。李闰因没有参加首谋，没有被封侯。宦官还得到了大量金银钱帛以及车马等物，名利双收。

当然，宦官最看中的，还是权力。十九名宦官全部升官，并且担任要职，皇宫中各个重要职位，都由宦官把持。孙程担任骑都尉，掌管羽林军，是个二千石的高官。后来，王道、李元又先后担任这一职务。这样，整个朝廷，包括皇帝的安全，都在宦官的控制之中。

孙程他们掌握了大权，在朝中排除异己，安插亲信。朝廷最高的职位是三公，此时担任三公的，是冯石、刘熹、李郃，他们与宦官不亲近，于是，宦官把他们免掉，换成了亲信朱宠、桓常、朱伥。朝中大臣，凡是依附宦官的，都得到提拔重用；凡是不顺从他们的，都受到排挤。当然，这些事，那是以汉顺帝的名义干的。汉顺帝对宦官言听计从，百依百顺。

宦官得势，骄横跋扈。有个宦官叫张防，担任中常侍，侍奉皇帝。他狐假虎威，多次收受贿赂，并对揭发他的人打击报复。有个叫虞诩的大臣，十分耿直，多次上书，要求查办张防，但都没有回音。虞诩火了，自己去了监狱，上书说："从前安帝信用宦官，差点毁了社稷；如今张防又专权弄势，亡国危险再次来临。我不愿意与张防同列朝廷，所以自投监狱，免得重蹈杨震的覆辙。"

张防听说以后，在顺帝面前痛哭流涕，说虞诩诬告他，于是虞诩获罪，被送去服苦役。张防依然不肯放过他，两天之内，虞诩被严刑拷打了四次，遍体鳞伤。狱吏劝他自杀，虞诩说："如果默默无闻地死了，谁能辨别是非呢？我宁愿被打死，也决不自杀。"朝中大臣纷纷上书，为虞诩求情，一时间，闹得沸沸扬扬。

孙程虽说是宦官首领，他本人倒比较正直。孙程和张贤两人，直接上殿，要求顺帝惩办张防。此时，张防正站在顺帝背后，孙程大声训斥，喝令他滚蛋。最后，张防获罪流放边疆，虞诩被擢升为尚书仆射。后来，有人弹劾孙程，说他当着皇帝的面，呵斥左右，是对皇上大不敬。汉顺帝心里，对孙程也不满意了。

汉顺帝长大以后，觉得这些宦官太过分了，就下诏让十九侯都到各自的封地去，不准留在朝中。但宦官势力已大，朝中党羽亲信众多，司徒朱伥带头上书，劝谏皇帝，宣扬十九侯的功劳。汉顺帝性情温和，后来又把十九侯全部召回，恢复官职。孙程回来后，不久就病死了。

汉顺帝十七岁时，立了梁妠为皇后。梁妠聪明贤惠，才貌双全，很受宠爱。她的父亲叫梁商，是东汉名臣梁统的曾孙。梁商既有能力，又谦恭温和。为了与宦官抗衡，汉顺帝任命梁商为大将军，入朝辅政，并提升梁商儿子梁冀等人的官职，培植梁氏势力，梁氏家族开始登上历史舞台。

144年，汉顺帝患病去世，时年二十九岁。他只有一个儿子，叫刘炳，当时只有一岁，梁太后临朝称制，朝廷大权又落到梁氏外戚手中。

梁太后临朝听政

汉顺帝死后，东汉王朝连续出了三个小皇帝，分别是汉冲帝、汉质帝、汉桓帝。他们登基的时候，年龄最大的十四岁，最小的只有一岁。汉顺帝的皇后梁妠，被尊为皇太后，临朝摄政。

梁太后没有邓太后那样的政治才干，也没有阎太后那样的权力欲，只是一个贤惠的淑女。她的哥哥梁冀，却是骄横跋扈，专权乱政，致使东汉王朝加速衰落。

《后汉书》记载，梁妠，出身于名门世家，是东汉初期武威太守梁统的后代。梁妠小时候聪明好学，既善女工，又好诗书，九岁能诵读《论语》《诗经》中的大义，也能领略，而且常把列女图画放置左右，自我监督和警戒。她的父亲梁商十分惊异，暗地里对家人说："我们的祖先在河西时，对百姓有恩德，必有好报，大概会让这个孩子富贵吧。"

梁妠十三岁时，被选入宫中，封为贵人。她美丽端庄，温柔贤惠，汉顺帝十分喜欢，常常和她在一起。梁妠虽然年龄不大，却知道专宠会遭人嫉妒，便常劝顺帝关照其他嫔妃，雨露均沾。梁妠从不恃宠而傲，而是对人谦恭礼貌，因而她与其他嫔妃相处和睦，汉顺帝对她十分敬重。

132年，梁妠凭德义进位，被立为皇后。梁皇后更加谦逊，每当出现日食、月食等不祥之兆时，她总是换穿素衣，主动检讨自己的过失。

汉顺帝为了抗衡宦官，大力培植梁氏势力，任命梁皇后的父亲梁商为大将军，入朝辅政，任命梁皇后的哥哥梁冀为执金吾，其他梁氏子弟也得到重用。梁商儒雅谦逊，性情温和，辅政六年，颇有贤名。梁商死后，汉顺帝又任命梁冀为大将军，接替了父亲的职务。梁冀与他老子截然不同，骄横放纵，性情残暴，专权近二十年，败坏了东汉江山。汉顺帝没有想到，他用心培植梁氏势力，却是前门拒狼，后门进虎。汉顺帝培植梁氏，与梁皇后没有多大关系，《后汉书》没有梁皇后干政的记载。

144年，汉顺帝病逝，他唯一的儿子、年仅一岁的刘炳继位，被称为汉冲帝。梁妠被尊为皇太后，临朝摄政。她任命赵峻为太傅，李固为太尉，总领尚书事务。梁冀继续任大将军，也参与尚书事宜。梁冀专横霸道，独断专行，梁太后根本管不了她这个哥哥。

梁太后没有儿子，汉冲帝是虞美人生的。梁太后对汉冲帝视如己出，但没想到，汉冲帝不久就患病，当皇帝不到一年就死了。在汉冲帝患病期间，梁冀怕他不能存活，便派人把汉章帝的玄孙、年仅八岁的刘缵接到宫中，冲帝一死，梁冀奏报太后，随即立刘缵为帝，被称为汉质帝，梁太后仍然临朝摄政。

汉质帝年幼，不知道厉害，他见梁冀飞扬跋扈、盛气凌人，便当众称梁冀为"跋扈将军"。梁冀恼怒，派人毒死了他。汉质帝当皇帝也不到一年。梁太后或许是不知情，或许是知道实情也没有办法，毕竟梁冀是她的亲哥哥。

汉质帝死后，李固等大臣，都主张立个年长的皇帝，但梁冀与梁太后商议后，立了十四岁的刘志当皇帝，被称为汉桓帝。刘志是汉章帝的曾孙，之所以立他为帝，是因为他的妻子梁莹，是梁太后和梁冀的亲妹妹。汉桓帝继位后，梁太后继续临朝摄政。

这样，梁太后前后在三个皇帝时期执政，大权在握。但她性格温和，能力平平，既没有多少德政，也没有多少劣行，朝廷大权实际上都在梁冀手里。《后汉书》评价她说：梁太后日夜勤劳，至诚待人，信任贤者，选拔忠良，实行节俭，天下平和，社稷安宁。然而，她溺爱宦官，纵容哥哥，天下失望，不得人心。

150年，汉桓帝十八岁了，梁太后有病，便把朝政交还给汉桓帝。梁太后乘辇到宣德殿，召集群臣，颁布诏书，说："我素有心下结气的老病，近日以来，逐渐加重，身体浮肿，不爱饮食，恐不能再与诸公卿士相始终了。现将皇帝和我的兄弟们，托付给众大臣，希望各自勉励。"

不久，梁太后病逝，享年四十五岁，谥号烈顺皇后。

梁太后虽然死了，但朝廷大权依旧掌握在她哥哥梁冀手中。梁冀更加有恃无恐，祸乱朝纲，东汉王朝一天比一天衰落下去。

梁冀专权跋扈

梁冀，出身于名门大族。他的祖先梁统、父亲梁商等人，都素有贤名，他的两个弟弟也很好。不料，梁家却出了梁冀这个不肖子孙。他依仗妹妹梁太后势力，长期专权，残暴不仁，败坏纲纪，玷污门风，成为朝廷之奸臣，家族之孽子，受到后人唾骂。

《后汉书》记载，梁冀的相貌，就像是个恶人。他两肩耸起来，像老鹰的翅膀；眼睛像豺狼一样，倒竖着，直勾勾地看人；口齿不利索，说话含糊不清。梁冀不爱学习，游手好闲，好酒贪杯，擅长射箭蹴球、弹棋六博，还喜欢放鹰驱犬，跑马斗鸡。

这样一个不学无术之人，汉顺帝却连续提拔，甚为倚重。梁冀先后担任黄门侍郎、侍中、虎贲中郎将、越骑、步兵校尉、执金吾等重要官职。

136年，梁冀当上了河南尹，成为一方大员。他残暴凶妄，做了许多非法之事。洛阳令吕放，是梁冀父亲梁商的好朋友，出于好意，把梁冀的所作所为告诉了梁商，让他管教儿子，免得败坏门风。梁冀因此受到父亲责备，便怀恨在心，竟然派人刺杀了吕放，而且嫁祸别人，杀了一百多个无辜的人，把自己的罪行掩盖过去。

141年，梁商病逝，临终前告诫儿子，要好好做官、做人，效忠朝廷，并嘱咐葬礼要从简，不要铺张。梁商死后，还未下葬，汉顺帝就任命梁冀为大将军，同时任命梁冀的弟弟梁不疑为河南尹。梁不疑与梁冀不同，他喜读经书，善待士人，因看不惯梁冀专横，后来与另一个弟弟梁蒙，辞官回乡，得以善终。梁冀兄弟三人，只有他一个逆子。

144 年，汉顺帝病逝，梁太后临朝摄政，梁冀更加有恃无恐。两岁的汉冲帝死了，梁冀迎立了八岁的汉质帝。汉质帝虽然年幼，却很聪明，他知道梁冀骄横，曾在召见群臣时，注视着梁冀说："这是个跋扈将军。"梁冀十分恼怒，怕日后不好控制，就派人毒死了他。汉质帝死后，梁冀不顾众臣反对，与梁太后商议，立了十四岁的妹夫汉桓帝。汉桓帝也是长期挂名皇帝，大权都在梁冀手里。

梁冀生性残忍，杀人不眨眼。他喜欢兔子，搜罗养了一大群，下禁令说，谁敢伤害兔子，就判处肉刑或死罪。有个西域来的商人，不知道禁令，误杀了一只兔子，梁冀把他处死，而且还株连杀了十几人。梁不疑的宾客，到梁冀地盘上去打猎，被梁冀逮住，三十多人全被杀掉，那可是他弟弟的宾客啊！宛县县令吴树，公正执法，依法处死了梁冀的门客，得罪了梁冀。梁冀借吴树调任荆州刺史之机，设宴给他饯行，却在酒里下毒，毒死了他。梁冀在朝中排除异己，凡是反对他的人，都遭到毒手，连位列三公的太尉李固和前太尉杜乔，都被他陷害致死。

梁冀专横跋扈，什么人都不放在眼里，什么人都敢杀。当世名儒袁著、郝絜、胡武、刘常等人，爱发表正直的言论，梁冀不顾及社会影响，把他们逮捕处死了，而且株连杀掉了六十多人。

梁冀的弟弟梁不疑、梁蒙，喜好儒学，礼贤下士，与儒生多有来往。梁冀派人化装守在他们家门前，凡有来拜访的，一律抓捕，或流放，或处死。南阳太守马融、江夏太守田明，因去拜访梁不疑，被梁冀陷害，遭到剃光头和鞭打的刑罚，并充军到朔方。田明死在路上，马融自杀未遂。

梁冀贪婪成性，骄奢淫逸。梁冀手里有一份富豪名单，找个罪名，把他们关押起来，严刑拷打，逼他们拿钱赎罪。有个叫士孙奋的人，家中富有却很吝啬，梁冀向他索要五千万，他却只肯给三千万。梁冀大怒，把他害死在狱中，霸占其全部家产，价值一亿七千万。

梁冀大建府第，广开园林，征调几县民夫，为他建府修园。园内奇珍异宝、珍禽驯兽，应有尽有，规模与皇家差不多。

梁冀独揽朝政，大权在握，为所欲为。朝廷大小事情，都由他说了算；宫中侍卫近臣，都由他一手安插；所有官员，无不对他侧目而视，天子对他也很恭敬。梁冀一家，前后封侯的七人，出了三个皇后、六个贵人、两个大将军，另有担任卿、将、尹、校官职的五十七人。他的儿子梁胤，人称胡狗，容貌丑陋，才十六岁，官衣官帽都穿戴不了，也被封为河南尹，朝野上下，没有不嗤之以鼻的。

梁冀天不怕、地不怕，唯独怕老婆。他老婆叫孙寿，姿色甚美，把眉毛画得又扁又细，扭捏作态，妖里妖气。不知道是什么原因，梁冀就是惧怕她，尽管权势熏天，梁冀却不敢纳妾，只能偷偷地找女人。

《后汉书》说，梁冀只有孙寿一个妻子，但他有一个叫友通期的地下情人。友通期曾经是汉顺帝的妃子，被汉顺帝废黜。梁冀与她搞在了一起，很是宠爱，但不敢公开，让她住在城西一处房子里，自己偷偷摸摸地去幽会。可是，时间一长，还是被妻子孙寿发现了。孙寿醋性大发，立即带领仆人，把友通期抓了回来，剪去头发，划破脸皮，痛加笞打，把友通期打得皮开肉绽，鬼哭狼嚎。梁冀不仅不敢庇护求情，反而向妻子下跪认错。梁冀与友通期生了一个儿子，梁冀把他藏在夹壁里边，不敢让他见人。后来，孙寿索性把友通期一家全杀了，梁冀连屁也不敢放一个。

梁冀惧怕妻子，便千方百计讨好妻子的娘家人。他时常向孙寿的母亲叩头请安，比对自己的亲娘还孝顺。孙寿让他提拔娘家人，梁冀不敢不从，因此，孙家做侍中、卿、校尉、郡守、长吏的，多达十余人。他们贪赃枉法，横行霸道，梁冀不敢吭一声。梁冀为了讨好妻子，故意抬高孙氏宗族的地位，反而把梁家许多当权的人都免了官。所以，梁冀当权期间，梁家的地位反而不如孙家高。

梁冀为妻子想得十分周到，除了这些以外，他还要为孙寿弄个政治地位。梁冀授意亲信上书，说梁冀有周公辅成王那样的功勋，既然封赏了他的儿子，也应该封赏他的夫人。于是，汉桓帝封孙寿为襄城君，除享用襄城的租赋外，还享用阳翟县的租赋，每年收入五千万。另外，汉桓帝还专门下诏，赐给孙寿赤色印绶，与皇帝的公主同等级别待遇。孙寿喜笑颜开、心满意足了。

有趣的是，孙寿生性嫉妒，她不允许梁冀找别的女人，她自己却和一个叫秦宫的男人胡搞，打得火热。秦宫是奴仆总管，有机会出入孙寿的住所，一来二去，两人就勾搭上了。奴婢都知道了此事，只要秦宫一去，她们就很知趣地悄悄躲开，让他们尽欢。

秦宫殷勤地"照顾"孙寿，孙寿自然要让梁冀关照秦宫，于是，秦宫被提拔当了太仓令，并且成为梁冀的心腹。时间久了，朝中大臣们，都知道了秦宫与孙寿的事，纷纷巴结秦宫。刺史、郡守外出赴任，都要向秦宫辞行；那些想升官的，都去走秦宫的门路。秦宫红极一时，名声大振。至于梁冀是否知道自己戴了绿帽子，《后汉书》没有说。

梁冀胡作非为，祸乱朝廷，一些正直的大臣，不断予以抵制和反抗，其中，李固、杜乔是代表人物。

李杜不畏强权

梁冀仗势欺人，专权霸道，大臣们敢怒不敢言。但也有刚正不阿的大臣，不畏强暴，敢于进行抵制和反抗，表现出做人的凛然正气。李固和杜乔，是其中的代表人物。

《后汉书》记载，李固，是汉中南郑（今属陕西）人。李固相貌奇特，头骨突出像鼎足，向上入发际隐起，脚板上有龟文。李固年少时，喜爱学习，经常不远千里，步行寻师，读了许多诗书，结交了不少英贤。十年后，李固满腹经纶，名声大振，四方有志之士，纷纷慕名而来，向他学习。

133年，洛阳发生地震，汉顺帝让公卿举荐贤才，进行对策。李固被推举上去，他借观天象之机，劝顺帝不要宠信乳母宋娥和宦官。汉顺帝很赞同，立即让宋娥搬出皇宫，回她自己的私舍，各位宦官也都向皇帝叩头请罪，朝廷一片肃然，于是李固被任命为议郎。然而，当时宦官势力很大，他们罗织罪状，诬陷李固，汉顺帝不得不下诏查办。幸亏当时任执金吾的梁商等人，极力相救，李固才没有获罪，只是被免职回家。

135年，梁商被任命为大将军，辅佐朝政。他立即把李固召回，让他担任从事中郎的官职，参与朝政。梁商对李固十分器重，后来提拔他当了荆州刺史。当时，荆州境内盗贼兴起，长年不得平定。李固到任后，采取剿抚两手，有六百多名盗贼自缚前来服罪，半年时间，境内就安宁下来。李固后来又改任泰山太守，政绩卓著，杜乔巡察天下时，表奏李固政绩第一，李固被提升为大司农。

144年，汉顺帝去世，梁太后临朝摄政。梁太后与她父亲一样，也十分器重李固，提拔他为太尉，位列三公，并让他与太傅赵峻、大将军梁冀一起，参录尚书事。当时各地有盗贼起事，不太安定，梁太后怕顺帝驾崩的消息，会造成天下动荡，想暂时封锁消息。李固不同意，认为秘不发丧，容易给奸人造成可乘之机。梁太后听从了，当天晚上就为顺帝发丧，扶立汉冲帝登基。

汉冲帝当皇帝不到一年就死了，梁太后十分悲伤，打算为他选择墓地，专门修建陵园。李固进谏道："单独修建一座陵园，需要耗费大批人力物力。皇帝年幼，可以在顺帝陵园内筑墓安葬。"梁太后又听从了。这个时期，李固所提的建议，梁太后大多采纳。然而，这却引起了梁冀的忌妒和不满，梁冀对李固深忌疾之。

汉冲帝死后，李固对梁冀说："当今立帝，应该选择年长而有德的。希望大将军学习周勃立文帝、霍光立宣帝，而不要像邓太后、阎太后那样，废长立幼，那对国家是不利的。"然而，梁冀为了专权，早就做了安排，把八岁的刘缵接进宫来，立为汉质帝。

汉质帝虽然聪明，但毕竟年小，童言无忌，说梁冀是跋扈将军。梁冀恼怒，命亲信在质帝吃的煮饼里下了毒。汉质帝吃了煮饼，药性发作，十分难受。此时梁冀就在身边，质帝却让人急速传召李固。李固慌忙赶到，问："陛下怎么得的病？"汉质帝说："吃了煮饼，就觉得腹中堵闷，给朕水喝，也许还能活命。"梁冀阻止道："恐怕呕吐，不能喝水。"话没说完，汉质帝就死了，年仅九岁。李固伏尸痛哭，并要追查质帝死因。梁冀担心事情泄露，对李固十分痛恨。

汉质帝死后，立谁为皇帝？大臣们展开了激烈的争论。以李固、杜乔为首的一批正直的大臣，都主张立个年长的，建议立刘蒜为帝。刘蒜是汉章帝的玄孙，年长有德，而且血统最近。但梁冀想立妹夫刘志为帝，刘志是汉章帝的曾孙，年仅十四岁。双方展开了激烈的争辩，第一次朝会没有结果。梁冀见大臣们拥立刘蒜的呼声甚高，而且理由充分，有点气馁了。

当天夜里，宦官曹腾来见梁冀，对他说："将军几代人与皇后有亲，掌握大权，宾客胡作非为，多有过失。刘蒜为人很严明，如果立为君，将军一家的祸事就不远了。只有立刘志为帝，才能久保富贵。"

梁冀认为他说得很对,下了决心,非得立刘志不可。曹腾有个养子叫曹嵩,曹嵩的儿子,就是大名鼎鼎的曹操。

第二天,再次举行朝会,梁冀气势汹汹,情绪激烈,大臣们都被吓住了,不敢吭声。但李固、杜乔却不畏惧,据理力争,梁冀气急败坏,大叫:"罢朝!"第二次朝会也无果而终。散朝后,李固仍然毫不妥协,再次劝说梁冀,梁冀却更加愤怒。李固是为了国家着想,梁冀是为了自家考虑,两人怎能说到一块儿呢?

梁冀铁了心,非要立刘志为帝,便找到妹妹梁太后,好说歹说,把妹妹劝服了,在这关键时刻,梁太后支持了梁冀,梁太后也是有私心的。梁太后先是下诏,免去了李固官职,扫除了障碍,然后,再立刘志当皇帝。梁冀为了专权,费尽心机立了妹夫,可没想到,他正是死在了妹夫手里。真是世事难料啊!

146年,汉桓帝刘志登基。汉桓帝知道李固、杜乔反对立他为帝,自然心生怨恨。梁冀借机陷害,将李固、杜乔投入监狱。李固的门生数十人上书,为他申冤,梁太后下诏赦免了他。李固出狱时,洛阳的百姓欢呼奔走,齐喊万岁。梁冀听了,大吃一惊,觉得此人万不可留,于是再施阴谋,又把李固逮捕入狱,李固最终死于狱中,时年五十四岁。

有意思的是,后来,曹腾的曾孙魏王曹丕,把李固表彰为二十四贤之一。

与李固齐名的,是杜乔。杜乔,是河内林虑(今河南林州)人,出身官宦世家。杜乔与李固一样,也是年少有志,好读诗书,以孝行闻名。他虽是官宦子弟,却经常挑着担子,徒步外出,拜师求学。东汉名臣杨震很欣赏他,举荐他为官。杜乔先后担任南郡太守、东海国相、光禄大夫、太子太傅、大司农、太尉等重要官职。

杜乔忠于职守,秉公办事。他任光禄大夫期间,巡察各地,秉公把李固列为天下政绩第一,而据实上奏陈留太守梁让、济北太守崔瑗的劣迹。梁让是梁冀的叔叔,崔瑗是梁冀的亲信,杜乔却并不在乎。

杜乔为人正直,为官清正,不畏惧权贵。汉顺帝时期,梁冀的子弟和一些宦官,无功却被封赏,杜乔上书劝谏,顺帝没有采纳。汉桓帝时期，梁冀及其亲属被赐爵位食邑，杜乔又上书劝谏，桓帝也没有采纳。其实，杜乔知道，大权在梁冀手里，皇帝没有办法，但他认为，尽管上书不起作用，也必须尽到做臣子的责任。

杜乔性情耿直倔强，坚决不与权贵同流合污。有人给梁冀行贿一条金蛇，被人举报，金蛇被没收，归杜乔保管。梁冀很喜欢金蛇，想借来玩玩，杜乔就是不肯。梁冀的小女儿死了，公卿都去送葬，只有杜乔一人不去。

在迎立皇帝问题上，杜乔坚决支持李固，反对废长立幼。特别是李固被免官以后，群臣害怕，战战兢兢，唉声叹气，杜乔却仍然坚持自己的意见，并无惧色。虽然反对不起作用，但他的凛然正气，为人敬服。梁冀对杜乔恨之入骨，汉桓帝也心怀怨恨，杜乔注定要遭受厄运了。

那个被李固、杜乔等人看好的刘蒜，确实贤明，他严谨持重，举止有气度，很得人心，可惜生不逢时，奸臣当道，正不压邪，刘蒜无能为力。后来，刘文、刘鲔等联合一些人，想推翻汉桓帝，拥立刘蒜为帝，结果事情败露，朝廷捕杀了刘文、刘鲔等人。刘蒜因此受到牵连，被流放桂阳，含恨自杀。

刘蒜事件，给了梁冀一个好借口，他诬陷李固、杜乔参与了阴谋。李固入狱，被迫害致死。梁太后素知杜乔耿直忠义，不同意逮捕他，只是罢了他的官职。梁冀不肯罢休，派人威胁杜乔说："早自杀，妻儿可得保全。"杜乔不肯。第二天，梁冀派兵包围了他家，见杜乔没死，就把他抓走，投入监狱。后来，杜乔死在狱中。

《后汉书》专门写有《李杜传》，赞誉他俩临大节而不夺志，杀身以成仁，其名节流芳万世，被后人景仰。

汉桓帝诛杀梁冀

梁冀专横跋扈，只手遮天，权力达到顶峰，行为近似疯狂。古希腊欧里庇德斯有句名言说得好："神欲使之灭亡，必先使之疯狂。"梁冀如此狂妄，他这是在找死啊！

《后汉书》记载，梁冀费尽心机，终于让妹夫刘志当上了皇帝，汉桓帝自然对他十分感激。汉桓帝登基不久，就加封梁冀食邑一万三千户，又封梁冀儿子梁胤为襄邑侯，食邑一万户。梁冀自己也觉得功高盖天，梁太后死后，他更加贪婪暴戾，无法无天了。

150年，梁冀指使亲信上书，为他表功。汉桓帝又增加梁冀食邑一万户，共计达到三万三千户，同时封他的妻子孙寿为襄城君，享用两个县的租赋，待遇与公主相同。后来，又让十六岁的龌龊儿子当上了河南尹，成为一方大员。四方贡纳的宝物，梁冀先选择上等的自己留下，却把次等的给皇帝。此时，汉桓帝已经二十岁，心里开始不满意了。

151年，梁冀越来越感觉自己功大无比，又不满足了，指使公卿朝议，要用特殊的恩典尊崇他。大臣们经过商议，奏请汉桓帝下诏说，梁冀功比周公，上朝可以不趋拜，上殿可以穿靴带剑，拜谒皇帝和赞礼时，不称呼他的名字。每天上朝，梁冀不与三公同席，独占一席，以显示高人一等。然而，梁冀仍不满足，一脸的不高兴。

梁冀高高在上，盛气凌人，不可一世，在朝廷内外施加淫威，没有人敢违抗他的命令，权势大到无以复加的地步。文武百官凡调动职务，或者接受皇帝召见，都要先到梁冀府中谢恩，然后才敢接受任命或者去见皇帝。到外地任职的，上任之前，必须先去向梁冀谢恩。辽东太守侯猛，接到任命，没有及时去谢恩，梁冀嫌他拜见迟了，下令把他腰斩了。面对梁冀的凶狠放肆，汉桓帝心里不安起来，对梁冀越来越不满意了。

梁冀胆大包天，竟然向桓帝身边的女人下手了。汉桓帝有个十分宠爱的妃子，叫邓猛。梁冀想让邓猛认他做干爹，并改名叫梁猛。邓猛不乐意，邓猛的母亲也不愿意。邓猛的姐夫叫邴尊，在朝廷担任议郎，也反对此事。梁冀一怒之下，把邴尊杀了，又去刺杀邓猛的母亲，但没有成功。邓猛母女俩，哭着把这事告诉了汉桓帝。汉桓帝一听，梁冀竟敢欺负到他头上来了，忍无可忍，终于大怒，决心除掉梁冀。

梁冀党羽遍布朝野，后宫又有他妹妹梁女莹掌管，汉桓帝一直是小心谨慎。后来，梁女莹得病死了，汉桓帝才有了稍许自由，但身边仍有不少梁冀的耳目，他不敢轻易与人商议。汉桓帝见侍奉他的宦官唐衡还算可靠，有一次，借上厕所的机会，便问他："宫中与梁家关系不好的有谁呢？"唐衡说："单超、左悺、徐璜、具瑗等人，十分痛恨梁氏横暴，只是口不敢说。"汉桓帝心里有数了。

单超、徐璜、具瑗任中常侍，左悺、唐衡是小黄门，五人虽是宦官，却担任要职，出入方便，可以传达诏令。汉桓帝把五位宦官召到内室，对他们说："梁氏专权，横行霸道，我想除掉他们，你们认为怎么样？"宦官一齐表示，说："梁氏是真正的奸贼，早该诛灭。除掉他们并不难，只要有皇上的诏令，谁敢不从？就怕皇上犹豫反复。"汉桓帝咬破单超的手臂，以血盟誓。他们见汉桓帝决心已定，十分兴奋，便密谋了除掉梁冀的计划。

铲除梁冀的计划和过程，其实很简单。159 年的一天，汉桓帝突然亲临前殿，召见尚书和有关大臣，严厉谴责梁冀的罪行，下令罢免他大将军的职务，改封为比景都乡侯。此时，汉桓帝二十七岁，当皇帝已经十三年了，平时老虎不发威，别人以为他是病猫呢，今日一发怒，众臣全都畏惧，毕竟皇权是至高无上的！再说，梁冀横行无忌，仗势欺人，大臣们表面上怕他，内心却十分痛恨，如今皇帝有令，自然欣然领命，全都趴在地上，口呼万岁，表示服从。

汉桓帝命令尚书令尹勋，手持符节，率领丞郎以下官员，拿着兵器，守住宫廷官署，没有皇帝诏令，任何人不得出入。尹勋为政清廉，看不惯梁冀横行，事先参与了除梁密谋，今日担此重任，尽心尽力，事后因功被封为都乡侯。

汉桓帝命令中常侍具瑗、司隶校尉张彪、光禄勋袁盱等人，带领骑士、虎贲、羽林等一千多人，包围了梁冀的住宅，收缴了他的大将军印绶。梁冀知道大势已去，性命难保，当天，与妻子孙寿双双自杀，得到了应有的下场。

汉桓帝又分头派人，把梁冀的儿子梁胤，叔父梁让，以及亲信梁淑、梁忠、梁戟，连同梁家和孙家的宗族亲戚，全部抓获，一律处死。其他受到牵连被处死的朝廷官员有数十人，被免官的有三百多人，朝廷几乎都空了。

汉桓帝下令，没收梁冀的全部财产，共获三十多亿钱，用来充实国库，减免天下租赋的一半。当时，由于事发突然，老百姓见宫中乱糟糟的，许多人来往奔驰，都不知道是怎么回事。过了几天，安定下来，人们才知道梁氏覆灭了，立刻轰动起来，没有不拍手称快的。

汉桓帝铲除梁氏势力之后，论功行赏，奖励有功人员，封赏了尚书令尹勋等数十人。其中，宦官单超、左悺、徐璜、具瑗、唐衡五人，首谋诛贼，立有头功，在同一天都被封侯。汉桓帝当了十三年傀儡皇帝，如今亲掌大权，终于可以扬眉吐气了。

梁冀把持朝廷长达近二十年，势力庞大，权势熏天，却在霎时间被摧毁，灰飞烟灭。这固然是因为皇权威严，但根本原因，是梁冀权势过盛，骄横狂妄，失去了人心。这告诫人们，世界万物，都是物极必反，做人如果不慎，过分猖獗，必然导致灭亡。

汉桓帝虽然铲除了梁氏外戚势力，但他并不是一个贤明之君，他利用宦官灭掉了梁氏，便宠信重用宦官，宦官集团得势，取代外戚把持了朝廷，东汉王朝又进入了另一个黑暗时期。

宦官祸乱朝纲

　　梁氏家族覆灭，宦官集团得势。外戚掌权，危害朝廷；宦官上台，同样祸乱朝纲，换汤不换药。东汉王朝腐败不堪，日益混乱。

　　《后汉书》记载，单超等五个宦官，因诛灭梁冀立有头功，受到汉桓帝特别宠信，同一天均被封侯。单超被任命为车骑将军，手握大权。后来，"五侯"的亲信刘普、侯览、赵忠等八名宦官，也被封侯，从此朝廷大权归于宦官。

　　宦官当权后，首先提拔宗亲，安插亲信，大肆培植个人势力。单超的弟弟单安，为河东太守，侄子单匡为济阴太守；徐璜的弟弟徐盛，为河内太守，侄子徐宣为下邳令；左悺的弟弟左敏，为陈留太守；具瑗的哥哥具恭，担任沛相。时间不长，宦官在朝中和地方上，安插了大批宗室和亲信，形成了庞大的势力。

　　宦官及其亲属们，大多数是不学无术之辈，骄横不法之徒。他们倚奉桓帝，滥施淫威，作威作福，除了专权、贪污、霸道之外，其他什么都不会，其恶劣行径，比外戚有过之而无不及。《后汉书》说，他们争相攀比建造豪华住宅，用金银装饰，富丽堂皇；配备众多随从，随从都骑着高头大马，衣服光鲜亮丽，外出时前呼后拥，好不威风！更让人嗤之以鼻的是，他们身为太监，却娶了许多老婆，一个个打扮得花枝招展，招摇过市。因为无法生育，他们就收了大批养子，养子们能够传国袭封。他们恃宠专权，欺压百姓，横行无忌，顺我者昌，逆我者亡，比盗贼还厉害。当时，天下流传着这样的话，讽刺他们是"左回天，具独坐，徐卧虎，唐两堕"。

　　徐璜的侄子徐宣，担任下邳县令，他生性残暴，为非作歹。原汝南太守李暠，是下邳人，已病故。李暠有个女儿，长得很漂亮，徐宣听说后，要娶她做妾。李家不同意，徐宣大怒，派人把李家女儿抓来，任意强暴。玩弄够了，又把她吊在树上，用箭射之，听她一声声的惨叫声，以此取乐。李女惨死后，尸体被埋在寺内。李女是两千石高官的后代，徐宣尚且敢如此，何况普通百姓呢？

下邳县隶属东海郡管辖，东海相黄浮听说此事后，勃然大怒，怒发冲冠，下令把徐宣抓来，当街处斩。左右劝阻黄浮说："徐宣的叔叔徐璜，是皇上身边的红人，杀了徐宣，必然要惹祸。"黄浮怒睁双目，咬牙切齿，说："我即便明天死了，今天也非杀了这恶贼不可！"黄浮杀了徐宣，仍不解气，又把徐宣的妻子儿女抓来，不分老少，一顿痛打。当天，郡县鞭炮声四起，百姓奔走相告。

徐家人进京告诉了徐璜，徐璜便向汉桓帝哭诉。汉桓帝把宦官视为与自己一体，谁敢动宦官，就是对皇帝大不敬，于是发怒，下令把黄浮抓到京城。黄浮痛斥了徐宣的残暴罪行，据理力争。汉桓帝也觉得徐宣太过分了，没有处死黄浮，但仍然剃去他的头发，用铁圈束着他的脖子，让他去服苦役，以此来安慰徐璜。

宦官及其亲属们横行不法，惹得天怒人怨，朝中大臣也纷纷反对。一些士大夫，原先痛恨外戚专权，如今见宦官更加不堪，于是转过头来，与外戚联合，把目标指向宦官。汉桓帝在内外压力下，不得不对宦官有所限制。此时单超、徐璜、唐衡已经病死，"五侯"只剩下左悺、具瑗两人了。大臣韩演上奏，说左悺和哥哥左称，聚敛为奸，侵犯吏民，横行乡里，请求查办。汉桓帝准奏，于是左氏兄弟被迫自杀。韩演又上奏具瑗和哥哥具恭的罪行，具恭被逮捕，具瑗被贬，死在家中。

"五侯"死了以后，汉桓帝又宠信宦官侯览、曹节、张让等人，宦官集团依然得势。汉桓帝以为，宦官因为生理缺陷，不会篡位当皇帝，所以最可靠。的确，历史上觊觎皇位的外戚和大臣很多，而宦官即便权势再大，也没有当皇帝的欲望。对宦官的这个看法，不仅汉桓帝有，其他皇帝也有，因而宦官专权绵延不绝。然而，宦官因受到阉割，身心遭受巨大创伤，不少人心理变态，仇视社会，性情暴戾，又没有后代可顾及，所以，一旦得势，便尽情放纵，肆无忌惮，为祸更甚。东汉末期，宦官作乱十分严重，有人称之为"宦官时代"。

面对宦官当政、朝纲混乱的局面，一些正直的官吏、知识分子和士人联合起来，对抗宦官势力，《后汉书》称之为"朋党"。朋党本来势力不小，但汉桓帝站在宦官一边，对朋党进行压制，禁锢朋党势力，这便有了历史上第一次"党锢"。

朋党与宦官集团之间的斗争，曲折复杂，你死我活，形成了东汉末期政治上的一个重要特色。

朋党对抗宦官

"朋党"一词,出自《战国策》,是指一些志同道合的人,为了共同的利益而结成的集团和派别。朋党自古有之,既有以同道为朋的君子,也有以同利为朋的小人。

汉桓帝时期,有些正直的官吏、知识分子和士人结成朋党,对抗宦官势力,双方展开了激烈的斗争。朋党的主要代表人物,有李膺、杜密、陈蕃等人。

《后汉书》记载,李膺,是颍川郡襄城县人。李膺出身于官宦之家,祖父李修,当过汉安帝时期的太尉;父亲李益,担任过赵国相。他们为政清廉,名声颇佳。

李膺受其家庭影响,为人正直,学识渊博。他被举为孝廉,步入仕途,逐步担任了青州刺史、渔阳太守、护乌桓校尉等职务。李膺执法严明,疾恶如仇,有些地方官吏,听说李膺到职,慑于他的威严和名声,吓得弃官逃走。李膺名声大振,远近闻名。当时,陈蕃是李膺的下属,为官清廉,十分敬重李膺。

后来,李膺得罪了宦官,遭遇诬陷免官。李膺回到家乡,教授学生,四方有志之士纷纷前来拜师学习,人数达到几千人。荀子的十二世孙、名士荀爽,有机会拜访了李膺,并亲自为李膺赶车。荀爽感到很荣幸,逢人就说:"我为李君赶车了。"

156年,鲜卑侵犯云中郡,抢掠财物和人口。汉桓帝知道李膺有才能,又重新起用,任命他做了度辽将军。李膺奔赴边疆,带领军民抵御鲜卑。他常常身先士卒,亲冒矢石,击退鲜卑,保境安民。李膺因功升为河南尹。

河南有个官吏叫羊元群，贪污腐败，因与宦官有关系，无人敢管。李膺到职后，听说了羊元群的劣行，就要查办他。羊元群贿赂勾结宦官，反而诬告李膺。汉桓帝信任宦官，李膺第二次被罢官，并罚做苦役。

李膺对宦官十分痛恨，一些正直的官吏和士大夫，对宦官当权非常不满，甚至连外戚窦武等人，也看不惯宦官的横行霸道。窦武是汉桓帝的老丈人，为人正派。太学的学生和一些士人，认为宦官当权不符合道义，联合起来发起"清议"。他们议论政治，品评人物，抨击宦官。这样，逐渐形成了反对宦官的一个派别，被称为朋党。

在朋党中，陈蕃、窦武、刘淑三人，被誉为三君，即正人君子；李膺、杜密等八人，被誉为八俊，即人中俊杰；郭太、尹勋等八人，被称为八顾，即能以德行引导人。另外，还有八及、八厨等称号，总之，都是一些有德行的名人。这些人有良好的修养和声誉，有较高的社会地位，很有势力。一时之间，朋党声势大盛，与宦官集团相对抗。

后来，李膺由于名气很大，又第三次复出，担任了司隶校尉。宦官张让的弟弟张朔，此时当野王县县令，他贪婪残暴，无法无天，草菅人命，连孕妇都敢杀害。李膺到职后，张朔知道自己罪行累累，李膺一定不会放过他，于是畏罪潜逃，跑到京城他哥哥张让府中躲了起来。

张让是汉桓帝身边的红人，没有人敢到他府中捉人。但李膺一身正气，毫不畏惧，亲自带人到张让府中搜查，把张朔从夹柱中揪了出来，押送到洛阳监狱，录完口供，将其正法。因此，张让恨透了李膺，经常向汉桓帝说李膺的坏话。

除李膺外，还有一些官员，对宦官的不法行为进行打击。东海相杜密，对宦官及其亲属犯罪的，毫不手软，一律依法惩办，宦官对他又恨又怕。陈蕃和一些大臣，屡次向汉桓帝上书，揭露宦官的劣行，力劝皇帝不要宠信宦官。

汉桓帝宠信的宦官侯览，鱼肉乡里，无恶不作，民愤极大，其母死后，他回乡建造了高大的坟墓。督邮张俭上书朝廷，弹劾侯览，没有回音。张俭一怒之下，命人捣毁了侯览建的坟墓，没收了他的财产。

南阳太守王畅，对宦官恨之入骨，一旦宦官或亲属犯罪，除严厉制裁外，还拆毁他们的家宅房屋，填平水井，砍伐他们的树木，借以泄愤。

宦官屡受打击，心中怨恨，也合起伙来对抗朋党。他们利用受皇帝宠信的有利条件，屡屡向汉桓帝进谗言，捏造事实，造谣诽谤，诬蔑他们结党营私，图谋不轨。汉桓帝也觉得这些人结成朋党，对自己的皇位构成了威胁。

朋党打击宦官势力，有时有点过分。有个叫张成的人，与宦官关系密切，他的儿子杀了人，李膺把他父子俩抓来，要依法处死。但此时，皇帝颁发了大赦令，张成父子被赦免。李膺心中愤怒，不顾赦令，仍然把张成父子斩了。宦官赵津和亲信张泛，犯罪被捕，恰遇大赦令，地方太守不遵诏令，照样把他们杀了，同时诛杀了宗族宾客二百多人。宦官抓住这个机会，添油加醋，煽风点火，终于使汉桓帝大动肝火，决心要压制朋党的势力。

166 年，汉桓帝颁发诏令，在全国抓捕"党人"，李膺、杜密等二百多人被逮捕，有的被处死，有的入狱，有的被罢官。李膺、杜密、陈蕃均被免官，后来在汉灵帝时期被杀害。被认定为"党人"的，都终身禁锢，不得做官。这就是中国历史上第一次"党锢之祸"。

朋党对抗宦官失败，根本原因是皇帝支持宦官。汉桓帝利用皇权，镇压了党人，造成人心涣散，风气败坏，朝中正直的官吏越来越少，宦官势力大增，继续把持朝廷，搞得朝堂乌烟瘴气，民不聊生，这为黄巾起义埋下了伏笔，东汉王朝即将走向灭亡。

167 年，汉桓帝病逝，时年三十六岁。汉桓帝只有三个女儿，没有儿子，朝廷大权落到他的皇后窦妙手里。窦妙的父亲是窦武，父女俩一商量，立了汉章帝的玄孙、十二岁的刘宏当皇帝，被称为汉灵帝。窦妙被尊为皇太后，临朝摄政，任命父亲窦武为大将军，辅佐朝政，掌握了朝廷大权。

窦武是朋党的三君之一，得到士大夫的拥护，他痛恨宦官，如今执掌朝政，宦官的厄运似乎就要来了。然而，堂堂的大将军，竟然斗不过宦官，反而被宦官所杀，简直不可思议。

宦官杀害大将军

汉朝时期的大将军，既统领军队，又辅佐朝政，处于一人之下、万人之上的尊贵地位。著名权臣霍光和王莽，都是以大将军的身份辅政的。

然而，窦武这个大将军，却当得窝囊，他执政后为朋党平反，并准备剪除宦官势力，却不料宦官先发制人，不仅杀了窦武，而且变本加厉地镇压朋党，形成了历史上第二次"党锢之祸"，可见宦官能量之大、势力之强。

《后汉书》记载，窦武，是扶风郡平陵（今陕西咸阳西北一带）人。窦武是东汉名臣窦融的玄孙，父亲叫窦奉，当过定襄太守。

窦武出身名门，恭谦好学，年轻时就以熟悉经术、德行高尚而出名，还教授过不少学生，在关西一带名声显赫。

165年，窦武的长女窦妙，被选入宫，初为贵人，后立为皇后。窦武入朝为官，先当郎中，后升任越骑校尉和城门校尉，并被封为槐里侯，食邑五千户，富贵加身。

窦武为官清正，廉洁奉公，不接收任何送礼，家中生活简朴。当时遭遇灾荒，粮食歉收，窦武用车载着粮食饭菜，在道路上施舍饥民。窦武礼贤下士，喜欢结交名士，他把皇帝和皇后的赏赐，全部送给了太学生。窦武为人正直，痛恨恶人坏事。他的侄子窦绍，任虎贲中郎将，因性情疏懒奢侈，常被窦武训诫。窦武见他屡教不改，就给皇帝上书，请求把他撤职了。面对宦官的横行霸道，窦武自然与李膺、陈蕃等正派人士，站在了一起，共同对抗宦官，被誉为三君之一。

166 年，发生了第一次"党锢之祸"，汉桓帝大肆抓捕党人。窦武是皇帝的岳父，得以幸免。窦武很是愤慨，接连上书，为党人辩护，劝谏汉桓帝分清好坏，任用忠良。窦武还交还城门校尉和槐里侯的印绶，拒绝上朝，以示抗议。在窦武的努力下，李膺等人的性命得以保全，有些党人也被释放，减轻了"党锢之祸"的危害。

167 年底，汉桓帝驾崩，窦武和女儿窦太后经过商议，为了专权，也立了一个只有十二岁的小皇帝。窦太后临朝摄政，窦武任大将军，辅佐朝政。窦武立即把受到迫害的大臣召回，委以重任。陈蕃担任太傅，与窦武共同辅政；尹勋担任尚书令，掌管朝廷中枢；党人冯述为屯骑校尉，刘瑜为侍中，李膺、杜密等人齐聚朝廷。他们群情激奋，摩拳擦掌，共商大计，准备将宦官一网打尽。

诛灭宦官，是件大事，必须要禀告窦太后，由窦太后颁发诏令才行。然而，窦太后妇人之见，却不同意，说："宦官在宫中任职，这是汉朝以来的老规矩，世代相传，怎么能全部废除呢？"窦武只好请求，先处罚罪行严重的宦官，窦太后同意了。于是，窦武杀掉了罪行明显的中常侍管霸、苏康，罢免了黄门令魏彪等人。

当时，宦官中权势最大的是王甫、曹节、郑飒等人，窦武请求诛杀他们。但王甫等人十分狡猾，行事谨慎，没有明显的罪状，而且他们能说会道，善于逢迎，迷惑了窦太后，窦太后不同意。窦武就将郑飒关进监狱，严刑拷问，让他招供王甫、曹节等人的罪行，打算拿到证据，再奏明太后，一并铲除。郑飒当时担任长乐尚书，知道的事情不少。

宦官也不是吃素的，窦武等人一上台，他们就预感到将要大难临头了，自然做好了应急准备，窦太后的见识浅薄和窦武的迟疑不决，让他们赢得了宝贵的时间。陈蕃、刘瑜等人，见事情紧急，都劝窦武立即动手，以防夜长梦多。窦武却仍想拿到郑飒口供之后，奏明窦太后再动手，那样做，名正言顺。窦武真是书生气十足！

郑飒熬不过酷刑，终于交代了宦官的全部罪行，窦武大喜，立即给太后上书，请求诛灭宦官。宦官早有防备，朱瑀偷看了窦武的奏章，立即告诉了王甫、曹节等人。宦官十分恐慌，知道到了最后关头，必须要铤而走险、先发制人了。

168 年九月，王甫、曹节、朱瑀、共普、张亮等十七名宦官，集聚在一起，口含牲畜血，共同立盟发誓，要诛杀窦武等人，随即开始发难。

宦官政变，最大的优势是皇帝。他们首先关闭宫门，挟持了汉灵帝，同时也挟持了窦太后，夺去玺绶，使窦太后失去了作用。宦官都是皇帝和太后身边的人，干这事自然轻而易举。当时，汉灵帝只是一个十多岁的孩子，宦官连哄加骗，软硬兼施，让他颁发了好几道诏书，有的是任命宦官担任要职的，有的是诏令逮捕党人的。

王甫被任命为黄门令，手持皇帝诏书，带领爪牙去逮捕尚书令尹勋，尹勋不接受，被当场杀死。宦官从监狱里放出了郑飒，又持诏去逮捕窦武等人。窦武知道这是宦官作乱，赶紧跑入北军军营，向军士们下令："宦官反叛，尽力诛杀，有功的封侯。"

宦官手持皇帝诏令，集合了宫中的虎贲、羽林等一千多名士兵，由王甫率领，去与窦武统领的北军对抗，但力量明显不足。恰在这时，护匈奴中郎将张奂，平定了羌人叛乱，得胜回京。张奂是东汉名将，所率军队又是兵强马壮。宦官假借汉灵帝名义，给他下了一道诏书，令他率军平定窦武叛乱。张奂刚到京师，不明真相，只得奉诏，与王甫合兵一处，去打窦武。

张奂率大军与窦武对阵，兵力明显占有优势。窦武的士兵见了，心生畏惧。王甫命人齐声高喊："窦武谋反，你们都是保卫皇帝的禁兵，不要跟他走，投降过来的有赏。"北军士兵平日畏服宦官，眼下宦官又是打着皇帝的旗号，于是纷纷投奔过来。结果，两军还未开打，窦武的士兵就跑光了。窦武见大势已去，只得含恨自杀。张奂后来知道了实情，自责不已，坚决不接受宦官对他的封赏。后来，张奂被宦官诬陷罢官，归居故里。

窦武死后，宦官凶残地把他的宗亲、宾客、姻属全部诛杀，陈蕃、刘瑜、冯述等人，都夷灭宗族。窦太后被软禁于云台，从此退出了历史舞台。

宦官仍不肯罢休，又大肆收捕迫害党人，李膺、杜密等一百多人死在狱中。有的并不是党人，但只要得罪了宦官，就被作为党人治罪。这样，前后被杀、流放、监禁的，多达六七百人，形成了历史上第二次"党锢之祸"。第二次"党锢之祸"，比第一次持续时间更长、危害更大。

176 年，第二次"党锢之祸"已过去八年，永昌太守曹鸾上书，为党人鸣冤，抨击宦官。此时汉灵帝已经二十岁了，他比任何一个皇帝都倚重宦官，见到奏书，勃然大怒，立即处死了曹鸾。汉灵帝接着颁发诏书，凡是党人门生、故吏、父子、兄弟任官的，一律罢免，禁锢终身，而且牵连五族，均不得为官。

不少学者认为，两次"党锢之祸"，动摇了东汉王朝的根本，从此之后，从中央到地方，清廉正直的官吏几乎绝迹，宦官势力控制了整个朝野，东汉王朝的黑暗和腐败达到了顶峰，随之而来的，自然就是它的灭亡了。

汉灵帝仍然宠信宦官

东汉中后期一个重要特点，是外戚和宦官轮番执政，而且宦官多占上风。后期的几个皇帝，好像中了邪一样，全都宠信宦官，汉灵帝更是达到了登峰造极、无以复加的程度。他在位二十多年，全由宦官把持朝政，是宦官统治时间最长的时期。汉灵帝不仅倚重宦官，甚至把宦官比作父母，真是匪夷所思，闻所未闻。

《后汉书》记载，汉灵帝名叫刘宏，是汉章帝的玄孙，生于冀州河间。父亲叫刘苌，死得早，母亲为董氏。167年，年仅十二岁的刘宏，被立为皇帝，窦太后临朝摄政，大权在窦氏外戚手里。

168年，宦官发动政变，杀死窦武，软禁了窦太后，清除了朋党势力，占据了朝廷。事成之后，十七名宦官俱被封侯，并且在朝中担任要职，此后便长期把持朝政。当时，汉灵帝只有十多岁，只能听任宦官摆布，这是可以谅解的。

但是，汉灵帝长大以后，却仍然宠信和倚重宦官，谁要说宦官不好，他就处罚谁，连永昌太守曹鸾，都被他杀了，这就不可原谅了。汉灵帝宠信宦官，一是因为朝中宦官势力已经形成，正派的大臣基本上绝迹，灵帝身边，几乎全是奸佞。二是汉灵帝的外戚没有势力，不能形成与宦官集团抗衡的力量。三是汉灵帝是个胸无大志、贪图玩乐之人，宦官当权，他乐得逍遥自在，这是他宠信宦官的根本原因。

汉灵帝在位期间，大力增加宦官的编制和人员，并且打破常规，一次就册封了十二位中常侍，史称"十常侍"。有的宦官，还担任了车骑将军、大长秋等重要官职。朝廷日常公务的运转，全由宦官操持。宦官在朝中安插亲信，排除异己，形成了一支独大的势力，无人能与之抗衡。

汉灵帝起初最宠信的宦官，是曹节和王甫。曹节先后任长乐卫尉、车骑将军、大长秋等要职，被封为育阳侯；王甫任中常侍、黄门令，还被封为冠军侯。冠军侯，曾经是霍去病获得的一个光荣称号，如今却安在一个太监头上，霍去病如果地下有灵，恐怕会气得吐血。

曹节和王甫的父兄子弟，也都担任了公卿列校、牧守令长等官职，亲信和宾客布满天下。他们骄横放纵，无法无天。曹节的弟弟曹破石，担任越骑校尉。曹破石暴戾好色，他见一名下属的妻子漂亮，便让下属送给他，下属不敢不从，但妻子却很刚烈，悬梁自尽了。可见曹氏仗势欺人，到了何种程度！汉灵帝对曹节、王甫言听计从，他俩诬告汉桓帝的弟弟刘悝谋反，汉灵帝也不调查，立即下令把刘悝处死了。

后来，曹节、王甫死了，汉灵帝又宠信了张让、赵忠，两人一起升为中常侍，被封为列侯。张让贪婪腐败，权势很大，很多人都巴结他，向他行贿。张让府前，经常停放着数百成千辆车子。有个叫孟佗的普通人，巴结不上张让，就另辟蹊径，去巴结张让的家奴，结果通过家奴，也当上了凉州刺史。有人向汉灵帝告发张让、赵忠的劣行，汉灵帝却说："张常侍是我的父亲，赵常侍是我的母亲。"众人一听，哪里还敢再说半个不字。

宦官倒不是清一色都是坏人，其中也有一些好人。《后汉书》专门写了几个品行良好的宦官。中常侍吕强，为人清正忠诚，奉公守法，汉灵帝封他为都乡侯，吕强认为不合制度，坚决不接受，灵帝只好依了他。吕强经常向汉灵帝谏言，请求诛杀贪污腐败分子，赦免党人，结果遭到张让、赵忠忌恨，被诬陷致死。宦官李巡，有才学，与儒生一起镌刻《五经》，流传后世。宦官赵祐，博学多览，著作校书，儒生都称赞他。另外，宦官丁肃、徐衍、郭耽、吴伉等人，都为人忠厚，恪尽职守，有奉公守法的好名声。可见，世界万物，都有其复杂性，不可一概而论。可惜，这些品德优良的宦官，并不是宦官集团的主流，不能改变宦官专权乱政的局面。

汉灵帝宠信倚重宦官，有一个十分重要的原因，就是他厌倦政务，喜欢玩耍，追求享乐。汉灵帝深居内宫，整日无所事事，便挖空心思，尝试着玩新花样，宦官也千方百计投其所好。

有一次，有个宦官，从外地挑选了四头毛驴，送进宫来。汉灵帝没见过毛驴，十分喜欢，每天坐着驴车，在宫内游玩。起初，还有一位驭者驾车，几天后，汉灵帝觉得玩得不过瘾，就自己亲自驾车，赶着驴车到处跑。信息传出后，许多官僚士大夫竞相模仿，以为时尚，一时间驴价陡涨。

汉灵帝对驴玩腻了，又有宦官出一奇招。他牵来一条大狗，精心打扮一番，给它戴上官帽，穿上朝服，佩戴绶带，大摇大摆地上了朝。汉灵帝一见，笑得前仰后合，赞道："好一个狗官。"满朝文武不以为耻，反而哈哈大笑。

宦官为了逗汉灵帝开心，专门在后宫仿造了街市，建了各种商店，还有不少摊贩。宦官和宫女们，一部分扮作商贩，不停地叫卖；一部分扮成买东西的，在讨价还价；一部分扮成卖唱的、耍猴的，大呼小叫，好不热闹。汉灵帝则穿上商人服装，混迹于街市之中，玩得不亦乐乎。

汉灵帝玩兴广泛，他还喜欢胡服、胡帐、胡床、胡笛、胡舞等，京师的达官贵人纷纷效仿，有人批评为"服妖"。

汉灵帝除了玩以外，倒是干了一件正事。178年，汉灵帝创立了鸿都门学，这是世界上第一所文学和艺术类的专科学校。当然，这也是为了满足他玩的需要。汉灵帝喜欢辞赋，他自己创作了《皇羲篇》共五十章。

由于经济衰败、财政困难，汉灵帝竟然大肆卖官鬻爵。朝廷公开宣布，自关内侯以下的各级官位，都可以花钱买到，明码标价。汉灵帝用卖官的钱，建了一个庞大的西园，有一千多间房子，有豪华的设施，供自己享乐。

汉灵帝把朝政交给宦官，只顾自己享乐，却不管天下百姓。朝廷黑暗，天下混乱，百姓饥寒交迫，生活在水深火热之中。《后汉书》记载，170年春，全国发生大饥荒，出现了人吃人的惨景，河内有妻子吃丈夫的，河南有丈夫吃妻子的，惨不忍睹。人民活不下去了，不得不起来造反，于是，184年，爆发了大规模的黄巾起义。

黄巾起义，敲响了东汉王朝的丧钟，此后，东汉进入末期，已经名存实亡了。

黄巾起义动摇天下

东汉中期以来，经过安帝、顺帝、冲帝、质帝、桓帝、灵帝等几个幼小或无能的皇帝，外戚和宦官轮番把持朝政，导致朝廷腐败，社会混乱，经济衰退，民不聊生，人们对东汉政权失去信任，终于爆发了全国规模的农民大起义，矛头直指东汉王朝。领导农民起义的，是张角、张宝、张梁兄弟。

张角，是东汉巨鹿（今河北巨鹿一带）人，他和弟弟张宝、张梁，都信奉道教。汉灵帝初年，兄弟三人首先在灾情严重的冀州一带开始传教，通过培养弟子、广收徒众，创立了太平道。

太平道，是我国道教的早期派别之一，它以《太平经》为主要经典，信奉黄帝和老子，提出了"致太平"的理想，致力于建设一个太平社会。在这个太平社会里，没有剥削压迫，没有饥寒病灾，没有诈骗偷盗，人人自由幸福。这是太平道的基本教义和宗教信仰。

张角常持九节杖，以给人治病做掩护，广泛宣传《太平经》中关于反对剥削压迫、主张平等互爱的思想。张角派出众多弟子，到四面八方去宣传教义，发展徒众。当时，外戚专权，宦官当道，天下黑暗，人民苦不堪言，因而"致太平"的理想，深受百姓拥护，十年时间，教徒达数十万人，势力遍布青、徐、幽、冀、荆、扬、兖、豫等八州。入教者多数是贫苦农民，也有城镇工商业者，甚至还有一些官吏和宦官。

张角见势力已大，决心推翻腐朽没落的东汉王朝，建立一个太平社会。张角把各地教徒组织起来，分为三十六方，大方万余人，小方几千人，每方都指派了首领。张角提出了响亮的政治口号，即"苍天已死，黄天当立，岁在甲子，天下大吉"，意思是说，汉朝气数已尽，太平道应当取而代之。张角计划在184年三月五日发动起义。

张角还准备了一颗"重磅炸弹"，他命大方首领马元义，聚集荆州、扬州信徒数万人，约定于距洛阳不远的邺城相会，与洛阳城内的教徒取得联系，还联络了皇宫内的宦官封谞、徐丰等人，准备里应外合，一举拿下洛阳，攻占皇宫。此计如果能成，大事成矣。

可惜，在这关键时刻，张角的弟子、济南人唐周叛变告密，汉灵帝这才知道要出大事，大惊失色，立即派兵逮捕了马元义，押到洛阳车裂。汉灵帝随即在洛阳城内进行大搜捕，杀了一千多人。同时，下令抓捕张角等人。

张角见计划泄露，急忙不分昼夜地向各方下达紧急命令，要求立即举行起义。184年二月，张角兄弟率先在冀州举事，张角自称"天公将军"，张宝称为"地公将军"，张梁称为"人公将军"。十天之内，全国二十八郡同时暴动，起义者都头裹黄巾，故称黄巾起义。黄巾军人多势众，官府难以抵抗，州郡失守，官吏逃亡，天下震动，朝廷震惊。

面对这突如其来的农民大起义，一贯养尊处优的汉灵帝慌了手脚。此时，朝野上下，多是一些溜须拍马之人，平庸无能之辈，那些贤臣良吏，早被两次"党锢之祸"给清除干净了。此时，许多人给汉灵帝谏言说，如果党人也与反贼结合起来，那就不得了了，应该立即放开党锢。汉灵帝一听，心中害怕，赶紧下诏，废除了长达近二十年的党锢。这的确是一个正确的决策，起义军都是一些朴实的农民，很少有政治才干，如果党人与他们结合在一起，或许大事可成。

汉灵帝放开党锢之后，效果立竿见影，众人纷纷举荐贤能之士，去平定黄巾起义。这些党人，受传统道德的影响，还是效忠于朝廷的，接到任命，就义无反顾地去讨伐黄巾军了。

皇甫嵩，是镇压黄巾起义的主要人物。他出身于将门世家，是雁门太守皇甫节之子、度辽将军皇甫规之侄。黄巾起义爆发时，他任北地太守，上书请求解除党禁，经人推举，被任命为左中郎将，率四万兵马，去镇压颍川一带的黄巾军。皇甫嵩具有很强的军事才能，他用火攻的办法，以少胜多，灭掉了颍川的黄巾军。随后，乘胜进攻汝南、陈国，平定了三郡，又攻占广宗，杀了张宝、张梁。皇甫嵩镇压黄巾，功高名显，事后却因得罪了宦官张让、赵忠，反而被免官了，后来又被启用。

卢植，品德高尚，文武双全，黄巾起义爆发时，他却在做写书的工作。经四府推荐，任命他为北中郎将，负责平定冀州的黄巾军。刘备带一支人马，投奔于他。卢植连战连胜，把张角兄弟逼进了广宗县城，眼看就要破城，却得罪了前来督察的宦官，被免职入狱。

曹操此时得到重用，被任命为骑都尉，与皇甫嵩合军平定颍川，大破黄巾军，斩首数万级，因功升迁为济南相，后来奠基创建了魏国。

孙坚，智勇双全，少年英雄。黄巾起义爆发时，他只是一名小小的县丞。朝廷放开党禁，广招贤才，他被推荐为佐军司马，跟随朱儁讨伐黄巾军，屡立战功，后来奠基创建了吴国。

由于朝廷放开党禁，致使许多人才被推荐出来，与黄巾军对敌，如袁绍、袁术、丁原、王允、董卓等。而黄巾军缺乏政治人才和军事人才，起义后，各地起义军又没有迅速集结起来，而是分散在颍川、汝南、陈国、冀州等地，孤立作战。他们没有战略目标，只知道攻城或守城。特别是起义不久，张角就病死了，随后张宝、张梁又战死，群龙无首，没有统一的协调和指挥，因而被政府军各个击破。

张角发动的黄巾起义，经过九个月时间，主力就被消灭了，但不等于黄巾起义就结束了。此后，起义军余部仍在坚持战斗，他们分散活动在黑山、白波、五鹿、司隶、平汉等许多地区，势力大的有二三万人，势力小的也有几千人。张燕领导的一支起义军，甚至号称百万。政府军无力把他们全部剿灭，令汉室十分头痛。

188 年，黄巾军第二次发动起义，同样声势浩大。郭泰在西河起事，攻占了太原郡、河东郡等地；汝南黄巾军再度兴起，攻城略地；青州、徐州等地，也爆发起义，占领郡县，杀掉官吏。面对各地此起彼伏的起义烽火，汉灵帝又紧张起来。

政府军在剿灭第一次黄巾起义时，自身也遭受了不小的损失，现在又要第二次征讨，明显感到兵力不足，力不从心。这时，太常刘焉提了个建议，将刺史改为州牧，加强地方实权，同时允许地方政府自建军队，以便于有力量剿灭黄巾军。汉灵帝采纳了。其实，这个决策是把双刃剑，虽然有利于扑灭黄巾军，但却削弱了中央集权，使地方政府拥兵自重，实际上是弊大于利。

黄巾起义经历了二十多年时间，才最终失败。在剿灭黄巾军的过程中，各地政府以及一些豪强，纷纷自建军队，后来又相互攻打吞并，形成了军阀割据，再也不听中央的号令了。这时候的朝廷，被宦官把持，已经腐败透顶，没有一点向心力和号召力，各地不听它的，也是理所当然的。黄巾起义虽然最终失败了，但它动摇了东汉江山，使东汉政权名存实亡了。

黄巾起义，是我国历史上第三次全国规模的农民战争，它与前两次有明显的区别。陈胜起义，是为了保命，临时起意；绿林赤眉起义，是为了生存，先当盗贼，后形成了规模。而黄巾起义，却是一次有长期准备、有周密计划、有明确目标的政治活动，而且是利用宗教的形式进行的。因而，黄巾起义，在中国历史上具有十分重要的地位。

黄巾起义失败的主要原因，是起义之后，没有统一的指挥和领导，缺少一位有战略眼光、有能力的领袖人物。

由此可见，领袖人物的作用，是极为重要的。

宦官又杀一个大将军

189 年，汉灵帝死了，时年三十三岁。他十三岁的长子刘辩继位，被称为汉少帝。少帝母亲何太后临朝称制，太后哥哥何进为大将军，朝廷大权又落到外戚手里。

外戚集团与宦官集团产生了尖锐的矛盾，何进与窦武一样，也想诛灭宦官，同样由于迟疑不决，反而被宦官所杀。堂堂的大将军，竟然斗不过小小的太监。

《后汉书》记载，何进，是南阳宛县人，屠户出身。《后汉书》明确记载说，他是宰羊的。何进有一个同父异母的妹妹，长得漂亮，身高七尺一寸，被选入宫中，很得汉灵帝宠爱，先封为贵人，后立为皇后。一人得道，鸡犬升天，何进一家飞黄腾达了。

何进入朝做官，先当郎中，后升任虎贲中郎将，又到地方担任了颍川太守。何进出身社会底层，了解民间疾苦，因而为官还不错。几年后，他又入朝，担任侍中和将作大匠，之后，升迁至河南尹。

184 年，黄巾起义，动摇天下。汉灵帝吓坏了，满朝文武，平日里只会溜须拍马，耀武扬威，如今却个个做了缩头乌龟，那些低眉顺眼的宦官，就更不中用了。于是，汉灵帝任命大舅哥何进为大将军，率左右羽林军驻扎于都亭，保卫京师。

何进虽然缺乏政治头脑和军事才能，但为人比较正派，他也向汉灵帝建议，放开党锢，广揽人才。何进重用了皇甫嵩、卢植、朱儁、曹操、袁绍、袁术、王允、董卓等一批军事人才，为平定黄巾起义发挥了重要作用。卢植被宦官陷害入狱后，何进为他求情，卢植被赦免，当了尚书。董卓因平叛不力被治罪，也被何进保护下来。何进在军中的威信，还是挺高的。

汉灵帝有两个儿子，何皇后生了长子刘辩，王美人生了次子刘协。何皇后鸩杀了王美人，汉灵帝大怒，要废黜何皇后，张让、段珪等宦官，为了攀附何皇后势力，三番五次向灵帝求情，何皇后才得以幸免。因此，何皇后十分感激宦官。

汉灵帝将年幼的刘协，交给母亲董太后抚养，后来又想废长立幼，立刘协为帝，但忌惮大将军何进，便培植宦官蹇硕的势力。蹇硕壮健而有武略，汉灵帝特别亲信重用他，封他为元帅，督率司隶校尉以下，大将军也归他领属。

189年，汉灵帝病重，他嘱咐蹇硕帮助刘协，并设立西园八校尉，分了何进的军权。不久，汉灵帝驾崩，蹇硕设下阴谋，打算在何进入宫时杀之，立刘协为帝。

何进不知阴谋，只身进入宫中。蹇硕的司马潘隐，与何进关系不错，迎接何进时，用眼睛示意他，何进会意，急忙退出宫去，骑马到了军营，托病不出，躲过了一劫。蹇硕的阴谋没有得逞，只好由刘辩当上了皇帝。

何进历来厌恶宦官，如今见宦官又想谋害他，更是气愤，随即与亲信袁绍、袁术、王允等人商议，打算铲除宦官。袁绍等人十分赞同，暗中做好了准备。不料，何太后不同意，说："宦官统领禁省，是汉家老规矩，不可废。何况先帝刚刚去世，怎么能乱了皇宫？"

宦官为何太后出过力，何太后自然要庇护他们。张让等宦官又用重金，贿赂何太后的母亲舞阳君，极力拉拢何进的弟弟何苗，舞阳君和何苗，都力劝何太后和何进，不要伤害宦官。何进没有办法，只好先杀了蹇硕泄愤。

何太后不同意除掉宦官，袁绍等人着了急，劝何进说："从前，大将军窦武，想诛杀宦官，因迟疑不决，反被宦官所害。如今诛杀宦官的事情，已经泄露出去，如果不赶快动手，恐有灾祸。"袁绍还建议，召集猛将入京，给太后施加压力，逼迫太后同意。何进认为，这是个好办法。主簿陈琳却不同意，说："大将军掌握兵权，铲除宦官有什么难的？召集外兵入京，强者为雄，容易生乱。"何进不听。

何进下令，召前将军董卓，率军进驻关中上林苑；召东郡太守桥瑁，驻军成皋；让武猛都尉丁原，火烧孟津，火光照得城里通红，都说要诛杀宦官。大兵压境，咄咄逼人，不料，何太后仍然不同意，何苗也劝哥哥说："我们出身贫贱，依靠宫中，才获得富贵，应与宫中保持和好。"何进有些犹豫了。

　　袁绍急了眼，说："事到如今，无可更改了，必须当机立断。"其他人也力劝何进早下决心，当机立断。于是，何进任命袁绍为司隶校尉，持符节，专命击断；任命王允为河南尹，控制地方；命董卓率军驰驱驿上，准备进兵平乐观。何太后害怕起来，悉罢中常侍小黄门，使还里舍。

　　宦官见形势危急，不甘束手就擒，聚在一起商议，决心拼个鱼死网破。他们假传太后旨意，召何进入宫。张让、段珪等人，带领几十名宦官，手持武器，悄悄在宫中埋伏起来。

　　在这关键时刻，何进缺乏应有的警惕，见太后召见，不辨真假，便入宫来，刚一进宫，就被宦官团团围住。张让厉声斥责何进说："天下大乱，不仅仅是我辈的责任。当初太后几乎被废，是我等哭泣相劝，你们何家才有今天的富贵。现在居然恩将仇报，要杀灭我们种族，太过分了吧?"张让越说越气，一声令下，宦官渠穆持刀向前，一刀砍下了何进的头颅。

　　听说何进遇害，何进的亲信部下，一个个全都红了眼。他们率领士兵，撞开宫门，杀进宫去，凡是不长胡子的，不分老少，一律斩杀，宦官几乎被杀光，还误杀了不少人。有些不长胡子的官吏，只得脱掉裤子，暴露下身，以证明自己不是太监。袁术还在宫中放火，烧毁了九龙门和东西宫。堂堂的皇宫，顿时成了屠宰场，死了两千多人。何苗因为袒护宦官，劝阻何进行动，也被愤怒的何进部下给杀死了。

　　张让、段珪等宦官，见势不妙，挟持着皇帝和刘协，仓皇逃出宫去。追兵在后紧紧追赶，张让他们跑到黄河边，无路可逃，全都跳河自杀了。

　　董卓见城中火起，知道有变，急忙率军赶来，救了少帝，从此把持了朝廷。董卓入京，给即将灭亡的东汉王朝，又带来了一场新的更大的灾难。

董卓入京朝廷遭殃

何进把董卓召进京城，真是引狼入室！董卓利欲熏心，残暴不仁，何进如果活着，可能对他还能有所约束，可是何进死了，董卓无所忌惮，就称雄称霸，胡作非为起来。主簿陈琳说得没错，强者为雄，一旦有机会，就会祸乱朝廷。董卓入京后，东汉朝廷和京师洛阳，都被他糟蹋得不成样子了。

《后汉书》记载，董卓，是陇西临洮人，性情粗猛而有谋略，以勇健侠气知名。董卓年轻时，被任用为州里的兵马掾，曾在塞下巡逻守备。他体力过人，佩带两个弓匣，左右奔驰发射，羌胡人都怕他。

汉桓帝末年，董卓以羽林郎的身份，跟随名将张奂平定羌人叛乱，立有战功，得赏绢九千匹。董卓说："记功的是我，立功的却是士兵。"于是，他把赏绢全部分给了手下士卒，自己一点也不留。董卓还是很会笼络人心的。后来，董卓升任校尉、并州刺史、河东太守等职，成为高级官员。

黄巾起义时，董卓先后被任命为中郎将、车骑将军、前将军，领兵镇压黄巾军。有一次兵败被治罪，何进念其勇猛，保护了他，因而他对何进很感激，成为何进的亲信。何进想逼迫何太后同意诛杀宦官，就命董卓带兵入京，先驻在关中上林苑，后又令他驰驱驿上，准备进兵平乐观。

何进部署好了，还未行动，自己却先被宦官杀害了。何进的部下，怒不可遏，冲进宫去，大肆烧杀。董卓见城中火起，知道发生了事变，迅速领兵前往，未及天明，就到达城西。董卓听说少帝被宦官挟持，在北邙一带，立即前去寻找，果然找到了汉少帝。

当时，宦官已投河而死，只剩下少帝和他弟弟刘协，两人如同丧家犬一般。见董卓兵马到来，汉少帝害怕，浑身颤抖，痛哭流涕，董卓问他话，少帝只是哭泣，什么话也说不出来。这也难怪，汉少帝只是一个十三岁的孩子，平日娇生惯养，如今遭此大难，早已失魂落魄，不知所措了。但少帝毕竟是至高无上的天子呀，如此懦弱，董卓便看不起他了。

汉少帝的弟弟刘协，只有八九岁，却比哥哥胆大镇静，他挺身向前，与董卓说话，董卓才大体上弄清楚了祸乱的缘由。董卓认为，刘协比刘辩聪明，他又是董太后养大的，董卓与董太后是同族，便产生了废立皇帝的念头。

董卓入朝，处理善后，把持了朝廷。董卓奉命进京，是为了胁迫太后，不是去打仗，因而只带了三千兵马。董卓觉得兵马太少，不足以威镇京师，便心生一计，夜里让兵马悄悄出城，在附近扎营，白天又大张旗鼓地开进城来，一连四五天都是这样，让人误认为，董卓大军源源不断地到来，以此壮大军威。同时，董卓采取各种方式，让何进的部队，都归顺了他，因此实力大增。

与董卓同时奉命进京的，还有武猛都尉丁原的部队。丁原有个部下叫吕布，吕布英勇无敌，却是一个见利忘义的小人。董卓用重金收买了吕布，吕布杀了丁原，这样，丁原的部队也被董卓兼并了。董卓认吕布为义子，更是如虎添翼了。

董卓见势力已大，便想废立皇帝，以树立自己的威信。董卓召集百官，昂着头说："皇帝糊涂懦弱，不能做天下的君主，改立刘协，如何？"百官多数不吭声，尚书卢植说："皇上还很年轻，又没有过错，怎么能轻易废黜呢？"

袁绍一听要废皇帝，生气了，说："废立皇帝是大事，你不顾礼法，随心所欲，是不妥当的。"董卓大怒，手按剑柄，蛮横地说："你小子胆敢这样说话！如今天下之事，由我说了算，谁敢不从？"袁绍见董卓专权，皇帝有名无实，难以理喻，便愤而退朝，前往冀州，自己开创基业去了。

董卓依仗强权，硬是废了汉少帝，另立刘协当皇帝，被称为汉献帝。汉献帝当时只有九岁，他当了一辈子挂名皇帝，是东汉最后一个皇帝。后来，董卓谋杀了汉少帝和何太后。东汉王朝实质上已经灭亡了，只是徒有其表而已。

董卓完全把持了朝政，他虽说不行正道，却知道天下人都痛恨宦官，同情党人，于是提拔任用了许多党人。董卓为陈蕃等人平反，恢复了他们的爵位，提拔任用其子孙。任命荀爽为司空，王允任司徒，周珌为吏部尚书，伍琼为侍中。董卓的亲信却不处于显要职位，只是将校而已。当然，这些党人并无多少实权，大权都在董卓一人手里。

董卓治军不严，军纪败坏。洛阳是都城，十分富裕，帝王亲族的豪华宅第相连，金帛财产很多。董卓放纵士兵，冲进他们家里，奸淫妇女，抢夺财物，称之为"搜牢"。甚至奸污骚扰公主，霸占抢掠宫女。何太后下葬时，有不少珍宝陪葬，士兵挖开太后坟墓，把珍宝全部抢去。至于普通百姓家，更是任意烧杀掠夺。宫内宫外，人人惶恐终日，朝不保夕，洛阳城处于灾难之中。

董卓的倒行逆施，激起了人们的反对，各地纷纷声讨董卓。袁绍愤而退出朝廷后，组织了十几路的讨董联军，声势浩大，与董卓军队在关东展开激战。由于联军人心不齐，各路将领都拥兵自重，难以消灭董卓军队，但由于人多势众，却也把董卓吓得不轻。

董卓的老巢和势力，主要在西部地区，为了避开关东反董势力，他想把都城迁到长安去，大臣们反对，他就杀了周珌、伍琼等人，震慑了群臣。董卓强令洛阳数百万人迁往长安，步骑兵一路驱赶逼迫。洛阳民众扶老携幼，如同逃难一般，互相践踏，又缺衣少食，饥寒交迫，从洛阳到长安的道路上，堆满了尸体，哭声一片。临行前，董卓命吕布带人，挖开各个皇帝以及公卿百官的坟墓，将里边的珍宝洗劫一空，还将宫庙官署民宅全部烧毁，方圆二百里内再无人烟。一时间，烽烟蔽日，哭声震天，京都洛阳，成了人间炼狱。

董卓就是一个凶神恶煞般的灾星，他进入京师，给东汉朝廷以及洛阳百姓，带来了前所未有的沉痛灾难。然而，如此暴虐无道、倒行逆施之人，难道能够长久吗？

王允设计诛董卓

　　董卓残忍暴戾，祸国殃民，搞得天怒人怨，遭到人们普遍反对。朝中大臣伍孚，身藏利刃刺杀董卓，没有成功，反被其所害。袁绍组织了十几路联军，武力讨伐董卓，也失败了。董卓更加骄横狂妄，不可一世。不料，一个名叫王允的文弱大臣，却巧施计谋，诛杀了董卓，使这个人人痛恨的乱臣贼子，得到了应有的下场。

　　《后汉书》记载，王允，是太原郡祁县人，世代为州郡官员。王允年轻时，好大节，有大志，诵诗读经，学识渊博，又有智谋。朋党领袖郭太曾经见到过王允，很欣赏他，夸他有王佐之才，王允从此出名。

　　王允入朝为官，担任御史。黄巾起义爆发时，他被举荐为豫州刺史。宦官张让的宾客，有的与黄巾军来往，被王允探知，报告了朝廷。汉灵帝发怒，斥责了张让，张让由此怀恨在心。第二年，张让诬陷王允，王允被捕入狱，多亏大将军何进相救，才保住了性命。王允后来任从事中郎，成为何进的亲信。

　　何进惨死，董卓入京。董卓也是何进的亲信，王允因此积极协助董卓，处理宫中善后，受到董卓信任。董卓提升他为太仆，后来又代杨彪为司徒，相当于丞相。迁都长安时，王允把全部兰台、石室图书谶纬都收集起来，带到长安，使经籍资料得以保全。朝中之事，董卓都很依靠他。然而，王允为人正派，对董卓的所作所为，越来越不满意了。

　　董卓迁都长安后，占据了险要地利，他又在郿修筑了坚固的城堡，高厚各七丈，名叫郿坞，也称为"万岁坞"，城堡内储备了三十年的粮食和大量箭矢。董卓认为，城堡固若金汤，坚不可摧，常常得意地说："事情成功，可以雄居天下；不成功，守在这里，也足以养老。"

董卓觉得没有后顾之忧，整日里大摆酒宴，纵欲狂欢。董卓喜欢一边喝酒，一边杀人取乐。杀人时，先割去舌头，挖掉眼睛，然后放到一个大锅里煮。被杀者眼睛看不见，嘴里发不出声，只能像牛一样闷叫着，在大锅里翻滚挣扎，痛苦万分。参加酒宴的人，全都吓得脸色苍白，浑身颤抖，手拿不住筷子。只有董卓，神色自若，一边饮酒，一边欣赏。被杀的人，有的是俘虏，有的则是董卓认为与他作对的大臣。众人都在心里咒骂董卓，说他是个魔鬼。

朝中有个叫伍孚的大臣，为人刚毅，侠肝义胆，他与董卓并无私怨，董卓对他也不错，任命他为越骑校尉。伍孚见董卓如此残忍，失去人性，便决心刺杀他，为民除害。有一天，伍孚暗藏利刃，去见董卓，说完话后，告辞离去。董卓没有怀疑，起身相送，还亲热地拍拍他的肩膀。突然，伍孚拔出刀来，刺向董卓。董卓是武夫出身，十分灵活，侧身一躲，没有刺中，急喊左右，将伍孚乱刀砍死。伍孚临死前大骂："你这个恶魔，恨不得将你剁成碎块，以告慰天地。"

王允见董卓越来越残暴，而且篡位之心也越来越明显，便决心铲除董卓。王允暗地里观察，见司隶校尉黄琬、尚书郑公业、羌校尉杨瓒、执金吾士孙瑞等人，都十分痛恨董卓，便分别与他们沟通，几个人一拍即合，决心诛灭董卓，为国除害。

他们商量了一个计划，打算推举杨瓒行使左将军权力，掌握一部分军队；推举士孙瑞担任南阳太守，控制地方势力。同时，让他们分别带兵出关，名义上是去讨伐袁术，实际上是想聚集力量，征讨董卓，然后拥天子回洛阳。

董卓虽然残暴，却并不傻，他有点疑心，因而没有同意王允的意见，而是提拔士孙瑞为仆射，擢升杨瓒为尚书。两人都被提升了职务，看起来是好事，却没有了实权，更无兵权了。王允的这一计谋没有成功。

王允他们再次商议，觉得没别的办法，只有冒险行刺。可是，伍孚刺杀未遂之后，董卓提高了警惕，戒备森严，内穿铠甲，而且他又力大无比，很难下手。要想接近和刺杀董卓，非得是他身边亲信之人不可。于是，王允想到了吕布。吕布本是见利忘义之人，王允认为，他是可以被利用的。

王允有意接近吕布，经常与之交往，极力拉拢他。王允当时身居高位，吕布也愿意与他来往，而且两人都属于董卓的亲信，交往密切也很正常，时间不长，两人就似乎成了无话不说的好朋友。不过，王允并没有给吕布送美女，更没有送貂蝉。《后汉书》上根本没有"貂蝉"这个名字，其他正史也无记载，貂蝉实际上是一个虚构的人物。

吕布一开始对董卓似乎很忠心，认他为义父。董卓也很信任吕布，任命他为中郎将，封为都亭侯，出门时都让吕布保护着。但两人的关系，是建立在利益基础上的，并不牢固，时间一长，便产生了矛盾。

有一次，不知因为什么事，董卓对吕布发了火，拔出随身佩带的小戟，向吕布投去，幸亏吕布动作敏捷，才没被刺中。吕布赔着笑脸请罪，心里却产生了怨恨。后来，吕布与董卓宠爱的侍女有了奸情，生怕董卓知道了，会惹大祸，心中忐忑不安。于是，吕布去找王允商量，应该怎么办。

王允一听，机会来了，先恐吓吕布，说："你这祸可闯大了！董卓残暴，你是知道的，纸里包不住火，你和侍女之事，迟早会暴露的，到那时，董卓恐怕会用大锅煮了你。"

吕布吓白了脸，求王允给想个办法。王允假装沉思一会儿，说："为今之计，只有杀了董卓，才能免祸。董卓专权霸道，失去人心，从皇上到大臣，都恨不得除掉他。你如果做成这事，上对国家有功，下可以保命，没有比这更好的了。"

吕布有些动心，迟疑着说："我们毕竟是父子关系，别人会怎么说呢？"王允冷笑一声，说："你姓吕，他姓董，是什么父子啊？再说，他掷戟杀你的时候，想到过是父子吗？"吕布点头称是。

为了坚定吕布的决心，王允又抛出了利益的诱饵，说："皇上早就有意除掉董卓了，你奉诏行事，名正言顺，事成之后，一定会加官晋爵的。"吕布一听，眼睛发亮了，拍着胸脯答应下来。

192年的一天，朝廷举行盛大集会，董卓自然要去参加。董卓为了安全，做了周密安排，从他的住地到皇宫，道路两旁，布满了军队，身前身后，又有层层卫士保护，还有吕布等人前后警戒，董卓自感万无一失。

董卓没有料到，王允等人也想利用这次机会刺杀他，更没有料到，行刺者竟然是他最信任的干儿子。王允事先秘密奏明汉献帝，讨来诏书，交给了吕布。吕布安排骑都尉李肃等十几名勇士，穿着董卓卫士的服装，在北掖门内埋伏下来。

董卓大摇大摆地进了北掖门，突然，李肃一跃而起，用长戟刺向董卓。董卓内穿铠甲，戟刺不进，只是手臂受伤，掉下车来。董卓大惊，急唤吕布。吕布应声而到，手持诏书，高声喊道："皇帝有诏令，诛杀贼臣。"董卓这才猛然醒悟，吕布已经背叛了他，怒骂道："你这条狗，竟敢这样!"吕布挺矛向前，一矛结果了董卓的性命。董卓的主簿田仪和几个亲信，想要反抗，均被吕布杀死，其他人就都不敢动了。

在吕布刺杀董卓的同时，朝廷命皇甫嵩领兵攻打郿坞，当时守郿坞的，是董卓的弟弟董旻。皇甫嵩打下郿坞，杀了董旻，又将董氏男女老少全部杀光。城堡中藏有金子二三万斤，银子八九万斤，绢帛谷米和珍奇玩物堆积如山。

听说董卓被杀，长安城沸腾了，老百姓敲锣打鼓，载歌载舞，如同过节一般。许多人卖掉珠宝衣服，换酒肉庆贺，街上的店铺和酒馆里，都挤满了人。董卓的尸体被扔在街上，有人用芯子点上火，插在尸体肚脐眼儿里，董卓肥胖，油脂很多，一直燃烧到天亮。董卓的尸体被烧成了灰，撒在道路上。

俗话说："多行不义必自毙。"董卓恶贯满盈，他在坏事做绝、残暴不义的同时，也为自己铺好了走向灭亡的道路。

天下大乱天子流浪

董卓被诛杀，但他的部队并未受到损失。董卓统兵多年，总有一些亲信死党，他的部下李傕、郭汜等人，率兵攻入长安，杀了王允，挟持了皇帝。后来，他们之间又发生内讧，互相攻打，汉献帝被争来夺去，搞得颠沛流离，居无定所。堂堂天子，竟四处漂泊，几乎无容身之地，这岂不是咄咄怪事、天下奇闻吗？

《后汉书》记载，董卓的嫡系部队，是凉州兵。凉州兵军纪败坏，战斗力却很强。董卓死后，如何处置凉州兵，是个棘手的问题，而在这个问题上，王允犯了致命的错误。

吕布曾向王允建议，赦免董卓的部下，以安军心。董卓的部下李傕等人，也派人到长安，请求赦免。王允对吕布只是利用，但从心里看不起他，因而并不同意。王允的打算是，取缔全部凉州兵，以绝后患，并派关东的军队进驻凉州，去解散他们。

这样一来，便谣言四起，说王允要杀掉所有凉州人，整个凉州，都人心惶惶。李傕、郭汜打算解散部队，各自逃命。这时，武威人贾诩劝阻了他们，说："各位如果丢下军队，独自行路，那么，一个亭长就能把你们抓起来。不如集结军队，攻打长安，替董公报仇。事成，可得天下；不成，再逃走也不迟。"众人都说好，于是整顿兵马，结盟发誓，打着为董卓报仇的旗号，杀向长安。贾诩，谋略过人，后来成为曹操的重要谋士。

王允听说李傕兵犯长安，急忙派将军胡轸、徐荣率军迎击。不料，胡轸曾是董卓的部下，董卓待他不薄，胡轸想为董卓报仇，于是杀了徐荣，率军投降了。李傕又沿途收罗了董卓部队的散兵，到长安城下时，已有十余万人。此时，董卓的其他部下樊稠、李蒙等人，也率兵前来为董卓报仇。各处兵马会合，声势浩大，把长安城围得水泄不通。

王允本是文官，没掌管过军队，长安城中兵马不多。王允见形势危急，便以皇帝的诏令，征召各地兵马前来。但各地已对朝廷失去信心，都拥兵自保，不肯相救，皇帝的诏令，已形同废纸了。

王允只好独自守城，守了八天，城内又有董卓余党叛乱，里应外合，长安城被攻破。李傕他们杀了王允，挟持了汉献帝，又纵兵抢掠，朝廷和长安百姓，又一次遭殃。吕布逃走，先后投靠袁术、袁绍、张邈等人，也曾称霸一方，后被曹操所杀。

攻入长安的部队，分属多个将领，并无统一的指挥和领导，于是，各个将领之间，为了争权夺利，便开始互相攻打。李傕杀了樊稠，又与郭汜互相残杀。

汉献帝虽然没有了天子权威，却仍然是一块金字招牌，是争夺的重要对象。郭汜想把汉献帝劫持到他的军营中，李傕得知后，迅速派兵抢走了汉献帝。郭汜领兵来夺，双方混战，箭都射到皇帝身边，差点把汉献帝射死。李傕的部下杨奉赶来救援，李傕占了上风。郭汜见夺帝无望，一怒之下，转而劫持了公卿大臣。这样，皇帝在李傕手里控制着，公卿大臣则由郭汜控制着。试想，这样的朝廷，还算朝廷吗？

李傕索性把皇宫里的金银财宝全部抢走，甚至把宫女的财物都洗劫一空，然后，一把火把宫殿烧了个精光，汉献帝连住的地方都没有了，只得被李傕劫持到他的北坞居住。李傕派兵守卫，断绝内外联系，堂堂天子，成了囚徒。

李傕与郭汜，继续在长安城内混战，互相攻打数月，死了上万人，房屋多被烧毁，长安城几乎变成一片废墟。人民流离失所，饥寒交迫，朝不保夕，陷入水深火热之中。

董卓的另一部将张济，从陕地赶来，想调解李、郭二人的矛盾，提出把汉献帝迁到弘农去。弘农是东汉的一个郡，位于长安和洛阳之间。李傕与郭汜都已打得精疲力竭，便同意了。经过商议，由郭汜、杨奉、杨定、董承四人，共同"护送"汉献帝去弘农。

车驾出发之后，郭汜却另有打算，他想把天子挟持到郿地去，那里是他的地盘。但杨奉、杨定、董承不同意，双方发生矛盾，郭汜势单力孤，只好返回长安，去与李傕商议。其实，杨定、杨奉等人也有私心，他们是想自己挟持皇帝。

汉献帝车驾走到华阴，驻守华阴的将军段煨，见皇帝驾到，便把汉献帝请到他的军营中。段煨倒有忠义之心，对皇帝恭敬，侍奉得十分周到，汉献帝便不想走了。杨定等人岂肯罢休，诬蔑段煨造反，举兵攻打，想夺回献帝。双方激战十几天，不分胜负。

郭汜返回长安，与李傕商议，两人都后悔放走了汉献帝，于是迅速领兵追赶，正遇段煨与杨定等人大战，便立即参战。杨定战败逃走，杨奉、董承假意与李傕连和，暗地里招来李乐等人，借机夺回了汉献帝。跟随皇帝的官吏士卒死伤殆尽，皇帝的用物及法典资料全都丢光。射声校尉沮俊拼死搏斗，受伤落马，李傕下令杀他。沮俊临死前大骂："你们这些乱臣贼子，如此逼迫皇帝，天地不容。"

李傕等人重新挟持了皇帝，让汉献帝露宿野外，如同俘虏一般。杨奉秘密派人到河东，联系与他关系好的李乐、韩暹、胡才等人，请他们派兵增援。韩暹、李乐等人率军赶到，杨奉又与他们联合，攻击李傕。李傕不敌，丢弃献帝，大败而逃，汉献帝又落在杨奉等人手里。

杨奉等人恐再生意外，连夜催促献帝东行，车驾都损坏了，皇帝只好步行。到了黄河边，岸高十几丈，他们把皇帝用绢系着缒下去，其他人只好往下跳，被摔死摔残的，不计其数。李乐事先准备好了船只，但船少人多，大家争先恐后往船上爬，船上挤满了人，许多人仍然死抓着船帮不放手。董承拔出剑来乱砍，船舱里留下一大堆手指头，许多人冻死淹死在河里。

好不容易过了黄河，汉献帝只是一个十多岁的孩子，饱受摧残，又惊又怕，又冷又饿，几乎挺不过去了。杨奉他们寻了个百姓家，让献帝稍事休息，熬了点粗米饭给他吃。天明之后，找了辆破牛车，让皇帝坐着，继续赶路。经过千辛万苦，终于到了安邑。安邑，在今山西夏县一带，当时是河东郡治所。汉献帝暂时在安邑定都，接近一年的时间。

汉献帝定都安邑之后，杨奉等人自感"护驾"有功，要求封赏。于是，杨奉、董承、李乐、韩暹、胡才等人，都被封为高官或列侯。其他跟随的人，也纷纷前来讨官。汉献帝十分大方，来者不拒，要什么官就给什么官，反正他封的官，此时已经一文不值了。由于皇帝用物都丢光了，刻印来不及，就用锥子刻画，代替官印。

长安城原本富裕，人口数十万，经过李傕、郭汜作乱，身体好的四散逃命，衰弱走不动的被人吃掉，长安成为空城，两年内，关中再无人烟。不久，郭汜被部下杀死，余部被李傕兼并。后来，曹操派段煨率军杀了李傕，并夷灭其三族。

汉献帝在安邑居住一年之后，由韩暹、杨奉等人挟持，又回到洛阳。但洛阳早已被董卓烧毁，破败不堪。韩暹专权，董承不满，秘密征召兖州牧曹操进京。曹操设法把汉献帝救了出去，弄到许昌，然后攻打韩暹、杨奉。韩暹、杨奉战败，投靠了袁术，在扬州、徐州一带作恶，后被刘备消灭。李乐、胡才留在河东，李乐病死，胡才被仇家所杀。段煨被汉献帝封为安南将军，官至大鸿胪、光禄大夫，得以善终。

196 年，曹操把汉献帝弄到许昌以后，东汉政权从此定都在那里，时年十五岁的汉献帝，终于结束了流浪生涯，在许昌定居下来。然而，汉献帝只不过是曹操手里的工具而已，曹操"挟天子以令诸侯"，汉献帝仍然过着囚徒般的生活。汉献帝不甘心，后来让董承密谋除掉曹操，但未成功，董承和他的女儿董贵人均被杀害。

其实，汉献帝十分聪明，品德也不错，但是，东汉王朝已经被他的前几任皇帝败坏完了，大厦已倾，他能有什么办法？

皇帝尚且如此，朝廷名存实亡，自然是天下大乱、群雄四起、遍地狼烟了，天下百姓，又将经历一场漫长的灾难，可悲啊！

乱世英雄起四方

从 184 年黄巾起义爆发，到 220 年东汉灭亡，这三十多年时间，是东汉王朝的末期。这一时期的主要特点，是朝廷名存实亡，天下无主，群雄四起，战火纷飞，军阀割据，人民饱受苦难，陷于水深火热之中。

《后汉书》记载，黄巾起义爆发之后，由于朝廷力量不足，大臣刘焉向皇帝建议，下放权力给地方政府，允许地方自建军队，以便于抗击黄巾军。刘焉当时在朝中担任太常，属于九卿高官，同时又是皇帝宗室，说话很有分量，汉灵帝便同意了。从此，地方实力日益增强，加上朝廷衰落，便形成了天下大乱、军阀割据的局面。

其实，刘焉提的这个建议，是有私心的，他见王室衰微，便想取得一个安身立命之所，割据一方。不久，刘焉主动向朝廷请求，去担任益州牧。益州是今四川一带，十分富裕，号称天府之国，加上山高路险，交通不便，很利于创建基业。刘焉到任后，整顿官吏，发展经济，扩充军队，收买人心，同时重视利用道教的力量，很快实现了蜀地大治。力量强大之后，刘焉任命天师张道陵的孙子张鲁为汉中太守，命他截断交通，斩杀汉使，断绝了与朝廷的联系，形成了独立王国。刘焉还想称帝，但没来得及就死了。刘焉死后，儿子刘璋继位，继续割据，直到被刘备取代。刘备在蜀地建立了蜀国。

袁绍，出身于东汉名门"汝南袁氏"，袁氏四代，有五人位于三公，门生故吏遍及天下。袁绍看不惯董卓的专横，愤而与之决裂，随后凭借家族势力和影响，组织了十几路的讨董联军，却没有成功。袁绍后来占据冀州，又夺取青州、并州，击败了割据幽州的公孙瓒，统一了河北，一时成为北方最大的割据势力。不料，在官渡之战中，袁绍大败于实力不如他的曹操，后又因内部分裂，被曹操各个击破，地盘终归曹操所有。

袁术，是袁绍同父异母的弟弟，但与袁绍不和，兄弟俩各干各的。袁术是何进的亲信，董卓专权后，封袁术为后将军。但袁术不肯依附董卓，逃往南阳，去发展自己的势力，很快割据于淮南。孙坚、孙策、吕布等人，都曾依附于他。袁术后来称帝，结果众叛亲离，最后被曹操所灭。

曹操，出身于官宦世家，父亲曹嵩，是著名大宦官曹腾的养子。董卓当政时，曹操在朝中任典军校尉，因看不惯董卓的倒行逆施，弃官逃到陈留，散尽家财，招募义兵，讨伐董卓。后来，曹操组织了精锐的青州兵，逐鹿中原，连连获胜，在取得"挟天子以令诸侯"的优势后，更是如虎添翼。曹操打着皇帝的旗号征战四方，对内消灭二袁、吕布、刘表、马腾、韩遂等割据势力，对外降服匈奴、乌桓、鲜卑等，统一了中国北方，奠基建立了魏国。

孙坚，年轻时仅为县丞，在镇压黄巾起义中迅速崛起，官至长沙太守。孙坚勇武威猛，很有正义感，积极参加讨董战争，兵进洛阳，其率领的军队，是唯一一支数次与董卓军正面交战并取得大胜的队伍。孙坚后来与袁术联手，攻打刘表，不幸阵亡。儿子孙策、孙权继承他的事业，割据江东，建立了吴国。

刘表，是皇族宗室，时任荆州牧。在天下大乱之时，刘表割据荆州，他远交袁绍，近结张绣，内纳刘备，据地数千里，带甲十余万，从容自保，称雄荆江，先杀孙坚，后抗曹操，称霸一方。可惜儿子刘琮懦弱，刘表死后，刘琮投降了曹操，荆州遂没。

公孙瓒，早年为涿县县令，常亲自率军与鲜卑作战，鲜卑人很怕他。在镇压黄巾起义时，公孙瓒率两万兵马，大破青州黄巾，斩首三万余，威名大震。天下大乱，朝廷名存实亡，公孙瓒就拥兵占据幽州，割据一方，后被袁绍所灭。

马腾，是伏波将军马援的后代，三国名将马超的父亲。马腾年轻时家贫，娶羌女为妻。羌人叛乱时，马腾应征入伍，平定羌乱，因功升为军司马，迁偏将军。董卓、李傕等拉拢马腾，封他为征西将军。李傕兵败后，马腾与韩遂结为异姓兄弟，割据凉州，后被曹操所灭。

刘备，是四方英雄之中，根基最浅，实力最弱，而又最为成功的一个。刘备虽说是中山靖王刘胜之后，属于皇族宗室，但血缘关系已经很远了，只是一个姓刘的平民而已。刘备的父亲死得早，家里很穷，他与母亲以织席贩履为业，勉强维持生计。黄巾起义时，二十三岁的刘备拉起了一支人数很少的队伍，参与镇压黄巾军。刘备先后投靠卢植、公孙瓒、袁绍、曹操等人，三十多岁才当上了平原县令，很长时间没有自己的地盘。但刘备胸有大志，谋略过人，善用人才，不屈不挠，经过多年努力，到五十三岁时，终于占据了益州，称霸一方，建立了蜀国。

除了以上势力较强的军阀外，还有大大小小的地方割据势力，不计其数，仅关中一带就有十多个，真是乱世英雄起四方！群雄四起，自然也乱了天下。群雄为了争夺地盘，互相攻打兼并，往往血流成河，尸横遍野，人民流离失所，苦不堪言。乱世，是英雄施展才能的舞台，却把人民推向了灾难的深渊。

汉献帝"献出"东汉江山

东汉最后一个皇帝刘协，是历史上最苦命、最窝囊的皇帝之一。他虽然贵为天子，却先后被董卓、李傕、韩暹、曹操、曹丕所控制，没有一点权力，更无半点自由，甚至老婆当面被杀，他也无力保护。曹丕想当皇帝了，令他让出皇位，他也只能乖乖照办。想不到高贵无比的天子，也有如此可怜的！

《后汉书》记载，汉献帝早在娘胎里，就经历了一次大难。汉献帝的母亲，是王美人。王美人富有姿色，聪明敏慧有才干。当时掌管后宫的，是何皇后。何皇后是屠户出身，因姿色甚美，受到汉灵帝宠爱。何皇后性格强忌，后宫莫不震慑。王美人怀了孕，知道不会被何皇后所容，便偷偷服药打胎，不料汉献帝命大，没有被打下来。王美人生下儿子以后，果然被何皇后鸩杀了，汉献帝一出生就没有了娘。

汉献帝九岁时，被董卓立为皇帝。他当了一辈子挂名皇帝，失去了自由，中间经过几次战乱，颠沛流离，吃尽了苦头。

196 年，汉献帝被曹操挟持到许昌，从此生活在曹操的淫威之下。东汉王朝不设丞相，曹操却自封为丞相，完全把持了朝政，汉献帝只是摆设和工具。曹操四处征伐，都是打着汉献帝的旗号，显得师出有名。其实，各地诸侯都知道实情，曹操打的这个招牌，作用并不大，曹操能够剿灭群雄、统一北方，靠的还是他的智谋和实力。

200 年，已经十九岁的汉献帝，不甘心做一辈子傀儡，想要诛杀曹操，夺回大权。但汉献帝身边，全是曹操的人，汉献帝见董贵人的父亲董承，还忠诚可靠，就把诏书缝在衣带里，秘密传给董承，令他设法除掉曹操，被称为"衣带诏"。董承当时任车骑将军，但没有实权。董承经过暗自观察，见刘备、种辑、吴子兰、王子服等人，忠于汉室，便与几人密谋，不料事情败露，董承等人全被杀害。刘备因领兵在外，得以幸免。董承的女儿董贵人，当时已怀身孕，也被曹操绞死了。汉献帝眼睁睁地看着自己怀孕的老婆被杀，只能流泪，没有一点办法。

董贵人被杀后，汉献帝的皇后伏寿，非常痛恨曹操的暴行，便给父亲伏完写信，请求父亲诛杀曹操。伏完当时任辅国将军、仪同三司，虽然看起来位高权重，但并无实权，大权都在曹操及亲信手中。所以，伏完不敢有所动作，不久就病死了。

不料，伏完虽然死了，但伏皇后写给他的信，后来却暴露了。看来，曹操对汉献帝的监视，是相当严密的，没有一点可乘之机。曹操大怒，命亲信华歆、郗虑，带兵包围了皇宫，抓捕皇后。伏皇后见大事不妙，赶紧藏到夹墙里，却仍然被搜了出来。华歆一把揪住皇后的头发，拽了出来。此时，汉献帝就在现场，伏皇后披头散发，赤着双脚，跪倒在献帝面前，乞求救命。汉献帝泪流满面，无奈地说："我也不知道，自己能活到哪一天。"汉献帝回过头来，问郗虑："郗公，天下有这样的道理吗？"

郗虑虽说是曹操的亲信，但尚有人性，见此惨景，不免心酸动容，但他也没有办法。华歆却一直对曹操忠心耿耿，受到重用，曹丕时期被拜为相国。

伏皇后被幽禁而死，之后曹操逼着汉献帝，娶了自己的二女儿曹节为皇后。曹节却与曹操不同，她温柔善良，深明大义，十分不满曹操对汉室的行为，但没有办法，只好尽力宽慰汉献帝，努力尽到做妻子的责任。曹节陪伴汉献帝度过了后半生，死后与献帝合葬于禅陵。

曹操虽然专权，却不想落得一个篡位的名声，所以，尽管知道汉献帝恨他，而且几次想要除掉他，曹操却都容忍了他，并没有把他废黜或杀掉。

220 年，曹操去世，儿子曹丕继位。曹丕很想当皇帝，他继位的当年，就急不可待地逼迫汉献帝让位。汉献帝能有什么办法呢？只好乖乖地"献出"了东汉江山。曹皇后却是大怒，曹丕派使者去索取皇帝玺绶，一连去了几次，曹皇后都怒而不给。最后，曹皇后知道事情已无可挽回，愤怒地把玺绶扔到地下，涕泣纵横，指天发誓，愤恨地说："上天是不会让你们延续长久的！"

曹丕对汉献帝的待遇还不错，封他为山阳公，封地一万户，地位在诸侯王之上。献帝见曹丕时，可以不称臣、不跪拜，可以依旧使用天子的车驾服饰。这与废黜之后被杀的皇帝相比，算是幸运多了。

汉献帝之所以没有被杀，可能有曹皇后的因素，但根本的原因是，在人们的心中，东汉王朝已经亡了，不会有人再拿汉朝皇帝做文章了，汉献帝没有了利用价值，杀之无益，留之无害。这对于汉献帝来说，也是一种幸运吧。

汉献帝被废之后，居住在山阳城（今河南焦作）。汉献帝活了五十四岁，寿终正寝。他是东汉所有皇帝中，除刘秀以外寿命最长的。老天总算给了汉献帝一点公平。

曹丕废掉汉朝称号，建立了魏国。第二年，刘备在蜀地称帝，国号仍然为"汉"，史称蜀汉。七年后，孙权也建立了吴国，当上皇帝。至此，魏、蜀、吴三国形成，历史的车轮进入到三国时代。

三国时代，是战火纷飞、英雄辈出的时代，是一段血与火的历史。很多人了解三国是通过《三国演义》，但《三国演义》是小说，许多事都是虚构的，并非历史事实。记载三国历史的正史，是陈寿编著的《三国志》。笔者将根据《三国志》的记载，继续撰写《新视角读三国志》，敬请广大读者给予指导和帮助。